CORRESPONDANCE

HISTORIQUE,
PHILOSOPHIQUE
ET
CRITIQUE,
ENTRE
ARISTE, LISANDRE

Et quelques autres Amis:

Pour servir de Réponse aux Lettres Juives.

TOME TROISIEME.

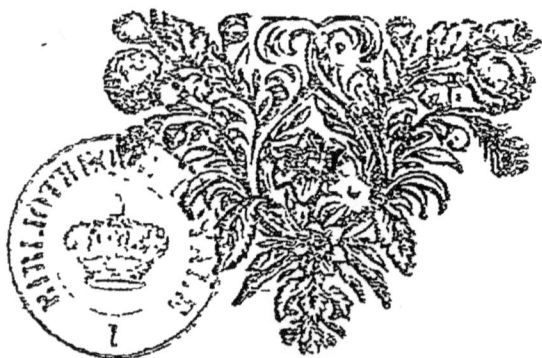

À LA HAYE,
Chez ANTOINE van DOLE,
M. DCC. XXXVIII.

CORRESPONDANCE

Historique, Philosophique
& Critique,

ENTRE

ARISTE, LISANDRE

Et quelques autres Amis :

Pour servir de Réponse aux Lettres Juives.

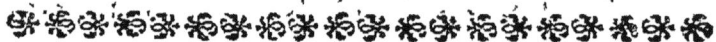

❋❋❋❋❋❋❋❋❋❋❋❋❋❋❋❋❋❋❋

Soixante-deuxieme Lettre.

Ariste à Lisandre.

N'EST-ce pas un grand plaisir, mon cher Lisandre, de voyager comme nous faisons ? Il ne nous en coûte, ni argent ni fatigue ; sans quitter nos Dieux Domestiques nous parcourons l'Italie, critiquant ou du moins réflechissant sur les Mœurs de ses différens Habitans. C'est à nos trois Juifs Lettrés que nous avons cette obligation ; il faut leur en témoigner notre reconnoissance, que nous ne pouvons mieux faire éclater, qu'en ne-perdant point de vûë la suite de leur Correspondance, & en les critiquant par-ci par-là, mais toujours sans partialité.

J'ATTENS avec impatience que Jacob Brito soit arrivé en Suisse. C'est pour lors que nous aurons des Dissertations magnifiques, que notre Juif n'oubliera pas s'il veut le proportionner au génie de cette Nation. En les attendant, amusons-nous tou-

jours à celles que l'on veut bien vous donner fur la
Ville de Milan, & fur les Mœurs de fes Habitans.

Pour connoître à fond ces mêmes Mœurs, &
tirer d'heureufes & d'infaillibles confequences, Jacob Brito ne pouvoit confiderer les Milanois dans
une occafion plus favorable à fon deffein, que lorfqu'ils font au pouvoir des François & des Piémontois. Notre caractère ne fe develope jamais mieux
que quand nous fommes obligés de vivre avec des
Étrangers. Le contrafte de leurs Mœurs & des nôtres nous caufe fouvent une certaine inquiétude
dont nous ne fommes pas les maîtres: il eft vrai
qu'on fe peut contraindre pour un tems: mais à la
longue il faut que le mafque tombe, & malgré tous
nos foins, malgré toute notre adreffe à feindre,
nous paroiffons bientôt ce que nous fommes en effet; mais cependant ce que nous ne voulions pas
paroître. Telle a été la conduite des Milanois dans
les commencemens que les François & les Piémontois fe font emparés de leur Ville. Ils ont voulu
faire, comme on dit proverbialement, contre fortune bon cœur. Ils ont parus contens d'une chofe
qu'ils ne pouvoient empêcher. Ils fe doutoient bien
qu'ils retourneroient à leur premier Souverain: il
n'y avoit que l'attente qui les defefpéroit. Cependant ils fe font comportés avec une Prudence qui a
charmé les Piémontois & les François mêmes. Ils
trembloient plus pour leurs Femmes que pour eux.
Ils n'ofoient pas le faire paroître. Ils ne redoutoient
pas tant le Piémontois que le François. Ils étoient
naturellement plus portés à faire politeffe au premier qu'au dernier. Cependant ils en faifoient également à tous deux. Le Mari jaloux donnoit une
entiere liberté à fon Epoufe; le François la voyoit
à toute heure; le Mari en enrageoit, mais du
moins ne le faifoit-il pas paroître.

Vous n'auriez peut être jamais cru les Milanois
capables de tant de Politique fur l'Article de la Jaloufie. Mais tous les Peuples, dès qu'ils font fen-
fés,

fés, s'accoûtument au tems, & il arrive souvent
que cette même Po... que rend un Mari Italien plus
débonnaire qu'un Mari François. C'est cependant
beaucoup dire; mais je n'avance jamais rien que
je ne puisse prouver. Voici un exemple qui vous
guériroit de votre incrédulité là-dessus, supposé que
vous en eussiez. Je le rapporte d'autant plus volontiers que je ne m'écarte point de notre sujet, puisque c'est un Milanois qui en est le Héros.

UN jeune François de la premiere distinction,
mais très-novice en matière d'Amour, avoit déclaré sa passion à une jeune Dame aussi distinguée
dans Milan par sa beauté que par le rang qu'elle y
tenoit. Le François étoit aimable, d'autant plus
qu'il étoit tout neuf: aussi n'eut-il pas de peine à
se faire aimer. Mais ce qui vous surprendra dans
un François, & qui plus est dans un François Colonel de Cavalerie, soit qu'il ne fût point encore
instruit du grand art de lire dans les yeux d'une A-
mante, soit que sa timidité lui inspirât un respect
ridicule, il ne sçut point profiter de ses avantages.
La Dame n'étoit point d'humeur à languir. Elle
vouloit éprouver par elle-même si les François mé-
ritoient en fait d'amour les éloges qu'on leur donne si universellement: & jetta pour ce dessein les
yeux sur un jeune Colonel de Dragons, plus intel-
ligent que celui de Cavalerie. Ce dernier entendit
à demi-mot: il ne se fit pas tirer l'oreille, & obtint
sans beaucoup de peine ce que le Colonel de Cavalerie devoit avoir obtenu dès long-tems. Cet A-
mant favorisé étoit intime Ami du malheureux A-
madis moderne. Ce dernier ne se lassoit point de
soupirer des rigueurs de son Inhumaine. L'autre,
par pure charité pour son Ami, car ce n'étoit pas
par indiscretion, ne pût s'empêcher de le traiter de
dupe, & de lui apprendre son intrigue avec la Dame
en question. Les Amadis ne croyent jamais leurs
Princesses infidèles: aussi notre Héros n'ajouta-t-il
point de foi aux discours de son Ami, qui, outré

de son incrédulité, gagea avec lui une somme considérable, s'offrant de lui prouver la vérité de ce qu'il lui avançoit. Mais qui décidera, reprit notre Incrédule? Parbleu! la Dame elle-même, reprit l'autre; je me fais fort de le lui faire avouër. Effectivement tous les deux allerent dîner chez elle. Le Mari étoit à la Campagne; l'occasion étoit favorable. Notre amoureux transi ne se figuroit pas pouvoir perdre sa gageure. J'ai gagé, dit-il à la Dame, mais votre vertu m'est un sûr garant de mon gain. La Dame se fit mettre au fait de la gageure: Je suis fâchée, dit-elle à notre Infortuné, que vous ne me sassiez pas la grace de me croire assez de vos Amies pour me consulter quand vous voulez faire de semblables gageures. Payez de bonne grace, mon pauvre Comte, & une autrefois ne gagez pas en Etourdi, comme vous venez de faire. Le Comte fut fort confus: mais le Mari apprenant par la renommée cette belle Histoire, devoit probablement l'être encore plus; cependant il n'en témoigna rien. On dit que les Italiens outragés aussi cruellement, ont ordinairement recours au Poison: mais il ne s'en est point servi. La Dame est en parfaite santé, & son Mari paroît l'aimer comme auparavant. Vous ne vous seriez jamais imaginé qu'un Italien pût être si débonnaire.

Les Milanois ne sont pas à beaucoup près si jaloux que les autres Italiens. Si les François les ont corrigés de ce vice, il faut convenir qu'ils ont beaucoup d'obligation à notre Nation, qui mettra aisément à la mode tous les Peuples qu'elle fréquentera.

S'il est vrai que les François ayent pû guérir les Milanois de leur Jalousie, il seroit à souhaiter qu'ils pussent aussi les guérir de leur Catogisme. Ce vice est général à tous les Peuples d'Italie, & les Milanois, quoique des plus polis, n'en sont pas plus exempts que les autres. Jugez-en.

Dans l'Eglise de St. Ambroise on voit un Serpent de bronze, sur une Colomne de marbre. Les

uns

uns ont prétendu que c'étoit une figure du Serpent d'Esculape ; d'autres du Serpent d'airain de Moïse : ceux-ci l'ont pris pour un *monument de quelque évenement extraordinaire, comme l'Oye du Capitole* * ; ceux-là pour quelque Divinité ancienne : mais le Peuple croit que c'est le Serpent du désert en propre personne, c'est-à-dire, en propre matière, parce qu'il est d'airain comme l'autre. C'est dans cette croyance qu'on le regarde comme une Relique. Peu s'en est falu qu'on ne lui ait dressé un autel, comme nous en dressons à St. Pierre ou à St. Jaques. Si les Evêques avoient été aussi insensés que le Peuple, on auroit mis *St. Serpent* dans le Calendrier, & ce grand Saint auroit eu son jour de fête comme les autres. Peut-on, mon cher Lisandre, pousser plus loin l'aveuglement ! Je pardonnerai plus aisément aux Milanois la venération qu'ils ont pour un Cloud de la Crucifixion ; quoiqu'à vous parler franchement, de semblables Reliques me paroissent bien apocrifes, puisque ceux qui les ont le plus en vénération, ne peuvent pas rendre de bonnes raisons, comment ces Reliques sont tombées entre leurs mains. Quelques-uns disent, que Constantin en mit un sur son casque, & que des deux autres il fit faire un mord de bride, mais que dans la suite craignant de les profaner, il remit tout à la garde des Ecclésiastiques. D'autres veulent que ce soit Théodose le Grand, qui en ait fait présent à St. Ambroise ; d'autres enfin disent que St. Ambroise lui-même l'alla chercher chez un Marchand de ferraille à Rome, ayant été averti en songe qu'il l'y trouveroit.

Tous ces différens sentimens causent beaucoup de soupçons, & font qu'on n'ajoute pas plus de foi à ce Cloud qu'à la *Sta. Casa*. Je ne pense pas que ce soit un article fort nécessaire au salut.

Si on vouloit remonter à l'origine de toutes les
Reli-

Reliques, je compte qu'en Italie il faudroit en re-
trancher plus de trois quarts : mais je ne conseillerois pas aux Souverains de le faire ; le Cagotisme
étant plus respecté dans ce Païs, que la plus pure
dévotion dans un autre. Il me seroit impossible de
vous faire le dénombrement des *Madonnas* de Milan : elles se multiplient journellement. Chacun s'en
fait une à sa guise. On y est fort porté pour les miracles. St. Ambroise de son tems en a fait lui seul
72. Faites, pour vous amuser, le calcul de ceux que,
suivant la même proportion, ont pû operer les cent
quarante-quatre mille Martirs, qui sont encore fort
honorés dans cette ville. Ne vous inquietez pas
de sçavoir leurs noms aussi exactement que leur
nombre : ils ne sont pas connus : & que sçait-on, si
par miracle ils ne sont pas freres ?

Vous sçavez quel reproche ironique Adrien
Bayet faisoit à Mrs. de Sorbonne d'avoir choisi Ste.
Ursule & les onze-mille Vierges pour leur Patrone :
que dirons-nous donc des cent quarante-quatre mille Martirs ? S'il n'en a pas fait un aussi grand crime
aux Milanois que des onze mille Vierges à Messieurs de Sorbonne, c'est que les premiers ne sont
pas obligés d'avoir tant d'esprit que les derniers.

Quoique, du côté de la Superstition, les Milanois ressemblent si bien à tous les autres Peuples
d'Italie, ils ne les imitent pas aussi scrupuleusement
en toute autre chose. Ils sont beaucoup plus polis
& plus francisés : aussi ne sont-ils pas aimés ; & soit
que la différence de leurs mœurs leur attire cette
haine, soit que les autres Peuples soient jaloux des
beautés & des richesses de la Ville de Milan, c'est un
Proverbe reçu chez leurs Voisins, *que pour accommo-*
der l'Italie, il faudroit ruiner Milan. Je ne suis pas de
cet avis ; & je trouve que ce seroit dommage. Il
est vrai que Milan a été cause de beaucoup de
Guerres en Italie, puisqu'elle a été assiégé quarante
& une fois, & prise 22 ; mais je trouve que cela
ne peut tourner qu'à la gloire de cette Ville. En
effet

effet c'eft un morceau que tous les Princes de l'Europe envient. Si Milan n'étoit pas fi riche & fi belle, cette envie ne feroit ni fi forte ni fi conftante.

JUSQU'ICI nous fommes d'accord en tout, Jacob Brito & moi; cela n'eft pas ordinaire; auffi cela ne durera pas. Il penfe vrai fur la Superftition des Milanois, fur leurs Richeffes, fur la beauté de la Ville; mais il fe trompe fur bien des Articles. A l'entendre, les Milanois font les plus méchans Peuples du monde après les Napolitains: mais je puis vous affurer que c'eft une pure Calomnie. *Il n'eft point*; dit-il *de Païs*, *après Naples*, *où l'on affaffine auffi fûrement & à fi grand marché qu'à Milan*. J'ai à lui répondre fur cela, qu'il faudroit qu'il n'y eût ni de Ville de Venife ni de Ville de Genes. Car dans l'une & l'autre, ayez pour Protecteur un Noble ou un Sénateur, vous affaffinerez affez commodement, pourvû que vous preniez certaines précautions pour ne pas rendre votre crime trop public. Mais il n'en eft pas de même à Milan. Les Seigneurs y font fans pouvoir, & ceux qu'ils protegent fans crédit. C'eft une fuite néceffaire du Gouvernement monarchique, où il n'y a jamais d'autre Souverain que le Souverain même.

LES Milanois aiment le Plaifir, & fur tout les Dames, qui y font plus libres que dans aucune Ville d'Italie. Auffi les tems deftinés à la joye font bien remplis dans cette Ville. Le Carnaval y eft magnifique; mais il ne l'eft jamais davantage que lorfque les François y font en quartier d'hyver. Vous diriez qu'ils donnent une nouvelle face aux Plaifirs. Ils animent les Cercles, & font les premiers à mettre tout en train dans un bal. A la vérité les Dames ne les fecondent pas mal. Les maris peuvent en enrager; mais que leur importe, pourvû qu'elles fe divertiffent. Vous ne fçauriez croire quelle différence il y a d'un Carnaval où les François ne font point à Milan, d'avec un autre qu'ils y font. Ainfi, n'en déplaife à Jacob Brito, on peut dire qu'a-

vec

vec les François le Carnaval de Milan reſſemble aſſez à celui de Veniſe; mais ſans eux la différence en eſt très-grande.

Nous avons dans d'autres Lettres parlé de la liberté que prennent les Religieux & les Religieuſes d'Italie pendant le tems du Carnaval: c'eſt la même choſe à Milan. Un Plaiſant m'a aſſuré que de certaines Religieuſes joüant pour ſe divertir, L'Embarras de Godard, une de la Communauté accoucha, & ne leur donna pas moins d'embarras qu'en avoit le pauvre Godard. Je veux bien croire que ce ne ſoit-là qu'une plaiſanterie: mais des Filles recluſes ne devroient point y donner lieu; & qui peut joüer des Farces & enfraindre ſes vœux, peut bien pouſſer le libertinage à un certain degré; la licence, comme vous ſçavez, étant toujours la merc du vice.

On a commencé d'ôter à pluſieurs Egliſes de Milan l'Immunité qu'on leur avoit accordée: il ſeroit à ſouhaiter qu'on l'eut ôtée à toutes; étant contre le reſpect de la Divinité, que le Temple de Dieu, juſte Vengeur comme juſte Rémunerateur, ſerve d'azile aux plus grands crimes. Cela n'étoit pas ainſi du tems de Sixte V. Je n'ai point de conſeil à donner aux Souverains, mais les Papes ne feroient pas mal de l'imiter.

Ce que Jacob Brito dit à ce ſujet eſt très-juſte, & je croi que tout homme raiſonnable peut bien être de ſon avis ſur l'origine de cette Immunité.

Jacob Brito, comme tous ſes Freres & peut-être comme tous les gens raiſonnables, nous joüe encore ſur le Chapitre des Reliques. Je ne ſçai ſi je puis l'en blâmer. Il y met ſouvent des choſes de ſon invention: mais après tout, c'eſt notre faute de nous attirer ces Ironies. Je ne vous répons pas que l'hiſtoire du Nés de St. Charles Borromée ſoit vraye; car je voudrois l'avoir vû pour le croire; mais la raillérie n'en eſt pas moins fine. Il eſt vrai que nous pouvons nous mettre au-deſſus: mais je le répete, il vaudroit mieux ne la pas mériter.

Ni lui ni moi ne finirions jamais, ſi nous voulions faire un detail de toutes ces prétenduës Reliques. Si nos réflexions pouvoient faire ouvrir les yeux au Peuple, je ne les épargnerois pas. Mais qu'ai-je beſoin de les repeter? Je n'ecris que pour vous, mon cher Liſandre. Vous ſçavez à quoi vous en tenir. Que tous les Hommes ſeroient heureux s'ils pouvoient penſer auſſi mûrement que vous!

J'attens votre Réponſe à la ſuivante. Portez-vous mieux que moi. J'ai eu toutes les peines du monde à achever celle-ci. Songez, comme nous en ſommes convenus, à m'attirer bientôt auprès de vous. Il n'y a que cet eſpoir qui me fait vivre dans un Païs où le Phlegme & la Taciturnité font mourir à petit feu un François.

De la Haye, ce ....

A la Haye, chez ANT. VAN DOLE, 1738.

CORRESPONDANCE

HISTORIQUE, PHILOSOPHIQUE
& CRITIQUE,
ENTRE
ARISTE, LISANDRE
Et quelques autres Amis :

Pour fervir de Réponfe aux Lettres Juives.

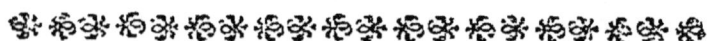

❧❧❧❧❧❧❧❧❧❧❧❧❧❧❧❧❧❧

SOIXANTE-TROISIEME LETTRE.

Arifte à Lifandre.

J'ATTENDOIS votre Réponfe, comme je l'avois exigé par ma derniere ; mais j'ignore quelles raifons me privent du plaifir de la recevoir. Eft-ce parce que la LXIIme. Lettre Juive traite des belles Lettres que vous me l'abandonnez. Si cela eft, cette malice n'eft pas pardonnable. Vous devez connoître mieux que moi l'état des belles Lettres à Paris. Vous devez être plus à portée d'admirer les talens des célèbres Avocats de fon Parlement, & vous pouviez juger plus fainement que moi, fi la Differtation d'Aaron Monceca fur cet article eft auffi judicieufe que celles qu'il nous a données par le paffé.

J'AUROIS voulu qu'Aaron Monceca m'eût appris le nom des deux célèbres Avocats qu'il a entendu plaider à Paris. Ils feroient parvenus jufqu'à moi : Peut-être aurois-je pû les connoître, & vous auriez été infiniment plus content du parallele que j'en aurois pû faire avec les anciens Orateurs, & particulièrement avec Demofthéne & Ciceron. Je dis plus : c'eft une injuftice à Aaron Monceca de ne les avoir point nommés. Tous ceux qui fe diftinguent dans leur

profeſſion, méritent que leur noms paſſent à la poſ-
terité : & ſi nos Ancêtres avoient été auſſi négli-
geans que notre Juif, nous ignorerions aujourd'hui
bien des grands Hommes, dont la mémoire nous
eſt précieuſe à très-juſte titre.

QUELS que ſoient ces deux Avocats, examinons
toujours quelle peut être la cauſe de la ſupériorité
des Anciens ſur eux.

VOYONS ſi Aaron Monceca en a donné la véritable. Je ne vous donne mes reflexions que comme des conjectures, vous laiſſant la liberté de choi-
ſir entre celles de notre Juif & les miennes ; & ſi
vous prononcez en ſa faveur, je paſſerai condamnation ſans en être jaloux.

POUR pouvoir conſiderer les Avocats de notre
ſiécle & prononcer ſainement ſur leurs talens, il faut
les diſtinguer en trois Claſſes. L'une comprend ceux
qui ne s'appliquent uniquement qu'à l'Eloquence
ſans s'inquiéter de la Vérité ou de la Solidité de
leur matière, c'eſt-à-dire ceux qui ne ſont ſimplement que Rhéteurs, & font conſiſter toute leur
gloire à mériter cette qualité.

L'AUTRE comprend les Avocats ſimplement Juriſconſultes. Ceux qui préferent une Citation du
Code à la beauté du Stile & à la force du Raiſonnement, & qui croyent faire obtenir gain de cauſe
à leur Principal dès qu'ils peuvent en appuyer le
droit ſur l'autorité de Cujas, Barthole, du Moulin,
d'Argentre & tant d'autres, dont ils ne ceſſent pour
ce deſſein de feüilleter les immenſes Volumes in fo-
lio, qu'ils n'ont compoſés que pour faire naître la
chicane & obſcurcir le bon droit.

LA troiſième enfin renferme ces Avocats plus
Logiciens que Rhéteurs, & cependant plus Rhéteurs
que Juriſconſultes. Je m'explique. Ces ſortes d'A-
vocats entreprendront ſouvent une mauvaiſe cauſe,
& cependant la gagneront. S'ils ne s'attachent ſimplement qu'à l'Eloquence, ils ne captiveront pas
l'eſprit des juges ; leur cauſe paroîtra telle qu'elle
eſt :

eſt : c'eſt-ce qu'ils craignent : ils prennent un autre
biais.   Mais prenez bien garde qu'ils ne s'appuye-
ront pas ſur l'autorité des Juriſconſultes, qui ſouvent ont condamné poſitivement le même cas.   Que
feront-ils donc ? Ils auront recours à des raiſonnemens captieux, & mettront ſur-tout nombre de So-
phiſmes en uſage.   Ils pointilleront & argumenteront
plus qu'ils ne plaideront.   Nous ſommes déja convenus que ces ſortes d'Avocats ſont à redouter.
Une lueur de Raiſonnement nous éblouit bien plus
qu'un narré éloquent mais mal fondé.   Le juge qui
doit prononcer ſur de ſemblables Plaidoyers, doit
réfléchir mûrement, ſans quoi il court riſque de juger tout de travers.

VOILA la différence qu'il y a entre nos Avocats
d'aujourd'hui.   S'il s'en pouvoit trouver un qui fût
de ces trois Claſſes ſans être particulierement d'aucune, je ne ſçai ſi je ne lui accorderois pas la ſupériorité ſur les Anciens.   Vous ſerez peut-être de
mon avis, quand vous aurez fait avec moi l'anatomie
mie des différentes Claſſes.

JE mépriſerai toujours certainement ces Avocats
qui ne voudront être que Rhéteurs, & je les trouverai infiniment inférieurs aux Anciens.   Mais
vous allez m'objecter que Ciceron & Démoſthène
étoient plutôt Rhéteurs qu'Avocats ; dois-je les mé-
priſer ? me demanderez-vous.   Je pourrois vous répondre hardiment qu'Oui, ſi je ne craignois de me
faire un procès avec leurs ſots admirateurs modernes, qui, comme vous ne l'ignorez pas, ſont en
grand nombre.   Il faut donc adoucir ma réponſe.
Je ne prétens point diminuër la gloire de ces deux
grands Hommes.   De leur tems ils ont obtenu
l'immortalité : mais je ne ſçai ſi, ſuivant la même
route qu'ils ont tenuë, ils l'obtiendroient aujour-
d'hui.   Ce n'eſt pas le tout pour être Avocat, de
parler avec beaucoup d'Aiſance, de Grace & d'E-
loquence : ce n'eſt pas aſſez que d'étudier les plus
belles expreſſions & les plus belles conſtructions d'u-

ne

ne langue; c'eſt le fait d'un Rhéteur. Il eſt vrai
qu'il n'y a pas de mal qu'un Avocat le ſoit : il doit
l'être ; abondance de bien ne nuit pas. Mais auſſi
il doit être profond ; il doit ſuivre la vérité pas à
pas ; il doit l'appuyer pour la faire mieux ſentir :
Mais s'il ſe diſpenſe de ces devoirs, s'il me met en
de beaux termes & des phraſes les plus élegantes du
monde des choſes qui ne ſont au fond que du vent
& de la fumée ; je le trouverai tout au plus capable de compoſer un Diſcours d'Académicien François. Tels ont été Ciceron & Démoſthene. Ils ſe
ſont plus attachés à la beauté du ſtile qu'à toute autre choſe. Leurs plaidoyers reſſemblent à de méchantes murailles, enrichies des plus beaux morceaux-
ceaux de Peinture. Otez ces ornemens , qui ne ſont
qu'accidentels à la muraille , vous la verrez menacer
ruine , & vous ſerez le premier à la faire démolir :
de même , ôtez le brillant de l'Eloquence des Plaidoyers de ces grands Hommes. Vous ſerez ſurpris
de les avoir admirés ſi long-tems, & d'avoir trouvé
de la ſolidité où il n'y avoit que du clinquant.

C'ᴇsᴛ particulierement le défaut de Demoſthene.
Quand je l'entens déclamer contre Philippe , il me
ſemble entendre un Janſeniſte qui déclame contre
le Gouvernement. Les *Philippiques* ſont proprement
des *Gazettes Eccléſiaſtiques*, avec cette ſeule différence, que le ſtile en eſt plus beau, que les phraſes en
ſont mieux conſtruites, & que les expreſſions en
ſont plus nobles : tous avantages qui rendent l'O-
rateur Ancien bien ſupérieur au Janſeniſte.

Lᴀ comparaiſon des Orateurs anciens avec nos
Avocats de la ſeconde Claſſe eſt inutile. Les Anciens n'étoient point Citateurs comme ceux-ci. Ils
ne pouvoient pas l'être. On n'avoit point encore
embrouillé la vérité. Quand nos Avocats ſeroient
ſur cet article dans la même diſette que les Anciens,
quel bonheur pour la Société, & quelle épargne
pour la bourſe des pauvres Cliens.

Lᴇs anciens Orateurs ne peuvent pas ſe vanter

non

non plus d'avoir été grands Logiciens: autrement ils se seroient épargné la peine de nous faire des phrases qui ne finissent point. Ils auroient, au contraire, affecté un stile concis, & auroient appris à donner à la vérité un air de simplicité, qui lui prête encore de nouvelles graces, & qui la rend d'autant plus sensible, qu'il est aisé de la perdre de vûë dans un raisonnement trop long, pour que l'Auditeur le puisse toujours suivre pas à pas, comme il est cependant obligé de le faire, s'il ne veut pas s'égarer: au lieu qu'une forme sillogistique, sans être cependant scholastique, car je suis ennemi du Pédantisme, nous mene insensiblement à des conséquences naturelles, qui nous guident dans l'arrêt que nous devons prononcer.

Les Anciens ont donc été simplement meilleurs Rhéteurs que ne sont nos Avocats. A quoi sont-ils redevables de cet avantage? Est-ce à leur propre mérite ou au mérite des sujets qu'ils avoient à traiter?

Je ne sçaurois être tout-à-fait sur cet article de l'avis d'Aaron Monceca. Je ne vois pas que les Anciens ayent traité de plus beaux sujets que n'en peuvent traiter nos modernes. Je conviendrai bien, comme lui, que *le sujet sert infiniment à l'Orateur, & peut aisément le rendre éloquent sans le secours de l'Art*; mais puisque les Anciens ont eu recours à ce même Art, ils n'ont donc pas trouvé leur sujet assez avantageux. Ils ont donné dans le sublime, & méprisé la simplicité. Leurs matières avoient donc besoin, *pour élever l'esprit, de l'arrangement des Phrases & de l'harmonie des Paroles*. Il semble que notre Juif veuille donner en partage aux Anciens la simplicité: & moi, j'ai toujours trouvé que c'étoit la première qualité qui leur manquoit.

Avec cela, quels sont ces grands sujets qu'ont traité les Anciens? Mais Ciceron a plaidé pour un Roi. C'est *un Juge des autres, qui est obligé de se défendre lui-même*. L'Avocat soutient *la majesté & la dignité du rang de celui qu'on attaque*. Un Avocat trouvera-t-il

jamais

jamais une matière plus interessante que celle-là! Mais à quoi
pense notre Juif de raisonner ainsi? Qu'étoit ce qu'un Roi
pour les Romains? Rien du tout. Où est donc cette grande
idée que l'Avocat doit concevoir de son sujet, & le peuple de
son Plaidoyer? Il plaidoit pour un Bourgeois: encore un simple Citoyen Romain de ce tems-là, n'eût-il vendu que du
poisson, s'estimoit-il cent fois plus que le Roi Dejotarus. Ce
Roi même auroit été peut-être plus flaté du nom de Citoyen
Romain que de son grand titre de Roi, & peut-être auroit il
dit comme Segeste dans *Arminius* * :

> ——————— *Du Sénat je brigue la faveur.*
> *Son estime est pour moi le comble du bonheur :*
> *Et c'est avec plaisir que j'entens qu'il me nomme,*
> *Allié de l'Empire & Citoyen de Rome* †.

JE *plaide pour la fortune d'un Roi*, &c. Dans un Etat Monarchique tout seroit renfermé dans cette phrase. Elle voudroit tout
dire, elle presenteroit vingt idees à l'imagination; mais elle
ne présentoit rien aux Romains. Ils étoient bien éloignés de
penser sur l'article des Rois, comme tous les Peuples d'aujour-
d'hui, & particulierement les François, pensent si légitimement.

LES sujets, comme vous voyez, deviennent plus ou moins
intéressans, suivant les tems & les conjonctures dans lesquelles
on les traite. Ne trouvez vous pas, par exemple, que cette
phrase *Je plaide pour la fortune des Jesuites* présenteroit aujour-
d'hui une plus haute idee à l'esprit que n'en présentoit du tems
de Ciceron celle ci: *Je plaide pour la fortune d'un Roi.* En effet,
raillerie à part, les Jésuites ont de plus grands Protecteurs &
de plus grands Ennemis que n'en avoit le pauvre Roi Dejotarus: ainsi, à ces mots: *Je plaide pour la fortune des Jesuites*; il
me semble voir tous les Auditeurs intéressés. D'un côté, les
Rois qui les soutiennent, les Rois dont ils sont les organes, les
Princes qu'ils écartent ou approchent du Trône, ainsi qu'il leur
plaît, les grands Seigneurs qu'ils produisent à la Cour, les autres à qui ils font faire cent passe-droits; les Adorateurs de
leurs Ecrits, les envieux de leur Pouvoir & de leur Esprit; le
peuple Moliniste qui les éleve au Ciel; le Janseniste qui les
condamne au feu d'Enfer; les Héritiers qu'ils ont intrus dans
les plus grandes familles: d'un autre côté, ceux qu'ils ont dépouillés de leurs biens, les Femmes sur-tout intéressées à leur
perte, & tant d'autres qui prendroient part, ou à leur abaisse-
ment ou à leur grandeur, &c. que d'idées ne présenteroit
point un semblable Plaidoyer, s'il est vrai que le sujet sert
infiniment à l'Orateur, qu'un Avocat doit être simple & sublime en même tems, dès qu'il a une matière si intéressante à
traiter! Vous en avez un exemple dans la cause du Pere Girard.

On

* Tragédie de Mr. de Campistron.
† Acte I. Scene I.

On parlera bien autant & auſſi long-tems des Plaidoyers pour ou contre ce Pere, que de celui de Ciceron pour le Roi Dejotarus.

AARON Monceca n'eſt donc point fondé, pour avancer que les grands ſujets manquent à nos Avocats. N'eſt-ce pas, par exemple, un ſujet aſſez intéreſſant que d'avoir à plaider pour une Femme auſſi diſtinguée par ſa vertu que par les graces de ſon ſexe & l'éclat de ſa famille, & que cependant on veut faire paſſer pour Concubine, dans le tems qu'elle a été unie à un des premiers Seigneurs par les nœuds d'un légitime Himence *. Un Avocat n'eſt donc pas aſſez heureux d'avoir à ſoutenir les droits de la beauté, de la vertu, & de la naiſſance tout à la fois? Cela n'offre donc pas une matière aſſez intéreſſante à ſon eſprit. Et me dira-t-on que c'eſt un champ trop ſtérile pour l'Eloquence, & qu'avec de tels ſujets les dégrés de perfection ne puiſſent pas monter plus haut que du tems des Anciens? Quelle erreur! Que notre Juif liſe les *Cauſes célébres* recueillies par Gayot de Pitaval, Avocat du Parlement de Paris, & il ſera obligé de convenir lui-même, que les Anciens auroient peut-être été trop heureux d'avoir d'auſſi beaux ſujets que nos Avocats modernes.

CE n'eſt donc point-là la cauſe de leur ſupériorité. Mais qu'il me diſe que les Anciens n'étoient point auſſi mercénaires que nos modernes, que l'émulation ſeule enfantoit ces Chefs-d'œuvre d'Eloquence, que les prix glorieux qu'ils en attendoient, l'eſtime générale qu'on avoit pour leurs talens, communiquoient à leur eſprit un feu d'imagination, & une ſource de penſées brillantes dont les modernes ne ſont pas capables; j'en conviendrai avec lui. Je l'approuverai même lorſqu'il dira, que ſi les Charges de Préſident à Mortier étoient données en France aux Avocats qui ſe diſtingueroient le plus, le Barreau ſeroit beaucoup plus brillant qu'il ne l'eſt. Je dirai plus, ſi par leurs Plaidoyers le Cochin ou le Normand eſpéroient devenir Chanceliers ou Premiers Préſidens, comme Ciceron devint Conſul, ils parviendroient bientôt à un plus haut dégré de Perfection, & s'éléveroient peut-être plus que Ciceron & Demoſthene.

LA preuve en eſt dans le paralelle très-juſte qu'il fait de la Chaire avec le Barreau. L'Eloquence dans la Chaire eſt pouſſée à un plus haut dégré de perfection: pourquoi? Le Fils d'un Vigneron qui a eu l'honneur de prêcher avec ſuccès devant le Roi, devient Evêque & obtient l'eminente qualité de *Monſeigneur* †. Celui-ci ennuyé de demeurer dans un Couvent, prêche, ſe diſtingue; il eſt recompenſé, il a un beau Palais Epiſcopal, & ſe trouve par ſa qualité d'Evêque affranchi des vœux impor-

* Procès de Mlle. de *Kerbabut* avec Mr. le Comte d'*Heutefort*.

† Mr. Mongin, Evêque de Bazas.

importuns qu'il avoit fait *. Un autre, † Jésuite ambitieux, ne peut se contenter d'un petit Evêché; il ne fait pas comme ses Confreres, qui ne prêchent plus, parce qu'ils n'esperent rien davantage: Ils ne tendent plus de filet, le poisson est pris; il prêche, dis-je, toujours, il veut un Archévêche; que sçais-je, peut être le Chapeau de Cardinal. Il faut lui rendre justice; si tous les grands Prédicateurs en étoient honorés, il seroit sûr de l'obtenir, & de le mériter plus justement que tout autre.

Voila les avantages qu'ont les Orateurs gens d'Eglise. Ils ne courent aucun risque de mourir de faim. Un Evêché, ou du moins une Abbaye, les met à couvert des revers de l'ingrate fortune. Cela ne coûte rien a l'Etat. Il n'en est pas de même des Orateurs Laics: ou ils sont payés de leurs ouvrages, & alors ils pesent l'Eloquence au poids de l'Argent, ou ils sont recompensés par des Pensions de la Cour, que le Roi ne peut pas donner comme il voudroit, soit parce qu'il feroit des jaloux ou parce qu'il épuiseroit ses Coffres. Si les Gens de Lettres se pouvoient mettre au-dessus de la fortune, il s'en trouveroit toujours un nombre egal dans tous les siécles, parce qu'il leur seroit fort indifférent d'être encouragés: mais un Homme de Lettres est un homme comme un autre. Les Biens & les Richesses le flateront toujours. La misere l'accablant, accablera son esprit, & si par des soulagemens honnêtes on ne l'encourage pas, il court grand risque de tomber dans une léthargie qui obscurcira ce qu'il pourroit faire.

Si, par exemple, Ciceron avoit été à la place de Patru, c'est-à-dire, qu'il eût été à la veille de mourir de faim, je ne sçai si ces Plaidoyers vaudroient ceux de ce célèbre Avocat.

Le bonheur de ces grands Hommes vient d'avoir vécu dans des tems où l'Esprit étoit récompensé: que ces tems reviennent encore, les modernes effaceront les Anciens; témoin le siécle de Louis XIV.

Voila, mon cher Lisandre, ce que je croi de plus raisonnable. Les Avocats anciens, pour être plus parfaits, devroient être meilleurs Logiciens: nos modernes devroient être meilleurs Rhéteurs. Ces deux qualités sont essentielles: quiconque négligera l'une ou l'autre, n'atteindra jamais à la perfection de son art. Il ne faut pas non plus donner dans l'excès. Il faut être tous les deux sans le paroître.

Portez-vous bien, mon cher Lisandre; faites comme vous voudrez, je romps tout net avec vous, si vous ne m'écrivez pas l'ordinaire prochain.

* Mr. Massillon Evêque de Clermont, Pere de l'Oratoire.
† Le Pere Laffiteau, Jésuite, Evêque de Cisteron.

De la Haye, ce . ..

A la Haye, chez ANT. VAN DOLE, 1738.

CORRESPONDANCE
Historique, Philosophique & Critique,
ENTRE
ARISTE, LISANDRE
Et quelques autres Amis :
Pour servir de Réponse aux Lettres Juives.

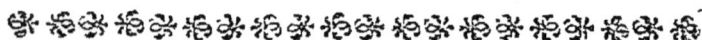

❊❊❊❊❊❊❊❊❊❊❊❊❊

SOIXANTE-QUATRIEME LETTRE.

Lisandre à Ariste.

LES Lettres Juives ont tant drapé les Moines, tant parlé de leur Cagotisme apparent, elles ont si bien mis au jour leur travers, leur ridicule & leurs friponneries, que je me doutois bien que tôt ou tard les Religieuses auroient leur article à part: & véritablement elles ne méritent pas d'être oubliées. C'est une matière digne de moi, & je me charge avec plaisir de la traiter. Pour la Lettre précedente c'étoit tout autre chose. Je ne m'érige que le moins que je puis en Docteur; le nombre des Demi-Sçavans n'étant que trop grand, sans que je l'augmente encore. C'est pour cela que j'ai attendu votre Réponse qui m'a fait un plaisir infini. Je n'aurois pas été capable de semblables réflexions, je l'avoue; ainsi j'ai pris le parti de vous les arracher; & il y auroit eu trop de méchanceté de votre part de m'en priver.

QUANT à celles qui doivent servir de réponse à la LXIIIme. Lettre Juive, elles sont plus badines. Il ne faut pas tant de solidité, elles sont proportionnées à mes forces: ainsi je ne balance pas de vous les communiquer.

La fiction d'Aaron Monceca eſt très-ingénieuſe, & les refléxions qu'il fait dans cette Lettre ſont ſſen-ſées. Ses comparaiſons ſont heureuſes : du moins el-les me le paroiſſent, & je croi devoir lui rendre cet-te juſtice. Qu'il ne penſe cependant pas, que tous les Nazaréens raiſonnables s'obſtinent à ſoutenir l'a-vantage de ces ſortes d'établiſſemens. Pour moi en mon particulier, je fais gloire d'être un des plus zé-lés, mais en même tems je ſais gloire auſſi d'y trou-ver, pour le moins autant que notre Juif, non ſeu-lement de ridicule mais même de barbarie.

Il a également raiſon de dire que nos Religieu-ſes ne ſont pas ſi libres dans leurs mœurs que les Venitiennes. L'ordre établi dans nos Couvens en eſt la cauſe. Cette ſage politique ne peut être blâmée. Je trouve que quand on fait des vœux, il faut les te-nir ; & il n'y auroit pas de mal quand la regle de tous les Moines ſeroit auſſi auſtère que celle de nos Religieuſes. L'un & l'autre état ſont au reſte fort inutiles ; mais il s'en faut de beaucoup que les Re-ligieuſes ſoient auſſi pernicieuſes à la Société & à la Religion que les Moines. Il n'y a pas à dire tant de mal de ces pauvres infortunées que des derniers. Aaron Monceca les plaint ſans déclamer contre el les. On doit lui tenir compte de cette modération.

Avant que d'entrer dans un Couvent, une Fille peut être guidée par différens motifs. L'Ignorance dans laquelle notre Juif ſuppoſe qu'a été la parrente du Chevalier de Maiſin en peut être un : mais ce n'eſt pas le plus général. Je pourrois même lui de-mander, où il trouvera à ſeize ans une Fille ſi neuve & ſi peu inſtruite dans la connoiſſance du monde ? Cependant ne faiſons point d'objections inutiles. Cela peut ſe trouver, & cela ſuffit. Nous ne devons pas nier, nous autres, la poſſibilité des miracles. Les mauvais traitemens que les Parens font à leurs en-fans qu'ils deſtinent au Couvent, ſont plus généra-lement la cauſe de cette fourmiliere de Religieuſes dont les païs Catholiques ſont inondés. On conduit chez

chez nous une Fille à la grille comme à l'autel, sans lui demander son choix. J'ai connu deux Sœurs, dont l'une vouloit être Religieuse, & l'autre mariée à un jeune-homme, que le Pere acceptoit volontiers pour gendre. Si le Pere avoit été raisonnable, les deux Filles devoient suivre leur goût. Mais point du tout. Celle qui vouloit être Religieuse, fut obligé d'épouser l'Amant de sa Sœur, & l'autre qui ne souhaitoit rien tant que d'être Mere, fut condamnée à rester toute sa vie claquemurée dans un Couvent. Quel caprice du côté du Pere, & quel malheur pour ses deux Filles! Qu'est-il arrivé? Celle qu'il destinoit au monde, est morte avant son mariage, & l'Amant obligé par-là de recourir à son premier choix, quoiqu'il ne fût plus tems, a enlevé la Religieuse, & malgré ses vœux l'a épousée dans un Païs étranger, où l'on n'impose pas au beau Sexe de si dures loix.

Quand il arrive de semblables catastrophes à des Religieuses, je n'ai pas la force de les condamner. J'avoüe que la Pudeur souffre dans un Enlevement: mais il paroît tout permis à une esclave pour se remettre en liberté.

Il n'est pas nécessaire au salut de s'enfermer dans un Cloître: Je ne croi pas du moins qu'on en fasse un article de foi, autrement il faudroit faire un Couvent de tout l'univers. Comment donc, pour un intérêt politique, les peut-on souffrir dans un Etat bien policé? Je n'aime point à voir personne être l'esclave de l'avarice d'un autre. Chaque Religieuse est pourtant la victime de ce fatal intérêt; ainsi les Cloîtres devroient être proscrits.

Une Fille persécutée par ses Parens, batüe, privée de toute consolation, se fait Religieuse malgré elle: n'est-ce pas une victime?

Une autre, de dépit d'avoir manqué un parti avantageux, se fait Religieuse : n'est-ce pas une victime de son Ambition?

Celle-ci, sans appas, de rage & de desespoir de

voir ſes compagnes avoir plus d'Amans qu'elle,
prend le même parti : n'eſt-elle pas la victime de
ſon Amour-propre ?

CETTE autre, Coquette au ſuprême dégré, qui
a toujours paru avec éclat dans le monde, perd ſon
bien par la perte d'un Procès. Après avoir étudié
toutes les modes, & rencheri ſur ſes pareilles, pa-
roîtra-t-elle dans le monde ſans changer d'habit au
gré de la mode ? Non, ſans doute. Elle ira ſe cacher
dans un Couvent ; & par-là deviendra la victime
de ſa Vanité & de ſa Coquetterie.

‘ JE pourrois vous rapporter encore nombre d'autres motifs qui tiennent lieu de vocation à quantité
de ces Filles infortunées. Quels qu'ils ſoient, ils
ſont tous puiſés dans la foibleſſe de l'eſprit féminin.
Car s'il ſe trouve quelques unes de ces Femmes fortes, comme il y en a, elle ne ſe feront ſûrement
pas Religieuſes. Toutes celles qui embraſſent cet
état, ſont ordinairement fort jeunes, & par conſéquent ſujettes à raiſonner de travers. Me perſua-
dera-t-on que dans un âge, où elles raiſonnent à
peine, elles peuvent diſtinguer la véritable vocation ?
On les trompe, & elles ſe trompent elles-mêmes.
Une jeune Fille qui ne penſe uniquement qu'à ſon
ſalut (c'eſt certainement un beau motif) le croira
pouvoir mieux faire dans un Couvent : qu'elle at-
tende un âge mûr, elle verra bien-tôt le contraire.
Auſſi remarquez, mon cher Ariſte, que vous ne
voyez jamais, ou du moins très-rarement, les Femmes d'un certain âge ſe faire Religieuſes. J'en vois
beaucoup qui ſont dégoûtées du monde, qui s'en
retirent même : mais comment ? Elles ſe mettent
en penſion dans un Couvent ; mais elles ne ſont pas
ſi foles que de faire des vœux. Elles penſent qu'u-
ne vertu contrainte ceſſe bien-tôt de l'être. Elles ne
veulent rien faire que de bon cœur. Elles croyent
en avoir plus de mérite, & on ne ſçauroit diſconvenir qu'elles ont raiſon. Ce n'eſt donc que des
cervelles éventées, des jeuneſſes ſans expérience,

ou

ou des esprits sottement entêtés qui donnent dans
les appas grossiers qu'on leur tend. Elles ouvrent
les yeux, mais trop tard. Elles ont recours à des larmes inutiles; elles font amitié avec quelques-unes
pour avoir le plaisir de pleurer avec elles;

Car qu'une Femme pleure, une autre pleurera,
Et toutes pleureront, tant qu'il en surviendra.

Il est prouvé incontestablement qu'il y en a peu qui
soient véritablement appellées à cet état. Bien des
gens soutiennent même qu'il n'y en a point du tout:
mais ce sentiment me paroît outré: je me garderai bien de l'adopter. Ainsi, supposant que quelques-
unes soient véritablement appellées, je demande,
si malgré cette Vocation elles peuvent toujours
conserver un assez grand empire sur leur esprit &
sur leurs sens, pour ne jamais concevoir aucuns re-
grets d'avoir perdu leur liberté, & pour n'être pas
déchirées de remords, qui portent leurs desirs plus
vers le Monde que vers le Ciel, & qui incontestablement forment un obstacle à leur salut; Dieu ne
voulant pas d'offrande involontaire. Mais encore,
quand il s'en trouveroit d'assez fortes pour mépriser
entierement les desirs mondains, & pour remplir
exactement les vœux solemnels qu'elles ont fait,
on doit convenir que le nombre en est bien petit.
Si ces établissemens ne sont utiles qu'à deux ou trois
personnes, & qu'en même tems ils soient la cause
de la perte de mille autres, mettez en compensa-
tion le mal qui en resulte avec le foible bien qu'on
en retire, & vous verrez que, de même qu'il faut
souffrir un mal léger pour en éviter un plus grand,
de même aussi il faut se priver d'un bien léger, dès
qu'il cause un mal plus grand.

Il paroît qu'une vie tranquille & réglée doit offrir mille charmes à l'imagination. Si l'on goûte
dans le monde mille plaisirs innocens, fruits d'une
honnête liberté, ils sont bien traversés & diminués
par

* Destouches. Coméd. du *Glorieux*.

par les peines & les embarras journaliers; au lieu qu'on s'imagine, que dans un Couvent on ne peut avoir nulle traverse à essuyer. Risque-t-on de s'y voir terrassé du plus haut comble de la fortune, & réduit le lendemain à mourir de faim? Risque-t-on d'y être arrêté par des Créanciers, ou ruiné par des Procès? Y craint-on de ne pouvoir plus paroître avec éclat, comme auparavant, & d'être obligé de monter derriere un carosse dont on occupoit le de-dans; ou une Femme y doit-elle appréhender de devenir la Servante de sa propre Femme de cham-bre? Y a-t-on à essuyer tous les Dégoûts de l'A-mour, l'Inconstance des Hommes, l'Infidélité des Femmes? Y a-t-on à digerer les chagrins du Me-nage? Y est-on obligé de pourvoir a l'éducation de ses Enfans, que malgré ses soins on ne peut dé-tourner souvent du chemin du vice, & qui ne payent les bontés qu'on a pour eux que d'ingratitude, & pour la mort ignominieuse desquels on est souvent obligé de répandre des larmes? Non, sans doute, on n'a pas tous ces chagrins, mais on en a mille autres en recompense.

Au lieu de n'établir dans des Couvens que des regles raisonnables, que le cœur devoit trouver un certain contentement à suivre, on se gêne mutuel-lement par une observance de coûtumes pédantes-ques qui revoltent & vous désesperent. A l'Eglise, au Refectoire, à la Promenade, au Doitoir, par-tout on se ressent de cet esclavage. C'est une chose que j'ai remarquée: Tout ce qui porte le nom de Com-munauté entraîne la Pédanterie: tout est gêne, tout est contrainte. Envain le cœur veut prendre un no-ble essor; & est resserré dans des bornes ridicules. Tout lui devient odieux. Même ce qui est juste & légitime lui paroît déraisonnable. S'il prie, c'est à contre-cœur: s'il pense, c'est à son malheur. Quel-le consolation peut-il donc avoir? Une Religieuse épanche-t-elle ses chagrins dans le sein d'une pré-tenduë Amie; elle est trahie: la Supérieure le sçait,

&

& la punit de cette confidence. Toutes les Religieuſes ſe méfient l'une de l'autre. L'Envie, la Calomnie, la Médiſance ſont les vertus qu'elles prati-
quent pour ſe déſennuyer. La néceſſité ſemble les
rendre méchantes. Elles ſe font le plus de mal qu'elles peuvent, pour s'attirer les bonnes graces de leur
Supérieure, dont il faut briguer la faveur avec plus
de peine & d'aſſiduité, que les Courtiſans celle du
Roi. Quelle gêne! Quelle baſſeſſe même! Mais il
le faut, ſans cela on n'aura point la liberté d'aller
au Parloir dès qu'on y ſera demandé. C'eſt mon
ſeul plaiſir, penſe une Religieuſe; du moins j'y parle: Quelle ſatisfaction pour une Femme! Ma propre Sœur m'a avoüé, que ſans cela elle ſeroit cent
fois étouffée, que le ſilence la ſuffoquoit; & que
ſans les Parloirs, on trouveroit tous les jours dans
les Couvens des Religieuſes mortes d'une trop
grande envie de parler.

Vous allez prendre ceci pour une plaiſanterie: elle me l'a
cependant aſſuré fermement, & vous le pouvez croire ſur ſa
parole & ſur la mienne.

MALGRE' cela je condamne les Parloirs, & je m'imagine
qu'une Religieuſe qui ſort de voir des gens du monde, n'en
a que plus de lieu de murmurer intérieurement. Nos maux
ne ſont jamais plus grands que par la comparaiſon. Il eſt impoſſible qu'elle n'en faſſe, & que ſon malheur ne lui en devienne plus ſenſible.

BIEN des gens s'imaginent que beaucoup de Religieuſes ne
ſont occupées que du Cagotiſme: mais ils ſont dans une erreur groſſiere. Il eſt bien vrai que celles qui ont l'eſprit le
plus fort, ſont obligées de paroître auſſi plus ſuſceptibles de
préjugés ridicules que d'autres. La dévotion du Scapulaire
doit leur paroître plus ſacrée & plus indiſpenſablement néceſſaire au ſalut, que le point le plus eſſentiel de notre foi. Elle
le dira, comme les autres, avec une régularité édifiante. Ces
Religieuſes ſont encore plus à plaindre que les autres; auſſi
les Confeſſeurs ont-ils plus d'occupation avec elles. Lorſqu'u-
ne fois elles lui communiquent leurs doutes ſur toutes ces Cérémonies, qu'elles traitent avec raiſon de momeries, & qu'elles voyent que le ſeul intérêt du Couvent, plus que celui de
la Religion, parle par la bouche de leur Directeur, elles ſen-
tent encore bien plus la dureté de leur condition. J'ai vendu
la liberté de mes actions, mais dois-je perdre celle de mes
penſées? diſent-elles: La Pédanterie & le Cagotiſme s'uni-
ront.

ront-ils pour me faire la guerre? Quelle situation! Quel état! Il est à plaindre, vous en devez convenir. Le Directeur, aussi pédant que la Supérieure, ne leur présentera pour toute consolation que des images effrayantes. Il faut prendre pour vérités tous les mensonges grossiers qu'il vous debite, sans quoi une punition exemplaire vous corrigera de votre Incrédulite.

IL y a des Religieuses d'une espece toute opposée à celles-ci. Ce sont celles qui, abîmées dans leurs reflexions, devenues stupides par desespoir, & vertueuses par necessité; se sont fait une habitude servile de ce même Cagotisme. On pensera d'abord que puisqu'elles sont accoûtumées au joug, il ne doit plus leur faire de peine: mais bien au contraire, elles sont déchirées par des craintes aussi grandes que mal fondées. C'est toujours nouvelles Conferences avec le Directeur; nouveaux soupçons, nouveaux cas de conscience à proposer: & toujours nouvelles puerilités. Elles s'allarment pour elles-mêmes, pour leurs Sœurs, enfin pour tout l'univers. Dieu leur paroit toujours armé des carreaux de sa vengeance. Ce n'est que par des *Ave Maria* qu'on peut l'appaiser; elles se contraindront à en dire jusqu'à deux ou trois milliers par jour.

RECAPITULONS donc, mon cher Ariste, quelles sont les Religieuses qui doivent être heureuses.

LES jeunes, occupées encore de l'esprit du monde, maudissent leur esclavage.

LES Femmes fortes regrettent les momens qu'elles perdent à encenser le Cagotisme.

LES Bigotes ne s'imaginent jamais pouvoir l'encenser assez.

LES Supérieures ne mettent leur consolation qu'à désespérer celles qui sont sous leur ferule. Toutes ensemble se haïssent. Aaron Monceca a donc bien raison de dire, qu'il faut que nous ayions *des cœurs de Cannibales, pour soutenir une coûtume, qui, sous prétexte de consacrer des ames à Dieu, rend eternellement malheureuses un nombre de personnes qui n'ont jamais mérité de l'être.* Si après lui je me suis recrié sur cet abus, si comme lui j'ai déploré le malheur de ces pauvres victimes; c'est que je ne croi pas qu'on puisse rien dire de trop fort sur une semblable matière. En effet, je vous avouë que je m'estimerois très-heureux que cette Lettre pût tomber entre les mains de toutes les jeunes personnes qui pensent au Couvent. Quelle consolation pour moi, si par ce préservatif je pouvois empêcher leur malheur certain! C'est une grande gloire de pouvoir être utile à la Societé, & sur-tout à un Sexe plein de charmes. Je voudrois de tout mon cœur qu'il pût m'avoir cette obligation.

De Paris ce . . .

A LA HAYE,
Chez ANTOINE VAN DOLE,
M. DCC. XXXVIII.

CORRESPONDANCE

HISTORIQUE, PHILOSOPHIQUE
& CRITIQUE,
ENTRE
ARISTE, LISANDRE
Et quelques autres Amis :

Pour servir de Réponse aux Lettres Juives.

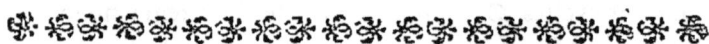

✤✿✤✿✤✿✤✿✤✿✤✿✤✿✤✿✤✿✤✿✤

SOIXANTE-CINQUIEME LETTRE.

Ariste à Lisandre.

J'ATTENDOIS avec impatience que Jacob Brito fût arrivé en Suisse. Je brûlois de sçavoir ce qu'il pense sur le chapitre de cette Nation. Ne donnez point dans le préjugé vulgaire. Les Suisses ne sont pas si bêtes qu'on le pense, & la Politique de leur Gouvernement peut bien servir de preuve qu'ils n'ont peut-être pas moins d'esprit que les autres Peuples de l'Europe.

GENEVE n'est pas une Ville fort célèbre dans le monde ; & sa plus grande gloire est d'être le siége du Protestantisme. Il ne faut pas se former de cette Ville une aussi mauvaise idée que nos Cagots & nos Bigotes ; c'est-à-dire qu'il ne faut pas s'imaginer qu'elle soit le siége de l'Impieté & du Vice, parce qu'ils la disent celui de l'Hérésie. Au contraire les mœurs des Genevois sont si aimables, qu'il n'y a point d'Etranger raisonnable qui ne se loüe du séjour qu'il a fait chez eux. Quoique sa Situation soit extrêmement riante, & que les Promenades en soient agréables, ce ne seroit que des avantages très stériles, si la Société n'y étoit pas aussi charmante & aussi aisée. On va se recrier, de la Société parmi

des Suiſſes! Oui de la Societé, & de la plus galante
encore. Dans toutes les Villes du monde les Gens
d'eſprit, les Perſonnes en place, les Seigneurs, l'honnête Bourgeois même, ont des manières bien oppo-
ſées à celles du bas Peuple; mais il n'y a point de
Païs où cette différence ſoit auſſi ſenſible qu'en Suiſ-
ſe: autant le bas Peuple eſt ingénu & groſſier, autant les autres perſonnes, à parler généralement,
ont un caractère de douceur, de civilité & d'eſprit.

Jacob Brito leur rend, ainſi que moi, cette juſtice, comme il les blâme de leur trop grande inimi-
tié contre ceux qui ſuivent la Religion Romaine.
Pour moi, je ne vous répons pas que je puiſſe les en
blâmer à l'exemple de notre Juif. Nous leur rendons
bien le change; & quand il s'agit de haine, je ne
ſçais qui la pouſſe plus loin, le Romain ou le Pro-
teſtant. Ces derniers n'ont point de Moines Je ne
ſçais ſi cela ne conclut pas beaucoup en leur faveur.
Les Genevois, dit notre Juif, ſe défient des Etrangers de la Religion Romaine. On dit que les Suiſſes
n'ont point d'eſprit, & je trouve qu'ils en donnent
une grande preuve dans cette occaſion. La haine
des Romains en général pour ceux d'un avis contraire au leur en fait de Religion. eſt ſi forte, que
les Traités, l'Honneur, la bonne-Foi & la Probité
ceſſent bien-tôt de leur être ſacrés, dès qu'en paſ-
ſant par deſſus ces devoirs ils eſpèrent dépêcher leurs
Ennemis en Enfer. Ils le font, il eſt vrai, par un
motif de charité; car ils ne veulent leur diſpenſer
des brevets de morts & de damnés à la fois, & par
conſéquent ce n'eſt que pour empêcher que le nombre n'augmente. Suivant cette ſage maxime de Politique, qui veut qu'on ſacrifie quelques-uns à l'in-
térét & à la tranquillité publique. Mais ceux ſur qui
doit tomber ce funeſte choix, ne s'accommodent
pas de ce beau raiſonnement; ils ſe tiennent ſur leur
garde: & je trouve qu'ils font très-prudemment.

Il faudroit que les Genevois n'euſſent gueres de
mémoire, pour perdre le ſouvenir de l'attaque for-
mée

mée contre leur Ville en 1602. le 11. Décembre,
c'eſt-à-dire le 21. ſuivant notre Calendrier Grégo-
rien ; laquelle attaque n'eſt que trop connüe ſous le
nom de *la fameuſe Eſcalade de Geneve*, entreprise par
Charles-Emanuel, Duc de Savoye, nonobſtant la
garantie des traités de la Paix de Vervins en 1598,
& de celle de Lyon en 1601. Traités aſſez auguſtes
& aſſez ſolemnels pour ne laiſſer à Geneve aucune
crainte de ſurpriſe de la part de ſes ennemis, qui ne
l'endormoient dans cette ſécurité, que pour la ſur-
prendre plus ſûrement. Je ne ſçai ſi de ſemblables
procedés peuvent paroître aſſez juſtifiés par la Religion. Car s'il eſt vrai, comme on nous le dit, que
hors la nôtre on ne puiſſe pas être ſauvé, je préſume qu'il y a plus de barbarie & d'impieté de paſſer
les Hommes au fil de l'épée & d'abuſer les Femmes,
comme il arrive en ces ſortes d'occaſions, & comme les ennemis ont avoüé eux-mêmes, qu'ils a-
voient ordre de faire, que de priver les Enfans du
Bâtêmë : en un mot, on ne me perſüadera pas que
le plus ſûr moyen de ramener des gens du chémin
de perdition, eſt de les envoyer tout droit en enfer;
c'eſt cependant notre belle politique. Les parties
intéreſſées ne ſont pas condamnables de la blâmer.

Notre Juif blame, & il a raiſon, les ſentimens
outrés de part & d'autre. La Charité devant être
le premier fondemént de toutes les Religions, &
particulierement de la nôtre, on ne conçoit pas
comment ceux qui ſe piquent d'avoir plus de Religion, ſont ceux qui ont le moins de Charité. Je
viens de condamner les Savoyards en prouvant que
le deſſein de leur Eſcalade n'étoit ſûrement pas une
œuvre de Charité : je ne ferai pas plus de grace aux
Genevois. Ils ne donnent pas un grand exemple de
modération dans les Titres odieux dont ils apoſtro-
phent le Souverain Pontife Romain, & le nom
d'Antichriſt, qu'ils lui donnent le plus charitablement du monde, ne me paroît pas non plus pro-
venir de cette Charité Chrétienne. Encore s'ils ne

le lui donnoient que dans le cœur, ils pourroient
paroître plus pardonnables : mais que dans des Monumens publics, fur la porte d'un Hôtel de Ville &
ailleurs, de pareils titres foient écrits & expofés à
la vûë des paffans, c'eft où je ne reconnois point,
cette Charité Evangélique, qui veut qu'on plaigne
l'erreur des Aveugles, fans infulter à leur malheur.

Avez-vous remarqué, comme moi, mon cher
Lifandre, que dès qu'il s'agit de Religion, les Hommes portent prefque toujours les fentimens à l'excès?
Vous le voyez par cet exemple. Les Genevois fi
affables, fi polis, dont les mœurs font fi fimples,
dont les Miniftres font fi modeftes, enfin dont la
conduite eft fi uniforme : les Genevois, dis-je, femblent tout d'un coup démentir ces bonnes qualités,
pour faire l'injuftice du monde la plus fanglante : &
à qui encore? A un Souverain. Cette feule qualité
ne le leur devroit-elle pas rendre refpectable? Non:
il eft Ennemi de ma Religion : c'eft l'Antichrift. De-
mandez-leur la définition de l'Antichrift ; ils vous
répondront que c'eft le Pape. Mais fuppofons, leur
direz-vous, que la doctrine du Pape foit erronée ;
a-t-il tous les autres caractères qui doivent faire connoître l'Antichrift? Laiffez fa doctrine à part, ne
fait-il pas admirer au refte fes Vertus à toute l'Europe? Ses mœurs ne font-ils pas irréprochables? Ils
ferment les yeux fur cet article. N'entreprenez pas
de leur faire entendre raifon là-deffus. Dès qu'il s'a-
git de Religion, l'Homme du monde le plus fenfé
devient ftupide, & pouffe l'entêtement au dernier
dégré.

Tels font les Genevois ; ils ont conçu tant d'orgueil depuis la Reformation, qu'ils ne font remonter leur gloire qu'à cette grande époque. Ce n'eft
que depuis ce tems là qu'ils ont trouvé dans *Refpu-
blica Genevenfis* cette Anagramme honorable, *Gens
fub cœlis vere pia*. C'eft auffi depuis ce tems-là qu'ils
portent cette fiere devife, *Poft tenebras lux* : voulant
qu'on regarde comme une chofe remarquable que
por-

portant avant la Reformation celle-ci, *Poſt tenebras ſpero lucem*, ils ont eu un eſprit prophétique, ou ont été guidés par un ſecret preſſentiment de la Grace qui leur étoit deſtinée. *Poſt tenebras lux* étant la ſuite heureuſe de *Poſt tenebras ſpero lucem*.

Vous me direz que toutes ces remarques ne concluent pas beaucoup en faveur des Genevois. Cela eſt vrai : mais comme de tous les Reformés ils ſont les plus voiſins du Cagotiſme, la peur qu'il ne rentre dans leur Ville, autoriſe peut-être leur conduite & leur manière de penſer. Ici, par exemple, on ne pouſſe point cette haine à l'excès. Le Romain honnête-homme eſt reſpecté généralement. On n'y conſacre point des monumens publics de haine contre l'Egliſe Romaine, ou toute autre Religion. Cette modération me charme : elle me fait reſpecter des Souverains qui la mettent ſi dignement en uſage ; & il ſeroit à ſouhaiter que les Genevois, unis & d'accord avec ces Peuples heureux du côté de la Religion, puſſent l'être encore du côté de la manière de penſer.

LAISSANT-là la Religion, pour nous jetter dans la Politique, revenons maintenant à ce qui regarde la Ville de Geneve en particulier.

PAR les ſoins que ſes habitans en ont pris & en prennent encore tous les jours, elle eſt devenue une des meilleures & des plus fortes Places de l'Europe. Notre Juif s'étonne, que puiſque la Politique & la Religion conſpirent à la défenſe des Genevois ; notre Juif s'étonne, dis-je, qu'ils travaillent avec tant de ſoin aux fortifications de cette Ville. Il fait plus : il condamne cette Politique. Mais me conſeilleriez-vous, mon cher Liſandre, de la condamner comme lui ? Il dit pour raiſon, que c'eſt riſquer beaucoup que d'expoſer une belle Femme aux regards d'un Homme dont le cœur s'enflamme aiſément, & qui peut trouver le ſecret d'être heureux, & par la même raiſon, dit-il, Geneve devenant trop belle, le

Roi

Roi de France pourroit fort bien en devenir amoureux, & se rendre maître de ses appas.

CES conséquences sont trop violentes, pour être
fondées. Premièrement ce ne seroit point la simple
beauté des fortifications qui pourroit tenter le Roi.
Les Villes flatent plus les Monarques par la richesse
de leur Commerce, & l'utilité de leur Situation,
que par la beauté de leurs murailles, qu'on peut
toujours faire telles qu'on veut, dès que la nécessité le requiert.

SECONDEMENT on ne dira pas que le Roi y pense,
& qu'il attend seulement qu'elle soit bien parée pour
s'en rendre maître: un sentiment si bas étant indigne de lui.

IL ne paroît pas que le Roi de France & celui de
Sardaigne ayent des vûës sur cette Ville. Sans quoi
ils n'auroient pas laissé échaper l'occasion favorable que leur fournissoient les derniers troubles,
qui, comme vous sçavez, auroient allumé la plus
sanglante guerre du monde entre le Peuple & ses
Magistrats, sans les soins que s'est donné le Roi
lui-même de les calmer aussi promptement qu'ils
avoient été excités.

SI Jacob Brito avoit écrit sa Lettre dans le tems
que je vous écris celle-ci, peut-être, me direz-vous,
auroit-il pensé tout autrement. Cela se peut; mais
pourquoi s'ériger en Politique? Geneve se repenti-
ra d'avoir employé tant d'argent à ses fortifications,
vous dira l'un. Le Peuple n'a que faire de s'acharner tant à soutenir sa liberté: le Roi de France leur
apprendra bien-tôt à s'accoûtumer à porter le joug.
Non, dit l'autre, laissez faire au Duc de Savoye; il
s'y prendra mieux que le Duc Emanuel en 1602.
Il se prépare de longue main à une nouvelle Esca-
lade de Geneve; mais elle ne sera pas vaine comme la première. Il vous donne une preuve incontestable de ce qu'il avance; il a déja vû travailler
aux échelles.

JACOB

Jacob Brito fait auſſi le beau raiſonneur. Il annonce à Geneve ſon prochain malheur. Pour moi, je n'aime point qu'un homme qui ſe pique d'avoir de l'eſprit faſſe ainſi le petit Nouvelliſte; cela ſent plutôt le Pilier de Caffé que l'Homme lettré.

Aujourd'hui Geneve n'a pas beſoin de fortifications. La Religion & la Politique faiſant la contre-balance, elle peut dormir en ſûreté. Cela paroît raiſonnable. Mais les intérêts de Religion & de Politique changent tous les jours. Des Peuples prudens doivent-ils bâtir les fondemens de leur repos ſur un ſable auſſi mouvant? Que les intérêts de Religion & de Politique changent tant qu'ils voudront, les Fortifications, les Proviſions d'un Arſenal, ne changeront pas, & ſe retrouverent toujours en tems & lieu. Pourquoi travaillons-nous? Eſt-ce pour le préſent ou pour l'avenir? Si, par exemple, pour vivre, je ne travaille qu'au jour la journée, je ſuis bien malheureux. Je dois du moins aujourd'hui travailler pour demain, & hier j'ai dû travailler pour ce que je dépenſe aujourd'hui. Ainſi les Fortifications de Geneve ne lui ſeront peut-être pas utiles de 100. ans; mais qui en répondra qu'à la 101. année elle ne ſera pas obligée de ſoutenir une attaque, contre laquelle ſes ſeules forces la défendront.

Puisque Jacob Brito aime tant à critiquer, je m'étonne qu'il n'ait pas blâmé les Genevois de paroître ſi ingrats envers les Miniſtres de leur Foi. Le Prêtre devant vivre honnêtement de l'autel, je ne dis pas ſplendidement comme le penſent les nôtres, il paroît que leur avarice les diſpenſe de cette loüable coûtume, puiſqu'ils donnent à peine de quoi vivre à des Miniſtres à qui ils impoſent des devoirs indiſpenſables & pénibles. Car enfin, pour que dans chaque Egliſe Genevoiſe deux Miniſtres, ce ſont ceux qu'on nomme *Semainiers*, prêchent chacun ſix ou ſept fois de ſuite, en ſe relayant l'un l'autre de ſemaine en ſemaine, il ſemble qu'il faut qu'ils trouvent un grand

grand profit qui les encourage dans un si fatiguant emploi :
mais point du tout: les Miniſtres, malgré toute cette peine,
n'ont que de très modiques penſions: ſi bien qu'on peut dire , que dans cette Ville l'emploi honorable de Savetier eſt
beaucoup plus lucratif que la charge de Miniſtre. Voilà pour
Jacob Brito un beau champ de critiquer les Genevois, & pour
moi c'eſt un beau champ de les loüer. Laiſſons la Doctrine
à part. Avant la Reformation la trop grande puiſſance des
Gens d'Egliſe a cauſé à Geneve les mêmes maux qu'elle cauſe encore dans les Païs Catholiques-Romains. Ils ne le ſçavent que trop. Permettront-ils que leurs nouveaux Prêtres imitent cette puiſſance des premiers? Non, ſans doute. Ils bor-
nent leurs richeſſes: c'eſt le véritable moyen de borner leur
pouvoir. Je ne trouve rien de plus prudent. Ce contraſte même de la pauvreté de leurs Miniſtres avec les richeſſes & l'or-
guëil des nôtres, entretient les Peuples dans la croyance où
ils ſont. Je dis plus: cette apparence de Simplicité Apoſtoli-
que donne un nouveau luſtre à la Parole qu'ils annoncent.
Un Miniſtre pauvre peut en effet prêcher, & me perſuader
même, ſur la futilité des biens de ce monde : mais celui que
je ſçai nager dans le Luxe & dans la Molleſſe, me donne plutôt envie de faire ce qu'il fait, que de pratiquer ce qu'il me
prêche, & que je ſçai qu'il ne pratique pas lui-même. En
un mot, les Miniſtres Genevois prêchent d'exemple, graces
à la manière honnête dont on les borne. Plut à Dieu que
les nôtres fuſſent réduits par les loix & par la miſere à les
imiter.

JE ne vous dirai rien de la fin de cette Lettre, ni de l'Hiſtoire du Prédicateur Piémontois. Tout le diſcours que notre
Juif lui fait tenir eſt ſi groſſier, que ce ſeroit tout au plus à
des Païſans à répondre. Quand on veut draper des abus, il
faut des traits delicats, des ironies fines. Si on n'a pas l'eſprit de les appliquer, il faut mieux ſe taire que de parler ſi
mal. Jacob Brito, pour ſon honneur, ne devoit pas finir
par-là ſa Lettre. La matière apparement lui manquoit. De
crainte que la même diſette ne me faſſe tomber dans le même cas, je finis promptement la mienne, en vous priant ſeulement de m'écrire.

De la Haye, ce . . .

A LA HAYE,

Chez ANTOINE VAN DOLE,

M. DCC. XXXVIII.

CORRESPONDANCE
Historique, Philosophique
& Critique,
ENTRE
ARISTE, LISANDRE
Et quelques autres Amis:
Pour servir de Réponse aux Lettres Juives.

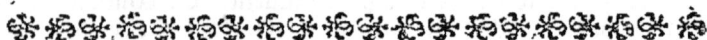

❊❊❊❊❊❊❊❊❊❊❊❊❊❊

Soixante-sixième Lettre.

Ariste au Baron de St. Pol.

QUE faites-vous donc, mon cher Baron? Et quelles sont vos occupations, puisqu'elles vous empêchent de me donner de vos nouvelles, ainsi qu'à Lisandre, qui a tout lieu, comme moi, de vous faire des reproches? Nous avons cependant été toujours exacts l'un & l'autre à vous répondre: Est-ce pour prix de notre exactitude que vous restez dans un silence qui nous désespere? Devenez plus diligent si vous ne voulez pas vous faire un crime capital envers vos meilleurs Amis: je suis bien aise de vous en avertir. Depuis le tems que vous & Merville ne nous avez point écrit, nous avons, Lisandre & moi, entretenu toujours notre Correspondance; si-bien que de Genève, où nous avoit conduit Jacob Brito, il nous faut aujourd'hui faire un saut en Egipte, pour ne pas perdre de vûe le bon homme Isaac Onis, dont j'aime beaucoup les Réflexions. Il est arrivé à Alexandrie. Vous qui avez été long-tems à la Cour Ottomane, vous pourrez juger mieux qu'un autre si ses Remarques sont solides, par l'habitude que vous pouvez avoir eue avec nombre de personnes qui ont connoissance de l'Egipte. *A beau mentir qui vient de loin*, dit un vieux Proverbe: & Iſaac Onis pourroit fort bien nous en faire accroire. Quant à moi, je ne puis rien décider que ſur les fidèles Mémoires de Voyageurs beaucoup plus croyables que notre Juif, d'autant plus qu'ils ont été confirmés par nombre de perſonnes intègres, qui voyageant dans ces Païs-là, ont trouvé les choſes telles que les Auteurs les avoient décrites auparavant.

QUAND tous les Voyageurs ne s'accorderoient pas ſur l'article d'Alexandrie, je croirois aiſément, même ſur la parole d'Iſaac Onis, que cette grande Ville n'eſt plus ce qu'elle étoit du tems de ſon Fondateur & des Rois ſes Succeſſeurs, qui ont mis leur gloire à l'embellir. Cette décadence des Villes, des Provinces, & des Royaumes entiers, eſt une ſuite funeſte des Révolutions que le tems amene avec ſoi. Cherchez dans tout l'Univers ces Villes autrefois tant célébrées, Babilone, Ninive, Memphis, Carthage, Mycenes, &c. vous les verrez englouties par le tems, qui devore tout. Recherchez l'origine de ces autres Villes aujourd'hui ſi ſuperbes, & peut-être plus que ne l'ont jamais été les prémières, vous ſerez trop heureux de trouver dans l'Antiquité le nom d'un Bourg ou d'une ſimple Chaumiere à l'endroit où ſont aujourd'hui ces mêmes Villes.

SI chaque Peuple pouvoit conſerver également ſon Païs comme ſes droits & ſes libertés; ſi l'Ambition ne portoit pas les Hommes à ſe piller les uns les autres, ſi chacun, content de ſon héritage, laboureroit tranquillement ſon champ, ſans envier celui de ſon voiſin; en un mot, ſi, content de ſon Gouvernement, chaque Peuple ne forgeoit pas lui-même ſes propres malheurs, en en changeant la forme, & donnant, ſous prétexte de Religion ou de Politique, entrée à ſes Ennemis; les grandes Révolutions n'arriveroient pas ſi aiſément, & Alexandrie, comme les autres Villes, ſeroit peut-être encore dans ſa ſplendeur. La Jalouſie qui a regné

entre

entre les Princes qui ont partagé entre eux l'Empire
floriffant d'Alexandre le Grand, annonçoit dès lors
les malheurs de cette Ville. Par la fuite, chacun de
ces Rois s'eft refervé des droits d'héritage fur Alexandrie : Chacun d'eux a envié cette Ville à celui
qui la poffedoit : de-là l'origine de toutes ces guerres, contre lefquelles Alexandrie a luté affez long-
tems. Les Rois d'Egipte fe la font enfin confervée;
mais ces mêmesRois, affoiblis de longue main par des
guerres onéreufes, obligés à la fin de plier eux-mêmes
ous le joug de l'efclavage, ont vû piller cette fuperbe Ville, trop riche, & trop puiffante, pour ne pas
être en butte à l'avarice des Conquerans.

Depuis la mort d'Alexandre jufqu'au tems que
les Mahometans ont affermi leur Empire fur la ruine
de la liberté des Peuples de l'Egipte, vous fçavez
les Guerres qui ont fait changer prefque totalement
de face à cette belle partie de l'Univers : ainfi je ne
ferai pas ici l'Hiftorien mal-à-propos, & je ne me
donnerai pas la peine d'apprendre ces faits à des
gens qui les fçavent mieux que moi.

J'ai toujours aimé, comme vous fçavez, à approfondir les Mœurs, les Coûtumes de chaque Peuple, parce que je ne trouve rien de plus utile que
les conféquences que nous en pouvons tirer par
rapport aux nôtres. J'aime ce qui amufe & inftruit
en même tems : ainfi, pour ne point perdre de vûe
un fi beau deffein, fuivons Ifaac Onis dans fes Réfléxions fur cette matière.

Par l'autorité des Livres Saints nous ne pouvons
gueres refufer la préference de l'Ancienneté fur les
autres Peuples aux Egiptiens. Suivant le calcul de
notre Ere, nous devons rejetter l'Hiftoire fabuleufe
des Dinafties, dont on fait remonter l'origine à fei-
ze ou dix-fept mille ans ; puifque nous croyons qu'il
s'en faut de beaucoup que le Monde même foit fi
ancien. Cependant un Jéfuite vifionnaire (car il
ne laiffe pas d'y en avoir) a prétendu prouver ces
mêmes Dinafties, & qu'il y avoit deux mille ans

E 2   depuis

depuis Adam jufqu'au Déluge, & du Déluge quinze mille jufqu'à la venüe de Jefus-Chrift: cela feroit à-peu-près le compte; & que Bacchus étoit le Pere des Egiptiens. Il ne s'embarraffoit pas de faire ce Bacchus propre petit-fils de Noë : Semelé, fa mere, ne pouvant être autre que la Femme de Sem. *Elé* dans la langue (quelle étoit-elle?) que parloient les Peuples de ce tems-là, fignifioit, felon lui, Femme; ainfi *Sem-Elé* étoit comme qui diroit Femme de Sem. Voilà peut-être une idée auffi cieufe que jamais on en puiffe inventer. Mais quand elle feroit fondée, elle ne prouveroit pas pour cela le calcul des quinze mille ans: calcul qui eft plus chimérique encore que la fiction de Bacchus, le premier des Egiptiens. Puifque les Peuples qui habitent aujourd'hui l'Egipte font fi jaloux de leur Ancienneté, qu'il ne faudroit que traduire dans la Langue du païs cette opinion folle pour y faire fortune. Car à préfent, ceci eft une particularité que ne nous apprend pas Ifaac Onis, & qui n'en eft pourtant pas moins vraye; à préfent, dis-je, les Egiptiens font les Peuples les plus crédules & les plus fufceptibles de préjugés groffiers qu'il y ait au monde. Un Voyageur, railleur très-fin, dit à ce fujet, qu'ils le font infiniment plus que tous les Bigots & Bigotes d'Italie ou d'Efpagne. Jugez de-là ce qu'ils peuvent être.

Le premier établiffement de notre Religion en Egypte, a été la première caufe de fa décadence, comme elle l'a été de celle de l'Empire Romain. Notre fureur à foutenir nos fentimens en matière de Religion nous a de tout tems portés à maffacrer impitoyablement ceux que nous ne regardions plus comme nos Freres, dès qu'ils ceffoient de penfer comme nous. Par la fuite de cette crédulité fervile, dont je vous difois que les Egiptiens font fufceptibles, les plus grandes Héréfies fe font formées & accrûës dans ce Païs. Avant Diofcore, Patriarche d'Alexandrie, Arius, auffi d'Alexandrie, infecta les

cœurs

cœurs de son abominable Doctrine, qui fût soute-
nüe par les Egiptiens avec tant d'ardeur, qu'à leur
exemple presque tout l'univers l'embraſſa: ce qui
eſt bien prouvé par le témoignage de St. Auguſtin,
qui dit que presque tout l'univers étoit Arien ſans
s'en appercevoir.

A meſure que les Empereurs Grecs changeoient
de ſentiment ſur la Religion, les Peuples étoient
forcés d'en changer auſſi. Un Hérétique diſparu,
il en reparoiſſoit bien-tôt un autre: & ces changemens
ont été ſi fréquens qu'ils ont entraîné la ruine tota-
le du Païs. Déja du tems des Empereurs Grecs,
les mœurs des Egiptiens étoient bien différens de
ceux de leurs ancêtres, & aujourd'hui ces Peuples
ſont encore bien changés depuis que les Empereurs
Grecs ne ſont plus leurs Souverains.

N'IN déplaiſe à notre Juif, je ne puis croire que
les Coptes ſoient plus particulierement les deſcen-
dans des premiers Egiptiens. Je ſçai que c'eſt l'o-
pinion de quelques-uns, mais elle n'eſt pas généralement reçuë, d'autant que ſuppoſant, comme il
l'aſſure, que le dernier ſoit mort de nos jours, il
paroît comme impoſſible qu'un auſſi grand Peuple
que les anciens Egiptiens ſoit éteint dans la perſonne d'un ſeul homme, à moins qu'on ne ſuppoſe un
ſecond Déluge en Egipte, qui n'auroit reſpecté que
la famille dont eſt ſorti ce Copte, comme le premier reſpecta la famille de Noë. Une ſimple Famille peut bien s'éteindre dans une ſeule perſonne;
mais je ne vois point de preuve d'un nouveau Déluge: ainſi je conclus que les véritables Egiptiens
ne peuvent être éteints que par l'extinction de la
famille de Noë, dont ils ſortent, comme nous; laquelle famille cependant ne ſera certainement éteinte qu'avec le monde.

A l'égard de l'Idiome des anciens Egiptiens,
qu'il dit auſſi être éteint par la mort de cet homme;
cela me paroît plus probable. Une Famille lettrée,
ou du moins jalouſe de ſa langue maternelle, peut

aiſé-

aifément la conferver dans fa pureté, & voir avec
plaifir les autres la corrompre, pour jouir feule de
cet avantage : alors cette Famille périffant, l'Idiome
doit être enterré avec elle.　En voici un exemple.
Les Jéfuites & l'Univerfité de Paris ne s'accordent
point fur la prononciation du Grec : la feconde lettre de l'Alphabet, fuivant l'Univerfité, eft βῆτα, fuivant les Jéfuites c'eft νῆτα : ce que nous prononçons
comme l'E long, qui eft ῆτα, ils le prononcent ῖτα :
voilà une différence très-grande parmi nous dans
l'Idiome Grec, laquelle ne fubfifteroit plus fi la famille des Jéfuites étoit éteinte, parce qu'alors la feule Univerfité enfeignant, on feroit obligé de prononcer comme elle.

QUELQUES-uns prétendent que l'Idiome des anciens Egiptiens eft celui que tous les Hommes parloient du tems de la conftruction de la Tour de Ba-
bel.　Si cela eft, nous devons être bien fâchés qu'il
foit éteint ; car fûrement cette langue étoit la mere-
langue, & la plus belle par conféquent, puifque
c'eft celle que Dieu lui-même avoit infpirée au premier homme.

MAINTENANT, fans nous embaraffer fi les Coptes
font les feuls véritables Egiptiens, defcendons aux
différens Peuples qui les compofent.

ILS font diftingués en Coptes & en Bedoüins : &
les Bedoüins font diftingués en fixes & en errans.

LES Coptes tiennent le rang des Nobles, des Ri-
ches, des Seigneurs & des Gens en place.

LES Bedoüins fixes forment l'ordre des Païfans,
& les Bedoüins errans celui des Brigans & des Bandits.

CETTE claffe où je mets les Bedoüins errans, va
revolter tout d'un coup Ifaac Onis contre moi. Comment, s'écriera-t-il, avoir le front de traiter de Brigans & de Bandits des Peuples que je mets au-deffus
de tous les autres de l'Univers ! Je l'avoüe, j'ai cette audace : mais voyons qui de nous deux eft le
plus croyable, ou quel eft celui qui s'appuyera fur
de meilleures raifons.

JE ne vous dirai rien des Coptes ni des Bedoüins fixes. Leurs mœurs n'ont rien de particulier. Leur Commerce avec tous les Peuples du Levant les a confondus avec eux. Ainsi, représentez-vous ces mœurs que vous connoissez déja, & vous aurez une juste idée de celle des Coptes ou des Bedoüins fixes, en comparant cependant chacun suivant son état.

Au contraire les Bedoüins errans font un contraste assez singulier : ils méritent un article à part; le voici.

NOTRE Juif prétend que les Turcs ont beaucoup d'égard pour les Bedoüins errans: comme si, ne voulant point attaquer un Peuple dont on n'a rien à espérer, c'étoit le respecter en effet. Quelle pitoyable conséquence !

IL faut être aussi romanesque que notre Juif, pour reconnoître l'Age d'or dans la vie de ces Peuples, & leur faire une Vertu de leur Indigence, causée par leur fainéantise. Quelques Réflexions justes & raisonnables que son opinion sur les Bedoüins errans amene contre le Luxe, la Mollesse & la Corruption de notre siécle, je ne sçaurois approuver notre Juif de faire entendre, qu'il seroit à desirer que les autres Peuples vécussent comme ceux-ci. En effet, mon cher Baron, ne trouvez-vous pas qu'il seroit d'une grande utilité pour la perfection des mœurs, de ne se choisir jamais de Patrie ni d'établissement fixe, & de transporter son habitation au gré des heureux caprices de son petit génie. Ainsi le Vol & le Brigandage deviendroient des Vertus héroïques; car en vivant ainsi aux frais de la nature, les Hommes sans loix, sans droits, sans devoirs, vivroient entre eux comme les Bêtes brutes, parmi lesquelles la force & l'adresse font les qualités les plus essentielles. Car qu'un Chien soit plus fort ou plus adroit qu'un autre, il s'emparera sans scrupule d'un os, qui cependant n'aura pas été jetté pour lui. Ainsi feroient les Hommes. Ainsi font les Bedoüins errans. Les

Turcs

Turcs les craignent: aussi dès qu'ils en attrapent quelqu'un,
ils ne l'épargnent pas, & ils ont raison: car ces Peuples, à
qui Isaac Onis donne la préférence sur les autres, sont de ces
gens qui ne se font point de scrupule du Vol. Quand ils font
leur transmigration, tout ce qui tombe sous leur main est de
bonne prise. Pour avoir une juste idée du Bedoüin errant, figurez-vous des Soldats qui vont en maraude, ou des Hussars
en tems de guerre.

Il y a long-tems que l'on sçait que *les Hommes, en bâtissent
des Villes, se font rendus esclaves les uns des autres.* Mais sans vouloir qu'ils deviennent tous errans comme les Bedoüins, notre
Juif ne peut-il pas concevoir que cet esclavage mutuel est devenu nécessaire; & que si malgré les Loix, la Sagesse des Gou-
vernemens, & la finesse de la Politique, les Hommes ont tant
de peine à se contenir dans leur devoir, ils en auroient encore plus si ce bon ordre n'étoit pas établi.

Quoi! parce que la Justice est lente en France, il ne faut
donc pas qu'il y ait de Tribunaux établis pour la rendre?
On ne nie point qu'il ne se soit glissé un nombre infini d'abus
dans ces sortes de Tribunaux, dans la meilleure forme de Gouvernement, dans les Loix & les devoirs que les Hommes ont
cru se devoir imposer pour leur sûreté mutuelle. Mais, me
dira-t-on, que tous ces établissemens sont inutiles, & que les
Hommes seroient meilleurs & plus humains les uns envers les
autres, sans ce frein qu'ils se sont imposés? C'est certainement
ce qu'on n'osera pas avancer; & c'est pourtant où tend la belle Dissertation de notre Juif.

Je ne conseillerai point à tous les Peuples d'imiter les Bedoüins errans. Je leur conseillerai au contraire de travailler
toujours pour la gloire & l'utilité de leur Patrie, d'en soutenir les Loix, & de ne rien reformer, sans avoir auparavant
mûrement réfléchi, si ce changement qu'ils veulent faire peut
apporter quelqu'avantage à la Société. Je condamne, comme
Isaac Onis, tous les abus qu'il reproche en général à tous les
Hommes: Je sens, comme lui, qu'il seroit à souhaiter qu'on
les corrigeât; mais je ne ferai point un crime à l'humanité de
s'être renfermée dans de justes bornes. Alignez soi-même les
limites de sa domination, n'est ce pas en resserrer en même
tems l'étenduë? Malgré ce frein, l'Ambition des Hommes
n'est que trop grande. Comment seroit-elle donc, s'ils ne
s'étoient pas liés ainsi les uns les autres?

Portez-vous bien, & engagez Merville à m'écrire.

De la Haye, ce . . .

A LA HAYE,
Chez ANTOINE van DOLE,
M. DCC. XXXVIII.

CORRESPONDANCE

HISTORIQUE, PHILOSOPHIQUE & CRITIQUE,
ENTRE
ARISTE, LISANDRE
Et quelques autres Amis :
Pour servir de Réponse aux Lettres Juives.

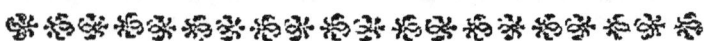

✿✿✿✿✿✿✿✿✿✿✿✿✿✿✿✿✿

SOIXANTE-SEPTIEME LETTRE.

Merville à Ariste.

LE Baron de St. Pol m'a fait l'honneur de me communiquer la derniere qu'il a reçu de vous, où vous le priez de m'engager à vous écrire. Je ne suis pas fâché que ma paresse m'ait attiré une pareille attention de votre part. J'y suis d'autant plus sensible, que le plaisir de recevoir vos politesses est augmenté par celui de lire vos Lettres, qui présentent toujours à l'esprit des pensées aussi charmantes que délicates. Je ne tarde pas, comme vous voyez; vous devez même recevoir cette lettre plutôt que par la poste ordinaire, puisque je profite de l'occasion d'un courier extraordinaire dépêché à la Haye par l'Ambassadeur de France. Quoiqu'il soit fort rare que ces Couriers se chargent de pareilles lettres, celui-ci l'a fait avec plaisir, étant de vos Amis comme des miens. C'est de la Mare, qui n'a peut-être pas eu le tems de vous rendre lui-même cette lettre, mais qui se derobe à s'il peut, pour joüir un moment de votre agréable conversation; persuadé qu'il est, que quoique la misere l'ait obligé de se cacher chez ce Seigneur sous le nom de le Fevre, il n'en sera pas plus méprisable à vos yeux. La première

Lettre que vous m'avez écrite depuis mon défaſtre, eſt une bonne preuve que vous eſtimez toujours vos Amis, dans quelque ſituation qu'ils ſe trouvent.

LE Baron de St. Pol eſt actuellement ſi occupé auprès d'une des plus aimables Veuves de cette ville, que, ſans lui, ſeroit inconſolable de la perte d'un Mari qui auroit pû être ſon bis-ayeul, qu'il n'a pû trouver un moment pour vous écrire. Il eſpere que vous l'excuſerez, & que comme vous aimez à remarquer des Vertus dans vos Amis, vous le louerez de ſa Charité, qui l'engage ſi généreuſement à conſoler les affligés. Nous avons cependant à ſes momens per ius lû avec attention votre derniere, dont les Réflexions m'ont conduit à celles que je puis vous communiquer ſur la LXVIme. Lettre Juive.

SI nous ne conſiderons la ſplendeur d'une Ville que par rapport aux Colomnes de marbre qui peuvent entrer dans la compoſition de ſes principaux Edifices, il eſt ſûr que quelques ſoins que nous apportions à embellir & à enrichir nos Villes, elles ne paroîtront jamais ſi belles que ces Villes ſituées dans les Païs où le marbre eſt auſſi commun que la pierre dans le nôtre. Cependant il faut remarquer, que les beautés ne ſont jamais que relatives, & que par l'indigence où nous ſommes de ce que les autres ont en abondance, nous ne trouvons jamais plus ſuperbe que ce que nous n'avons pas ; au lieu qu'il n'eſt rien qui fixe moins notre attention que ce que nous voyons trop communément ſous nos yeux. *Les Ruines d'Alexandrie*, par exemple, *toutes éparſes & enſevelies qu'elles ſont, donnent toujours une grande idée de la ſplendeur de cette Ville.* Je ſuis de l'avis de notre Juif. Mais l'idée de cette ſplendeur ne frape pas également tous ceux qui en peuvent juger par ſes Ruines. Les Peuples de l'Europe, ſi vous en exceptez les Italiens, chez qui le marbre eſt commun, s'étonneront de voir tant de Richeſſes enſevelies. C'eſt ainſi que paroîtront à leurs yeux toutes ces Colomnes & les morceaux de marbre qu'on

y

y apperçoit : mais les Habitans du Païs, accoûtumés à ne voir autre chofe que du marbre, y feront
à peine attention, & une fimple pierre bleüe & blan-
che, comme celles qu'on trouve en Franche-Comté, étant pour eux beaucoup plus rare, leur paroîtroit peut-être infiniment plus précieufe Ce n'eft
donc point par la qualité d'une forte de pierre (car
enfin le marbre n'eft qu'une pierre) que l'on doit
juger de la fplendeur paffée d'une Ville qui peut a-
voir été bâtie toute de marbre, fi le marbre y étoit
fort commun ; mais c'eft par fon Enceinte, fa Situation, le nombre de grands Edifices, la commodité des Aqueducs, des Fontaines, des grands Chemins, par la richeffe de fon Commerce & le nombre de fes Habitans que l'on doit fçavoir fi elle a
tenu un rang diftingué dans le monde. La matière
de fes Bâtimens n'étant fimplement qu'un avantage
de fa fituation.

L'art de l'Ouvrier rend pour le moins un Edi-
fice auffi fuperbe que la matière qu'il employe à le
compofer. Je fçai bien que dans les Villes de l'Ar-
chipel, dans toute la Grece, dans l'Egipte, &c. fi
l'on en juge par la matière, les bâtimens ont dû être
plus fuperbes qu'en Europe. Mais à n'en juger que
par les Colomnes & les morceaux de marbre que
l'on trouve enfevelis fous les Ruines de ces Villes
anciennes ; qui me répondra, dis-je, que l'art de
l'Ouvrier ait toujours fait un digne ufage d'une fi
belle matière ? Car fi ces beaux marbres n'ont été
placés que par une main groffiere ; fi une main délicate & un cifeau hardi n'ont pas façonné ces Colomnes & ces Corniches ; fi la fimetrie elle-même ne
les a pas mifes par ordre ; ces Villes ne feront pas à
comparer à la beauté des nôtres. Tous ceux qui
font fi jaloux de la gloire des Anciens, ne me per-
fuaderont pas qu'ils ayent pouffé la Sculpture & l'Ar-
chitecture au point où elles font aujourd'hui. Je ne
voudrois pas répondre que ces Villes tant vantés
n'ayent été une compilation de beaux morceaux,

qui

qui ne formoient qu'un Cahos que l'art n'avoit pas
affez débroüillé. Les Anciens pouvoient entreprendre de plus grands ouvrages que nous. Leurs Ponts,
leurs Piramides, leurs Aqueducs, leurs Temples, en
font des preuves: mais tous ces ouvrages étoient
prefqu'uniquement matériels. Comparez, par exemple, le Pantheon, quoiqu'il ne foit pas de cette Antiquité fi reculée, avec les Eglifes plus modernes de
Rome, & vous conviendrez aifément qu'en remon-
tant encore plus haut, l'art & la délicateffe ne bril-
loient pas comme aujourd'hui dans les bâtimens. En
effet il eft fort aifé de concevoir, que tous ceux qui
travailloient à ces anciens Edifices ne devoient pas
être fi habiles Ouvriers que les nôtres. La plûpart du
tems ces Ouvriers n'étoient que des Efclaves, com-
mandés, il eft vrai, par des gens plus experimentés:
mais ils ne pouvoient arranger leurs matériaux avec
le même goût que l'habile Ouvrier lui-même.

Mais c'eft trop vous ennuyer fur une matière affez ftérile. Laiffons à notre Juif ces Differtations
froides. C'eft fur des mémoires anciens de la defcription d'une Ville qu'on doit juger de fa grandeur,
& non pas fur des blocs de marbre. Pour rendre
plus beau Verfailles au goût de notre Juif, ce n'eft
pas la faute de Louis XIV fi la nature n'a pas fourni la France de marbre auffi libéralement que la Grece & l'Italie. Vous fçavez vous-même que s'il n'y
a pas plus de marbre à Verfailles, ce n'eft point un
effet de l'avarice de Louis XIV, qui n'auroit pas
regretté l'argent pour en avoir; puifque, fans l'in-
commodité du froid, il auroit fait bâtir toute la
Chapelle de marbre, qui lui auroit moins coûté que
la belle Pierre de Tonnerre, dont vous fçavez qu'elle eft conftruite. Je fçai bien que dans un païs où il
fait froid, je ne voudrois pas, pour moi, que les murailles de ma chambre fuffent de marbre. Je l'aimerois bien à Alexandrie, que je ne le pourrois pas
fouffrir à Stokholm. Les chofes ceffent de devenir
fi précieufes dès qu'elles ceffent de devenir utiles;

&

& voilà fans doute pourquoi nos Princes & nos Rois ne font pas fort curieux d'employer ce que les Grecs trouvoient être à leur avantage.

Il eft fûr que, fi malheureufement nos Villes venoient à être détruites, on ne trouveroit pas tant de monumens d'Antiquité: la Pierre, comme le remarque notre Juif, ne fe confervant pas comme le Marbre. Mais quel nombre infini de Médailles d'or & d'argent, c'est-à-dire de Monnoyes tant anciennes que modernes, quelle quantité prodigieufe d'argenterie, de Plats, Eguieres, Affietes, Coupes, Calices, Ciboires, Lampes, Encenfoirs, Chandeliers, Montres, Tabatières & autres ne trouveroit-on pas en récompenfe? Qu'en dites-vous, mon cher Arifte; cela ne vaudroit-il pas bien des blocs de marbre, & cela ne donneroit-il pas affez à préfumer de la fplendeur d'une Ville; d'autant que cette même fplendeur eft toujours une fuite de fa Richeffe?

Si Paris venoit à être enfeveli fous fes ruines, ne croyez-vous pas que les Juifs offriffent bien davantage pour foüiller dans la Seine, qu'ils n'ont offert autrefois pour foüiller dans le Tibre? S'ils n'y trouvoient pas autant de Colomnes que dans le Tibre, ou autant de morceaux d'Antiquités furchargez d'Infcriptions indéchifrables, ils trouveroient bien autre chofe qui leur feroit juger plus favorablement de la fplendeur de Paris que de celle de l'ancienne Rome.

Il y a nombre de gens affez fous pour acheter bien cher un morceau de Colomne, quand il n'auroit qu'un pied de hauteur, pourvû que par une certaine Infcription, inconnüe même, on puiffe leur perfuader que c'eft un refte du premier Temple qui a été bâti par les Anciens dans Rome. Ces curieux fous, car j'appelle cela une folie, conferveroient précieufement ce morceau d'Antiquité dans leur Cabinet: encore fi cela leur rapportoit autant de profit qu'une prétendüe Relique du Prophete Elie aux Carmes, je leur pardonnerois leur entêtement.

LES Souverains plus raifonnables qui font foüiller pour trouver des Antiquités, ne font élever &
ne refpectent que celles qui font dignes d'admiration, & qui peuvent contribuer à l'embelliffement
d'une Ville.

PAR exemple, Sixte V. fe feroit fort peu embaraffé de l'antiquité des deux Chevaux de marbre
qu'il a fait placer devant le Palais de Monte-Caval-
lo, & qu'il a fait ôter des Thermes de Conftantin,
s'ils n'avoient été des chefs-d'œuvre de l'art. Il fe
feroit fort peu embaraffé qu'on les eût attribüés à
Phidias ou à Praxitele, s'ils ne lui avoient pas paru
dignes du cifeau de ces deux grands Maîtres.

SI les deux autres Chevaux de marbre, enlevés
du Théâtre de Pompée, n'avoient pas encore été
deux autres chefs-d'œuvre, nous ne les verrions pas
aujourd'hui dans la belle place du Capitole, non plus
que la Statüe équeftre qu'on croit être de Marc-Au-
rele. Ce n'eft point la qualité de fa matière; ni fon
antiquité; mais la beauté de l'ouvrage qui les rend
recommandables. On peut dire la même chofe des
Colomnes Trajane & Antonine, de l'Obelifque de
St. Jean de Latran, de celui de la Porte du Peuple,
du Colifée, &c.

QUAND Louis XIV. a fait acheter à Rome une
partie des Antiques qui font dans la Chapelle de Verfailles, on voit avec quelle fageffe il a fait ce choix.
Je ne blâme point les Romains d'être auffi jaloux de
leurs Antiques qu'ils le font. Ceux qui méritent d'ê-
tre admirez, attirent l'attention des Connoiffeurs;
ceux qui n'ont d'autre prix que celui de l'Antiquité,
fixent l'attention des Fous. Ainfi, de quelque façon
qu'on vienne voir les monumens, cela attire toujours un grand nombre d'Etrangers dans Rome, &
cela rend fon commerce bien plus brillant qu'il ne le
feroit fans cette multitude. Ils font donc également
fondés à en être jaloux comme de leurs Reliques.
Car, ôtez ces avantages à Rome, la fainéantife de fes
habitans la rendroit bien-tôt un defert.

QUOI

Quoi que dise notre Juif de l'entêtement des Romains à soutenir les Privileges superstitieux de leur Souverain, de leurs Saints & de leurs Miracles ; je suis persuadé, que si l'on vouloit metre en ferme tous ces Privileges, & que les Juifs pussent être à la tête; je vous répons, dis-je, qu'ils la feroient bien monter à proportion aussi haut que le Curé de St. Sulpice celle de son Eglise.

Puisque nous sommes tombés sur cet article, nous allons revenir insensiblement à la dispute de ce Curé avec son Prelat, de laquelle Aaron Monceca parle aussi dans la LXVIme. Lettre. Cette prétendüe liberté de l'Eglise Gallicane ne laisse pas, comme vous voyez, de lui causer de tems en tems des troubles auxquels les Eglises génées par l'Inquisition ne sont pas tant exposées. Qui croiroit qu'un *Breviaire* puisse allumer la dissension entre des Gens du même parti. Cela n'arrive jamais où je suis. On ne s'embarasse pas de chanter éloquemment les loüanges de Dieu, &, eu egard à l'Antiquité, les Hymnes anciens, quoique d'un stile assez bas, sont infiniment plus estimés que ceux de l'inimitable Santeüil. Véritablement si l'on ne veut rien innover, comme il est dangereux de le faire dans l'Eglise, je croi que Dieu ayant plus d'égard à la Pureté de l'intention qu'à l'Elegance du stile, c'est risquer que d'employer de nouveaux Poëtes pour composer ses loüanges ; & sur-tout quand les Prêtres sont partagés entre diverses opinions.

Puisque les Francois sont si susceptibles de tout, je m'entiendrois aux Prières anciennes. Quoique les Prélats François ayent infiniment d'Esprit, ils ne s'apperçoivent pas que les changemens leur font un tort considerable. Le Peuple est une machine dont les ressorts sont si mal montez, qu'il ne s'imagine pas qu'un Poëte puisse composer rien de digne d'être chanté dans le Temple du Seigneur, à moins que ses Ecrits ne soient devenus recommandables par le Brevet de sa Canonisation. J'ai connu un Devot, qui ne vouloit point trouver de beautés dans les Hymnes de Santeüil. Il attend pour cela qu'il soit canonisé. Avant cela, je ne croirai pas, dit-il, qu'il ait pû être
échauf=

échauffé de l'Esprit de Dieu, comme il faut-cependant l'être
pour composer ses loüanges.

COFFIN, principal du College de Beauvais, a eu une plus
mauvaise destinée que Santeüil. Il est un de ceux qui ont tra-
vaillé au Breviaire. Etant connu pour être bon Poëte, il a été
choisi pour versifier les Hymnes. Sa Poësie est belle. J'en ai
vû des morceaux; mais quelqu'habile politique qu'il soit, il
n'a pû pallier ses sentimens Jansenistes. Il s'est contraint tant
qu'il a pû; mais l'enthousiasme poëtique l'a emporté. Voilà
ses Ennemis déja piqués contre le Prélat du choix qu'il a fait
de lui; ils levent le masque, ils veulent proscrire le *Breviaire*,
& bien-tôt faire condamner l'Archévêque comme Herétique.
A vous dire le vrai, les Infidèles doivent bien rire de toutes
ces petites guerres intestines, puisque nous autres, nous ne
pouvons nous empêcher de blâmer ceux qui les font naître.
Les Prêtres Espagnols, dont l'ignorance est l'appanage, sient
comme les autres. Ils veulent comparer le nouveau Breviaire
à l'ancien Romain. On prétend même, du moins c'est le
bruit d'ici; on prétend, dis-je, qu'ils ont entrepris une Dissertation pour prouver que les nouveaux Auteurs ne sont pas
capables de composer en Latin, & qu'ils ne sont que des anes
en comparaison de ceux qui ont composé l'*Iste Confessor*, l'*Exul-
tet cœlum*, ou l'*Ave maris stella*. On dit même que cette Dissertation sera appuyée sur l'autorité des Saints, qui ne peuvent
pas mentir, & qui sont venus dire eux-mêmes, qu'ils ai-
moient beaucoup mieux les loüanges qu'on leur donnoit dans
les Hymnes anciens, que celles qu'on leur donne dans les nouveaux. Ce sont des descendans des Jesuites, Sanchés, Moli-
na, Escobar, Suarez, & autres qui sont à la tête de ce grand
ouvrage. Dès qu'il aura paru, je vous l'enverrai, comme une
Piéce très-rare: vous en pouvez juger par la foible idée que je
vous en donne. De crainte que vous ne la perdiez de vûë je
finis ici ma Lettre.

PORTEZ-vous bien, mon cher Ariste. J'ai fait promettre à
St. Pol de vous écrire bien-tôt, & je me suis chargé de l'excuser. Si sa négligence vous empêchoit, pour le punir, de lui
écrire, ne nous faites pas participer à l'effet de cette vengeance, & dans vos momens perdus souvenez vous de votre Ami
Merville.

Nous sommes tous les deux fort inquiets de recevoir des
nouvelles de Lisandre. Tâchez de l'engager à nous écrire.

De Madrid ce . . .

A LA HAYE,
Chez ANTOINE VAN DOLE,
M. DCC. XXXVIII.

CORRESPONDANCE
HISTORIQUE, PHILOSOPHIQUE
& CRITIQUE,
ENTRE
ARISTE, LISANDRE
Et quelques autres Amis :
Pour servir de Réponse aux Lettres Juives.

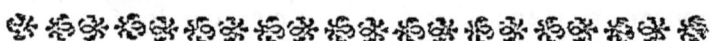

❧❀❧❀❧❀❧❀❧❀❧❀❧❀❧❀❧❀❧❀❧❀

SOIXANTE-HUITIEME LETTRE.

Ariste à Lisandre.

VOUS ne m'écrivez point : malgré la colere où je dois être contre vous, je continue à vous écrire : je ne puis pas interrompre ainsi le Commerce charmant que nous entretenons. Voici une matiere qui vous reveillera peut-être. Il s'agit du Baron de Neuhoff, pour lequel dans vos Lettres vous vous êtes déclaré si ouvertement. Aaron Monceca nous rejette sur cet article, & je suis d'autant plus charmé que, pensant comme vous sur le chapitre d'un homme aussi extraordinaire, je suis bien aise que vous jugiez vous-même si mes réflexions sur sa conduite lui feront autant d'honneur que les vôtres lui en ont fait.

DANS une Lettre que j'ai écrite au Baron de St. Pol, je lui ai communiqué les miennes sur la LXV.me. Lettre Juive, & Merville, pour excuser le Baron de sa négligence, m'a envoyé ses Remarques sur la LXVI.me. Je passe donc à la LXVII.me. pour examiner les sentimens d'Aaron Monceca, & le jugement qu'il porte de Théodore premier, Roi de Corse.

VOUS avez dû être surpris comme moi, à la lecture de cette LXVIIme. Lettre Juive. Après l'impertinente Epître dédicatoire qui est à la tête du Second Tome des Lettres Juives, vous n'auriez peut-être jamais cru, que dans le Troisième le Baron de Neuhoff méritât un article à part. Le mépris que le prétendu Traducteur faisoit de lui dans sa Dédicace, ne paroissoit pas annoncer les loüanges qu'Aaron Monceca lui donne aujourd'hui. Pour moi, qui ne pense pas que les Hommes puisent se démentir ainsi, & changer de sentimens au gré de leur caprice, j'ai été étonné de voir Aaron Monceca chanter ainsi la palinodie. Vous pourrez, pour défendre l'Auteur des Lettres Juives, rejetter cette faute sur le Traducteur. Supposons, ce que je ne croi pourtant pas, que le Traducteur prétendu ne soit pas l'Auteur, nous aurons alors un bien plus grand crime à lui faire. Il devoit entrer dans le sens de son Auteur. Une telle faute est-elle pardonnable à un Homme qui s'annonce pour être sans défauts, & qui, sur cette orgüeilleuse présomption, méprise si souverainement les Auteurs ses Confreres qui n'en font pas de si grossieres que lui....? Mais la Critique m'emporte. Si par malheur cette Lettre tomboit entre les mains de cet implacable Auteur, une Lettre Cabalistique l'en vengeroit bien-tôt; & pour nous humilier davantage il feroit aussi parler contre nous le langage des Crocheteurs, à ses Sylphes & à ses Gnomes. Nous rougirions de nous entendre dire si grossièrement des injures. Epargnons-lui cette peine & cette honte : je dis honte; car vous présumez aisément que de semblables Lettres doivent plus lui en faire à lui, qu'à ceux qu'il prétend désigner dans son bizarre tableau. Ne l'imitons donc pas; ne sortons jamais des bornes légitimes que nous nous sommes préscrites, & rendons justice à Aaron Monceca, s'il en mérite dans le cours de cette Lettre.

DEPUIS que cette LXVIIme. Lettre Juive est écrite, il s'est passé bien des choses en Corse que vous n'ignorez pas, & dont je ne vous ferai point un détail

tail superflu. Du tems de la datte de cette Lettre,
les Genois, dit notre Juif, espéroient de voir bien-
tôt leurs affaires rétablies. Cette espérance paroît
aujourd'hui n'avoir pas été mal fondée, & les secours
qu'on accorde aux Génois me font trembler pour l'infortuné Théodore. Si Aaron Monceca écrivoit dans
les conjonctures présentes, il ne manqueroit pas de
faire de beaux raisonnemens politiques à perte de
vûë. Il feroit sans doute des prédictions, assureroit
le secours qui va en Corse d'un plein succès, & an-
nonceroit la soûmission des rebelles & la défaite entiere, suivie de la fuite honteuse du Baron de Newhoff, qui ne pourroit plus être appellé que de ce
nom, puisqu'il auroit perdu celui de Théodore premier. Pour moi, qui n'entre point dans les secrets
des Princes, ferai-je le Politique à contre-tems ?
Vous ne me le conseilleriez pas, mon cher Lisandre; & vous me trouveriez trop téméraire si je blâ-
mois, comme bien d'autres, les Puissances qui prennent enfin parti pour les Genois. Je vous avoüerai
cependant que l'estime générale que le Baron de
Newhoff s'est acquise par sa conduite, m'auroit fait
souhaiter qu'on eût laissé les Genois se débattre seuls
avec lui : mais puisque le sort en décide autrement,
je me contenterai de le plaindre, sans le mépriser,
si de trop grandes forces réünies contre lui, le font
échoüer dans une entreprise aussi hardie, & qu'il a
cependant si heureusement commencée.

Depuis que les Princes font consister leurs forces plus dans la Politique que dans celles de leurs
Armes, vous concevez aisément qu'on ne peut pas
voir dans notre siécle des fortunes si rapides qu'on
en a vû dans les précedens. On ne peut pas aujourd'hui se mettre aussi aisément qu'autrefois une
Couronne sur la tête. Si Neuhoff échoüe; tout son
malheur ne sera que de n'être pas venu quelques
siécles plus tôt, & on pourra dire que c'est une
faute du hazard, & non pas de son grand cœur. Je
suis persuadé même que les Puissances qui accor-

dent

dent des fecours contre lui, l'eftiment au fond du
cœur, & ne le traverferoient point dans fon fuccès,
s'il pouvoit réüffir fans que cela tirât à conféquence.
Mais je fuis contraint d'avoüer, que je fens bien
que la Politique ne permet pas que de femblables
témérités foient autorifées. Les Peuples font affez
perfides, fans qu'on en augmente encore la licence,
par l'impunité de ceux qui fe revoltent contre leurs
Souverains.

VOILA, mon cher Lifandre, un des plus grands
articles de condamnation contre le Baron de Neuhoff. On ne peut pourtant pas le traiter de Revolté, comme nous avons deja remarqué, puifqu'il
n'eft point originaire du Pais. Auffi, fi tous les autres étoient autorifés comme lui, on ne leur impo-
feroit peut-être pas un frein, comme vous voyez
qu'on le fait aujourd'hui. La tranquillité où font
les habitans de l'Ifle de Corfe depuis le retour de
leur Roi, paroît quelque chofe d'incompréhenfible.
L'Indolence apparente des Genois, ne le paroît pas
moins. Quelques-uns croyoient qu'ils pretendoient
vaincre Théodore I. comme Fabius fit Annibal;
c'eft-à-dire en temporifant: mais vous voyez que
la fuite démant cette opinion. Il faut paroître ce-
der un tems, pour fe rendre après plus redoutable.
On a tout le tems de réfléchir comme il faut fe
comporter; les confeils font pris quand les fecours
arrivent: de femblables Ennemis font bien plus à
craindre que ceux qui donnent tête baiffée dans un
projet. Ceux qui ont cru que Théodore étoit entré légerement en Corfe, c'eft-à-dire qu'une fimple
idée d'ambition l'avoit conduit dans cette Ifle, &
les Genois eux-mêmes l'ont cru d'abord; ceux-là,
dis-je, hauffoient les épaules & le méprifoient plus
qu'ils ne le craignoient. Mais quand on l'a vû fi
ferme dans fon entreprife, fi préfent dans fes déli-
bérations, fi conftant dans fes promeffes, & enfin fi
exact à les remplir, on a changé de fentiment, &
on a voulu découvrir le motif fecret qui l'a pû gui-
der.

der. Il a, dit-on, refléchi long-tems avant que
d'entreprendre une chofe fi délicate; il a fûrement
pris de bons confeils; il s'eft fié fur les affurances
qu'on a pû lui faire : mais quel tems a-t-il donc eu
pour prendre toutes ces mefures?

QUAND on vient à confidérer, comme le re-
·marque notre Juif, qu'avant que d'entrer en Corfe
il n'y avoit que trois ans, qu'il avoit été malade
dans un Hôpital, qu'il n'y en avoit que deux qu'il
étoit efclave, on avoüe de bonne-foi; comme lui,
qu'on n'y comprend rien. Il a mangé tout fon patri-
moine, il doit de tous côtés; cependant il arrive
avec des Caiffes remplies de Piéces d'or, avec des
Munitions qu'il a encore augmentées depuis, &c.
Cela furprend plus que de voir Thamas Kouli-Kan
monter par dégrés, & fe faire enfin couronner.

TOUTES ces réflexions d'Aaron Monceca étoient
juftes; que diroit-il donc aujourd'hui? Celle qu'il
fait encore fur le fuccès de cette entreprife ne l'eft
pas moins. Que deviendra Théodore s'il eft foutenu par fes peuples? Sera-t-il reconnu par les autres
Souverains? Voici un grand embarras.

LA-deffus je fais une réflexion que notre Juif auroit pú faire. A cela près que Neuhoff réüffiffe, ce
n'eft point incontinent après fon couronnement qu'il
doit être reconnu par les autres Monarques : ce n'eft
pas, vous le fçavez, l'ouvrage d'un jour, mais celui
de nombre d'années. On ne traitera pas tout d'un
coup avec lui en Souverain. On biaifera jufqu'à ce
que le droit d'héritage rende celui de Souverain légitime. Vous en avez beaucoup d'exemples. Je dis
plus, fi l'intérêt des Couronnes confifte à le reconnoître, pourquoi ne le feroit-il pas? Mais *il eft cou-*
ronné par la revolte, fabriqué par le crime; ce n'eft
qu'un fimple Gentilhomme, qui, à ce qu'on prétend, en a deshonoré plus d'une fois le caractère:
Cette derniere accufation me paroît fufpecte de calomnie. Mais quand vous le regarderez comme un
Homme d'un grand cœur, d'une conftance à l'é-

preuve des plus grands revers, digne par ses vertus
de la Couronne, s'il ne l'étoit pas par sa naissance :
si on le voyoit sur le Trône, sage dans ses Conseils,
prudent dans ses Actions, juste dans les Loix, inte-
gre dans ses Jugemens, Protecteur du juste, Vengeur de l'opprimé, croyez-vous que les autres Rois,
forcés de l'admirer, ne le seroient pas de le reconnoître ? Pour moi, je n'en doute point. Nos Monarques fondent aujourd'hui leurs droits plus sur
leurs Vertus que sur leur Naissance. Ce juste sentiment que n'ont jamais conçu les Tirans, leur feroient rechercher l'amitié d'un Homme si digne de
la leur. Ce noble tribut qu'ils rendroient à la Vertu
réleveroit plus gloire qu'il ne l'obscurciroit. Si Aaron Monceca concevoit, comme il le doit, une aussi
grande idée de ces Monarques, il ne feroit pas consister leur gloire dans des idées chimériques, dans le
tems qu'eux-mêmes ne la font consister que dans la
véritable gloire. Neuhoff, s'il étoit tel que je le
viens de supposer, pourroit concevoir de hautes es-
pérances, & dire aux autres Monarques : Ressouve-
nez-vous,

> *Que si dans mes Ayeux je ne vois point de Rois,*
> *J'ai fait connoître au moins mon nom par mes Exploits.*
> *Pour être égal à vous s'il faut un Couronne :*
> *Qu'importe que ce soit le Destin qui la donne ?*
> *Par la seule Vertu mes droits sont consacrés ;*
> *Les méprisérez-vous, vous qui la révérez ?* *

Aaron Monceca méprise ceux qui s'embarassent dans
des Dissertations politiques, & vous le voyez cependant se perdre dans celle qu'il fait sur le succès prétendu de l'entreprise de Théodore I. Il est de ces
gens qui condamnent légerement les autres, & qui
les condamnent sur des défauts dont eux-mêmes
font profession. Mais je voudrois bien lui demander
où il a puisé ce beau raisonnement ? Que peut lui
im-

---

* Parodie des vers que dit *Alcibiade.* Trag. de Campistron,
Act. IV. Scene 4.

importer que Théodore agiffe pour lui feul ou pour un autre ? A quoi fervent donc ces longues réflexions ? En voulant faire voir les conféquences de cette entreprife prétend-il dégoûter le Chevalier errant, qui, felon lui, protége fecretement Théodore ; ou veut-il rendre quelque Couronne fufpecte de cette protection ? S'imagine t-il que fa Politique va paffer dans le Cabinet des Rois, & que fa Differtation eft capable de leur faire oùvrir les yeux ? Il eft fort embaraffé de concilier les intérêts des Couronnes avec ceux de Théodore & de fes nouveaux fujets. Mais, quoi ! les Hiftoires, s'il les a luës, ne lui ont-elles pas affez appris de ces fortes d'évenemens qui paroiffoient compatibles avec la paix & la tranquillité générale, & qui cependant, lorfqu'ils ont été conduits à leur fin, y ont contribüé plus qu'ils n'y ont nui.

QUAND on a parlé, par exemple, de la prife de poffeffion de la Lorraine, n'a t-on pas prétendu qu'elle ne pourroit jamais avoir lieu ? N'a-t-on pas allegué pour raifon l'intérêt de tous les Princes, portés plutôt à refferrer les bornes d'une Puiffance déja trop formidable pour eux, qu'à fouffrir qu'elle s'aggrandiffe ? Cette prife de poffeffion, à entendre ces grands Politiques, dignes d'être mis en parallele avec notre Juif ; cette prife de poffeffion, dis-je, ne devoit-elle pas être un commencement de guerre, dont on ne verroit pas fi tôt la fin ? Cependant tout le contraire eft arrivé. Ce Traité a éteint la guerre dans le tems qu'on la croyoit devoir être plus fanglante. La Prudence des grands Miniftres qui font entrés dans cette négociation a furmonté toutes les difficultés qui fembloient devoir naître. Ne croyez-vous pas, mon cher Lifandre, que ceux qui font auffi heureufement, & pour le bonheur des Peuples, de fi grands changemens dans l'Europe, font encore capables de concilier la puiffance de Théodore avec les intérêts des Couronnes ? Oui, fans doute. Ne foyez pas affez injufte pour croire que fi l'on s'oppofe à cette entreprife, ce foit par le motif d'une crainte mal fondée. Les Souverains fe font un devoir facré de fe foutenir les uns les autres. Les Genois le reclament. On prend leur défenfe. Attendons, avant que de prononcer, le fuccès.

COMME il faut qu'Aaron Monceca raifonne, à quelque prix que ce foit ; non content d'avoir difcouru fur l'entreprife du Baron de Neuhoff, il va chercher jufques dans fa conduite particuliere

ticuliere pour sçavoir, si se comportant, comme il le fait avec ses nouveaux sujets, il trouvera pour se soutenir des sources iné-puisables dans leur fidélité. Il les traite, dit-il, avec trop de rigueur. Théodore a tort: il devroit prendre pour Ministre un Homme d'une prudence aussi consommée qu'Aaron Monceca. Cependant je ne conseillerois pas à tous les Souverains de sui-vre ses conseils. Vous sçavez que je suis un peu porté pour la sevérité: & je croi que, dans les troubles, elle est la mere de la tranquillité, sur-tout lorsque l'on ne l'employe qu'à pro-pos. Envain il produit l'exemple des premiers Nazaréens, que la fureur de leurs Persécuteurs n'a pû détruire, & qui, au contraire, semblables au Phénix, paroissoient renaître de leurs cendres. Mais outre que cet exemple ne conclut rien, parce que cet effet a été une suite des promesses de Jesus-Christ, on pourroit dire, qu'en fait de Religion ou de Politique, il faut que les Souverains tiennent souvent une conduite toute oppo-sée; les Préjugés de la Religion ne se détruisant pas si facile-ment que d'autres. Il n'en est pas de même d'une Revolte, où la Religion n'a point de part, comme celle de l'Isle de Corse. Les esprits n'etant alors simplement occupés que de ce-lui de revolte, si on ne les tient pas en respect, ils secoüeront aussi facilement le joug du Souverain qu'ils soutiennent aujour-d'hui, que de celui qu'ils ont quitté. Je dirai plus; pour la Religion, des sujets croyent se pouvoir revolter sans crime. Il faut d'abord les éclairer sur cette erreur. Les voyes de la Dou-ceur peuvent paroître plus propres: mais je vous avoüe qu'un Souverain qui ne doit pas compter sur la fidélité de ses sujets, qu'au fond du cœur il sçait coupables, & qui craint qu'ils ne se lassent de son gouvernement, comme ils ont fait du préce-dent, agit en véritable Politique, lorsque, par la sevérité, il les tient en respect. En un mot, il ne doit pas trop se fier à eux; & le Baron de Neuhoff a raison de ne pas paroître pren-dre une confiance aveugle.

PORTEZ-vous bien, mon cher Lisandre. Je veux bien enco-re donner un champ libre à votre négligence. J'écrirai l'ordi-naire prochain à Merville; ainsi je n'attendrai qu'à l'autre vo-tre Réponse à la LXIXme. Lettre Juive; mais aussi ne man-quez pas de me l'envoyer.

De la Haye, ce . . .

A LA HAYE,

Chez ANTOINE VAN DOLE,

M. DCC. XXXVIII.

CORRESPONDANCE

Historique, Philosophique & Critique,

ENTRE

ARISTE, LISANDRE

Et quelques autres Amis :

Pour servir de Réponse aux Lettres Juives.

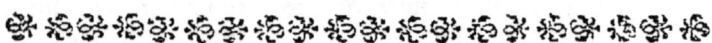

✤✤✤✤✤✤✤✤✤✤✤✤✤✤✤✤✤

SOIXANTE-NEUVIEME LETTRE.

Ariste à Merville.

LE Baron de St. Pol est bien heureux d'avoir un Ami comme vous. Si vous ne vous étiez pas chargé de l'excuser, je lui ferois un plus grand crime de son silence; mais à votre considération je l'excuse, & je vous prie de plus de lui dire de ma part, qu'il ne se gêne point, & que je l'exhorte à continuer son œuvre de charité, pourvû que cela ne l'engage pas plus avant qu'il ne soit.

Un tendre engagement va souvent plus loin qu'on ne pense. Qu'il craigne de perdre enfin sa liberté. J'en frémis pour lui. Vous me marquez que la Veuve qu'il console est aimable. Je lui crois de la vertu, puisque notre Ami s'y attache. Ce charme l'attirera; que sçai-je, il le conduira peut-être à l'autel. Il se fixera en Espagne, & nous ne le reverrons plus. Voilà ce que je crains. Encore si j'étois sûr qu'il pût être toujours content de son engagement, cela me consoleroit, & la satisfaction de le sçavoir heureux suppléeroit aisément au chagrin de ne le plus voir. Recommandez-lui d'y réfléchir plus d'une fois.

Pour vous, votre âge & votre prudence me donnent lieu de croire, que vous ne vous engagerez pas à ſon exemple: auſſi je ne deſeſpere pas que votre paſſion pour les voyages ne vous engage enfin d'en entreprendre encore quelqu'un. J'en ſerois d'autant plus charmé, que je pourrois alors profiter de vos remarques, & que cela me fero.t concevoir l'eſpoir de joüir encore de votre aimable Société. Imitez Jacob Brito. Vos réflexions ſeroient infiniment plus ſolides que les ſiennes. On pourroit s'en rapporter à vous, au lieu que, malgré moi, il faut que je le ſuive dans ſes voyages. Pour le ſuivre auſſi dans ſes réflexions, de mon Cabinet je me tranſporte à Lauſanne. Je vous ſuivrois également: mais je n'y ſerois pas porté par un eſprit de Critique, auquel ſes remarques donnent un champ des plus libres & des plus vaſtes.

Jr ne vois pas ce que notre Juif entend, lorſqu'il dit qu'il a reçû des Paſſeports qui le mettront en état de *finir tranquillement ſes affaires, ſans être troublé par la crainte des Prêtres & de l'Inquiſition.* Que craint-il que les Prêtres ou cette Inquiſition puiſſent entreprendre contre lui? Dans le Portugal, où il veut ſe rendre, comme en Eſpagne, où vous êtes, je ſçai qu'un Voyageur qui ne captiveroit pas ſa langue, & qui diroit trop librement ſon avis ſur nombre d'abus qu'il lui eſt facile de remarquer, auroit tout à craindre des uns & de l'autre. Ainſi ſa meilleure ſûreté eſt dans ſon ſilence. Quelques Paſſeports qu'il puiſſe avoir, ils ne l'autoriſent pas à prendre une liberté, condamnée dans les Païs où il voyage. Il eſt vrai qu'avec les Paſſeports il ne ſera point arrêté comme un Homme ſans aveu: Voilà tout l'avantage qu'il en peut retirer: mais qu'il parle trop, ou contre la Religion, ou contre les Abus, ou contre le pouvoir des Prêtres, des Moines, & de l'Inquiſition, ſon Paſſeport ne le fera point reſpecter, & il courera auſſi grand riſque, & plus grand même que celui qui n'en auroit point, & ſe contiendroit dans de juſtes bornes. Un Voyageur qui croiroit de bonne-foi notre Juif, s'imagineroit ſur

ſon

ſon Paſſeport, avoir en Portugal autant de liberté
qu'en Hollande ou en Angleterre. Je ne lui con-
ſeillerois pas de s'embarquer ſur cette confiance: il
en ſeroit bien-tôt la dupe; & il en auroit l'obligation au ſot raiſonnement de Jacob Brito. Je croi,
pour l'intérêt de ceux qui ſe peuvent trouver dans
le cas, je croi, dis-je, être obligé de leur faire
voir l'erreur où ce bon Juif eſt ſur cet article.

Son titre d'Agent extraordinaire de la République de Genes à Lisbonne (ſuppoſons qu'on l'accorde ſi cavalierement à un Juif) ne le met pas encore à couvert, comme il le fait entendre. Au
contraire il l'expoſe. Quand un homme a un titre,
il eſt obligé de le ſoutenir. Ses diſcours font plus
d'impreſſion que ceux d'un Homme qui n'eſt point
en charge; & s'il en tenoit d'illicites, comme on
lui en feroit un plus grand crime, il en ſeroit auſſi
plus grièvement puni. S'il eſt vrai que le pouvoir
des Prêtres & de l'Inquiſition ſoit ſi grand, aucun
titre, à moins qu'il ne ſoit dignement ſoutenu, ne
vous en mettroit à couvert. Le plus ſûr eſt, de ne
ſe point rendre coupable. Les Prêtres & l'Inquiſition ne vous chercheront jamais des crimes imaginaires. Il eſt défendu dans ce Païs de parler contre
la Religion. C'eſt la loi: il faut s'y conformer. Je
la reſpecte, comme celle de Veniſe qui defend de
parler du Gouvernement. Eſt-ce parce que Jacob
Brito eſt Juif, & qu'il ſçait avec quelle rigueur on
pourſuit ſes Freres dans ce Païs, qu'il s'appuye ſur
la foi de ſes Paſſeports? Foible appui! Qu'on le re-
connoiſſe pour Juif; ſon Paſſeport ne lui ſerviroit
qu'à lui en faire expédier un pour l'autre monde.
Son titre d'Agent ne le mettroit point à couvert.
Pourquoi, diroit-on, la République de Genes l'ac-
corde-t-elle à un homme qui, ſelon nos loix, en eſt
indigne par ſa qualité de Juif? Mais attendons qu'il
ſoit à Lisbonne, pour voir comment il ſe tirera d'affaire. Il n'eſt encore qu'à Lauſanne; voyons ce
qu'il dit de cette ville.

L'AR-

L'article est très-court. Il auroit pû l'étendre davantage, lui qui est si accoûtumé à faire des descriptions stériles. J'aurois souhaité qu'il nous eût donné des réflexions philosophiques sur une muraille de la Cathédrale, qu'un tremblement de terre fit ouvrir, & que, par le plus grand bonheur du monde, un autre tremblement remit dans son premier état. C'est la plus grande curiosité qu'on fasse remarquer à Lausanne aux Etrangers. Et en effet elle est digne d'attention. Il paroit impossible, qu'un mouvement censé sans regles puisse refaire ce qu'un autre a détruit. Qui sçait si, selon les regles du Mouvement, cela ne pourra donner lieu à de justes réflexions? Peut-être en reviendroit-il un avantage pas moindre que celui d'avoir connu déja une partie des regles de ce même mouvement.

Je ne m'engagerai point à chercher les causes de ces grands effets. Je n'embrasse rien au-dessus de mes forces. Si Aaron Monceca avoit été à Lausanne, il auroit certainement entrepris une Dissertation. Lui seul est le Philosophe, & le pauvre Brito n'est qu'un Echo, qui repete ce qu'il peut avoir entendu dire.

Il attribuë particulierement à la Suisse la qualité de ne fournir que ce qui est nécessaire à l'homme. *La Nature*, dit-il, *dans ces Climats est avare des choses qui introduisent le Luxe & autorisent la Débauche.* On ne peut donner de plus belles couleurs à la Stérilité d'un Païs; & les Suisses lui doivent avoir une grande obligation, de faire un si bel éloge de leur Patrie. Si le même Jacob Brito voyageoit par la Champagne poüilleuse, il trouveroit sans doute ses habitans heureux d'être dépoüillés & prives des choses qui peuvent contribuer à entretenir le Luxe & la Molesse. La Suisse n'est pas un Païs si fertile que beaucoup d'autres. C'étoit assez dire. Les Suisses, par eux-mémes, ne donnent point dans le Luxe & dans la Molesse: mais c'est plutôt une suite de la manière dont ils pensent, qu'un effet de la nature de leur

Cu-

Climat. En effet je remarque, que dans les Païs où la Nature semble avoir été plus marâtre, les hommes ont suppléé à ce défaut, & que tout ce qui peut contribüer à leurs plaifirs, s'y trouve en plus grande abondance. La frugalité des Süisses nous doit paroître estimable : ils ne cherchent point à suppléer au défaut de leur Climat : & voilà la seule raison pourquoi le Luxe & la Molesse n'y sont point connus. Les Suisses sont laborieux, & de plus infatigables. Ils ont fait des Païs charmans de bien des endroits, qui sembloient n'avoir été formés par la Nature que pour être des Déserts. Ils sont d'une Probité incorruptible & d'une Fidélité à l'épreuve. Voilà ce qu'on peut ajoûter au Portrait qu'en fait Jacob Brito. Ils se font gloire de conserver encore dans leurs Mœurs la Simplicité des premiers siécles: mais aussi ils méprisent trop l'esprit Un bon extérieur tient souvent lieu chez eux des plus grandes vertus. Pourvû que vous vous habilliez simplement, que vous vous nourrissiez & vous logiez de même, vous passerez pour un véritable Caton en Suisse. Ils n'aiment point parmi eux les gens qui ont un air évaporé. Pour obtenir une charge ou un emploi, il faut dans ce Païs contrefaire jusqu'à sa démarche, son ton de voix & sa contenance. C'est-ce qui donne aux Suisses cet air gêné que les autres Nations remarquent, & dont on leur fait à tout moment des reproches. Envain, pour s'excuser, ils s'appuyent sur l'exemple de nos premiers Peres, à qui l'Ignorance a tenu lieu de Mérite: mais je puis répondre qu'ils étoient excusables, & que les Suisses ne le sont pas. Ils devroient un peu plus étudier les Mœurs des autres Peuples, & profiter des connoissances qu'ils ont acquis. Ils ont déja commencé: il ne leur reste plus qu'à continuer.

Dimidium facti, *qui benè cœpit*, *habet.*

Ils ne trouveroient certainement pas du profit à imiter en tout leurs Ancêtres: & s'ils avoient hérité de leur Ignorance, je les trouverois aujourd'hui les plus

mépri-

méprisables des Peuples. Ne ririez-vous pas bien,
de voir encore aujourd'hui les Suisses, faute de connoissance, vendre de l'Argenterie pour de l'Etain,
& des Pierreries pour des Bagatelles ? Il n'y a pourtant pas encore trois-cens ans qu'ils poussoient jusques-là leur simplicité : & vous sçavez l'usage qu'ils
firent en 1476. de toutes les richesses du Duc de
Bourgogne, sur lequel ils remporterent, près de
Morat, une Victoire complette. Cet évenement a
tourné beaucoup à la gloire de leurs armes : mais
on ne sçauroit dire qu'il ait également tourné à la
gloire de leur esprit.

COMME vous le voyez, un entêtement ridicule
d'imiter en tout servilement les Anciens, peut faire donner dans de grands travers. Je croi que les
Coûtumes doivent changer suivant les tems. C'est
qu'ont compris aisément les Suisses d'un rang un
peu distingué, qui se sont dépouillés de cette grossiereté sauvage, qui obscurcit ordinairement les plus
belles qualités. Le seul bas Peuple la conserve encore aujourd'hui, & pousse l'Ignorance si loin, que
le dernier des Païsans de France, par exemple,
pourroit tenir un rang aussi distingué parmi eux, que
les gens lettrés parmi ceux qui ne le font pas.

ON reconnoît aisément à Lausanne cette différence. Les Nobles, les Gens en place, & l'honnête Bourgeois, s'approchent autant, chacun dans son
état, de l'Homme galant & poli, que le bas Peuple s'en éloigne dans le sien. Il n'y a qu'une chose qui est commune dans cette Nation, aux Grands
comme aux Petits, & que Jacob Brito remarque
comme moi ; c'est la Passion de boire, que tous à
l'envi portent à l'excès. Ce n'est pas seulement
entre eux que se font de semblables débauches ; mais
ils y invitent les Etrangers. Il y a pour invitation
à les faire boire une formule de Compliment, qui
est étudiée & dictée, comme le seroit une formule
pour mettre quelqu'un en possession d'une charge.
Ils n'arment point la main d'un Etranger d'un verre,

qu'ils

qu'ils ne fuivent auparavant la Coûtume établie, & ne faffent
les Cérémonies réquifes en pareil cas. Ces Peuples, fi fru-
gals au refte, paffent tout d'un coup à cet excès. Il femble
qu'ils foient comme le bon Père Noë, qui s'enyvra du Jus
de la Vigne, n'en connoiffant pas les effets. On prétend que
les anciens Suiffes étoient fur cet article auffi ignorans que ce
Patriarche, & qu'ils ne connoiffoient point la vertu du Vin;
ce qui faifoit qu'ils en bûvoient, croyant pouvoir le faire
fans conféquence: deforte qu'ils fe fouloient fi bien, que le
lendemain ils ne fe fouvenoient plus de ce qu'ils avoient fait,
ni de la révolution que le Vin avoit pû faire dans leur cervelle; recommençant ainfi le lendemain fur nouveaux frais.
Les Suiffes ne connoîtroient-ils point encore l'effet du Vin?
Et l'état dans lequel il les met, ne leur laiffe-t-il pas l'ombre de la moindre réflexion? Cela me paroît difficile à concevoir. Cependant l'Ivrognerie n'eft point chez eux un vice:
Bien loin de-là, c'eft une Vertu. Je cherche envain ce qui peut
les autorifer à penfer ainfi: je vous avoüe que je m'y perds.

ON eft furpris de la préfence d'efprit qu'ils confervent dans
le Vin. Cet article me paroît plus aifé à expliquer. On eft affez convaincu que l'habitude eft une feconde nature. Mithridate
s'étoit de longue main tellement accoûtumé au poifon, qu'il ne
pouvoit faire aucun effet fur lui. Les Suiffes font femblables à
Mithridate: ils boivent dès l'inftant de leur naiffance. Les Enfans tiennent d'une main une Bouteille & de l'autre le Têton
de leur Nourrice. Ils fe familiarifent, s'il m'eft permis de
m'expliquer ainfi, ils fe familiarifent fi bien avec le Vin, que
dès qu'ils parviennent à l'âge de raifon, il ne peut plus être
un poifon pour la leur. Ils fe font fait une fi grande habitude
de tenir un verre ou une bouteille, qu'ils ne peuvent plus rien
faire que ces armes à la main. Les autres Peuples voudroient
envain les imiter; c'eft-à-dire, prétendre regler les chofes les
plus importantes dans la debauche: le vin les furprendroit bien-
tôt, & toute leur Prudence & Politique échoüeroit contre un
écueil que les Suiffes peuvent braver impunément.

LE verre à la main, on bannit ordinairement les idées philofophiques; on ne s'entretient que d'idées plaifantes & jovia-
les. Quiconque s'habitue à boire, n'aime pas les confeils de
longue haleine, ni les entreprifes qui demandent une trop
grande application. Le vin ordinairement porte plus au Combat qu'aux Déliberations. Voilà pourquoi en Suiffe, dès qu'il
arrive un évenement qui trouble la tranquilité publique, on
en décide par les armes ou par un confeil de prompte exécution. La refolution que les Suiffes Papiftes avoient formé d'ex-
terminer les Suiffes Proteftans n'étoit qu'un deffein formé à
table. Il n'étoit point provenu d'une haine intérieure, nour-
rie par les Cafuiftes Suiffes; car on n'en connoît guères dans
le Païs: en un mot ce n'étoit qu'une fougue: auffi la divifion
n'a-

n'a-t-elle pas regné, comme elle ne regne jamais long-tems parmi eux. La Religion ne leur causera jamais de si grands malheurs qu'aux autres Peuples. Ne se piquant pas de la connoissance des belles Lettres, ni de raisonnemens philosophiques, leur entetement ne peut être fondé que sur la crédulité qu'ils ont pour tous ceux qui pourroient assez bien parler pour les séduire. ,, Accommodons nous, diront ils, toujours le ,, verre à la main; ne disputons point sur des points que nous ,, n'entendons pas, n'entreprenons pas de nous eclairer; gar- ,, dons chacun notre opinion; concilions nos interêts. La proposition paroît raisonnable, & voilà la dispute finie. Les Prêtres ni les Moines n'animent point les Peuples: ils n'auroient pas l'esprit de les persuader. Ils sçavent qu'on ne desabuse point un Suisse coëffé de son opinion. Que tous les Peuples seroient heureux, s'ils poussoient aussi loin qu'eux l'ignorance sur cet article! Je ne l'impute point à la foiblesse de leur génie, mais plûtôt à leur Prudence.

Je n'entrerai point dans un plus long detail de leurs Mœurs. Jacob Brito, sur la fin de sa Lettre, en donne une idée assez juste; & fait voir, que si leur Politique n'est pas aussi raffinée que celle des autres Puissances, elle est du moins aussi utile à leurs Etats. Ce qu'il dit encore de la manière dont ils se forment de bons Soldats, aux depens des autres Princes, est une preuve que, soit en tems de guerre soit en tems de paix, ils sont également sur leurs gardes. Rien de plus sensé. Il est trop tard de se reveiller quand le malheur nous menace. Ils ne croyent sûrement pas, comme notre Juif, qu'ils n'ont rien à craindre. C'est un sentiment trop extravagant: il n'y avoit que lui capable de le concevoir. Après l'exemple des Tyriens, assiégés & vaincus par Alexandre, on doit plus s'assûrer sur sa bonne Politique que sur les remparts de la nature. Il ne seroit peut-être pas plus difficile de pénétrer les montagnes Suisses, pour tomber dans le Païs, qu'à Annibal de passer les Alpes pour fondre sur les Romains. Vous voyez que Jacob Brito s'égare assez souvent. Mais la poste me presse, & je suis obligé de lui faire grace sur bien d'autres articles, dont par vous-même vous reconnoîtrez aisément les defauts.

De la Haye, ce . . .

A LA HAYE,
Chez ANTOINE VAN DOLE,
M. DCC. XXXVIII.

CORRESPONDANCE

HISTORIQUE, PHILOSOPHIQUE & CRITIQUE,

ENTRE

ARISTE, LISANDRE

Et quelques autres Amis :

Pour servir de Réponse aux Lettres Juives.

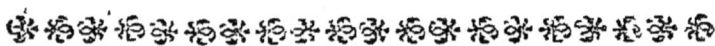

✶✷✶✷✶✷✶✷✶✷✶✷✶✷✶✷✶✷✶

SOIXANTE-DIXIEME LETTRE.

Lisandre à Ariste.

LES importantes Négociations qui se trament, occupent aujourd'hui tellement tous ceux qui ont quelque part au Ministère, que compris, comme vous le sçavez, dans ce nombre, à peine ai-je eu depuis quelques jours le moment de m'échaper pour vous écrire. Voilà, mon cher Ariste, mon excuse. Vous qui êtes si exact à remplir tous vos devoirs, vous ne me voudriez point de mal si ceux de ma Charge, & le plaisir que je trouve à servir utilement mon Roi, me paroissent preferables à la satisfaction que je trouve d'entretenir avec vous notre Correspondance.

Tout plein des idées de Politique que me donnent lieu de cultiver la Prudence & la Sagesse de notre Gouvernement, je pourrai facilement vous convaincre des erreurs dans lesquelles tombe Aaron Monceca sur cet article.

Le Baron de Neuhoff, sur le chapitre duquel il nous rejette encore, n'a jamais été, ni si imprudent, ni si présomptueux que le suppose notre Juif: du moins n'ai-je jamais oüi parler du dessein qu'il avoit formé d'envoyer à la Cour de Vienne. Ces sortes

d'évenemens, comme vous l'avez vous-même remarqué, ne font point l'effet d'un jour ; & Théodore attendroit du moins que ses droits fussent plus
légitimement confirmés ; le Tems consacrant aifément sous de beaux noms, ce qui n'étant point rendu respectable par l'Antiquité, mérite les titres &
les noms les plus odieux. Comme aujourd'hui cette grande affaire est dans sa crise, je passe légerement sur un détail que je ne sçaurois vous faire, &
comme les conjonctures présentes ne me permettent pas de descendre au particulier, souffiez que je
m'en tienne à des Réflexions générales, dont vous
ferez cependant telle application que vous voudrez.

Je ne puis m'empécher de me récrier contre la
manière injuste dont penfent aujourd'hui, & dont
toujours ont penfé les Hommes. Je voudrois leur
demander, ce qu'ils entendent par Vice ou par Vertu ? Qu'ils me distinguent les Droits légitimes, d'a-
vec ceux qu'ils croyent ne pas l'être : car enfin, si
nous ne convenons pas sur les définitions, nous ne
nous entendrons jamais, & nous courerons rifque
de donner également dans l'erreur & de tirer de
fauffes conféquences. Est-ce un crime à un Peuple,
par exemple, de vouloir changer la forme de son
Gouvernement ? Dès que, par des suites de Révolutions, il est devenu fujet d'un Souverain avec lequel il n'avoit eu auparavant rien à démêler, & auquel par conféquent il ne devoit rien ; par une autre suite de Révolutions ne peut-il pas se foûmettre
à un autre, ou se choisir un Souverain particulier,
avec lequel il puisse se fixer, sans être obligé d'être
esclave de perfonne? Est-ce une poffeffion illégitime
qui donne des droits à un Souverain ; & quand bien
même elle lui en donneroit, peuvent-ils fubfifter,
ou peut-il les reclamer dès qu'il en abufe ? Examinez avec moi, fage Arifte, l'établiffement & les
commencemens de chaque état, même de ceux qui
font aujourd'hui les plus florissans & que l'on ref-
pecte fi légitimement, & vous conviendrez que ce

qui

qui a paru Vice autrefois, eſt devenu Vertu par la
ſuite. Lorſque les Gaules gémiſſoient ſous la tirannie
des Préfets Romains, les premiers Gaulois qui ont
ſecoüé le joug, n'ont été traités que de revoltés;
ceux qui ont été vaincus, ont été punis comme
tels: la ſeule victoire a tenu lieu d'impunité aux
autres. Qu'étoient donc nos Ancêtres? Des Revoltés, des Brigans; à qui cependant nous avons l'o-
bligation d'avoir ſecoüé un joug, que ſans eux nous
ſubirions peut-être encore. S'ils n'avoient tenu a-
vec intrépidité la même conduite envers les Romains, que les Habitans de l'Iſle de Corſe tiennent
aujourd'hui envers les Genois, nous ſerions encore
de mépriſables Eſclaves, qu'une ſoûmiſſion & une
fidélité mal-entendüe auroit endormis dans les fers
les plus honteux. Ii faloit donc qu'ils ſouffriſſent
impunement toutes les dignités que leur faiſoient
ſubir les Romains, & qu'ils baiſaſſent encore hum-
blement les pieds de leurs Perſécuteurs; ſemblables
à l'Eſclave, qui, roüé de coups de bâton par ſon
Maître, eſt obligé de lui venir baiſer la robe? Sans
le courage de ceux qui ont entrepris cette grande
Révolution dans les Gaules, nous ſerions donc encore des Barbares? Nos Provinces fertiles ne ſeroient donc que des déſerts enſevelis ſous nos propres ruines, & nos Villes ſuperbes ne ſeroient que
de malheureuſes habitations, où l'on ne diſtingue-
roit que des cabanes & des chaumieres? Pour moi,
quand je vois la grandeur de notre Monarchie;
quand je remarque que de Barbares, nous ſommes
devenus les Peuples les plus polis du monde; quand
par-tout où je porte mes regards je vois regner la
paix & la concorde; quand j'admire la Fertilité de
nos Champs, les Richeſſes de nos Provinces, la
Beauté de nos Places fortes, la Splendeur de nos
Villes, la Commodité de nos Ports; quand j'examine en Politique ſage, nos Mœurs, nos Loix, & nos
Coûtumes; quand je contemple ſur le Trône une
ſuite de Monarques plus illuſtres les uns que les au-

tres;

tres; quand, à la gloire de notre Nation, je vois
son Roi rassembler en lui seul toutes les Vertus de
ses Prédecesseurs; enfin quand je considere tous ces
avantages, je ne puis traiter de criminels, ceux à
qui nous en sommes redevables; & je ne puis regarder comme une revolte punissable, une Révolution qui a produit de si beaux effets.

A remonter ainsi à la source des choses, on peut
aisément se convaincre que le tems seul fait respecter ce que bon lui semble. Si les Hommes, persua-
dés de cette vérité, tenoient une conduite juste &
sensée; ils ne prononceroient jamais sur ces sortes
de Révolutions, crainte d'être démentis dans leurs
jugemens par la posterité. Si, comme il n'y a pas
lieu d'en douter, les Gaulois ont été traités de Revoltés par les Romains, ne sont-ils pas bien vengés
de ce titre odieux par les noms glorieux de *Vengeurs
de la Patrie* que nous leur donnons aujourd'hui.

QU'IMPORTE quels noms on ait donné aux Suisses, quand en 1307 sous l'empire d'Albert I, rebu-
tés par les véxations du Gouverneur Autrichien,
ils ont formé cette République dont on admire aujourd'hui la Sagesse.

EN Hollande où vous êtes, le même courage & la
même constance à braver tous les malheurs, n'ont-
ils pas donné naissance à cette florissante Répúbli-
que, avec laquelle les plus grands Souverains traitent aujourd'hui par leurs Ambassadeurs ?

Pour prononcer plus sainement sur cette matière, il faut considerer les cas dans lesquels se peuvent
faire ces sortes de Révolutions, à qui on donne sans
distinction le nom de révoltes.

UN Peuple qui n'a point des Souverains étrangers, c'est-à-dire, qui s'est choisi parmi lui des Monarques légitimes, à qui, sans avoir été forcé, que
par les droits d'un juste devoir, il a juré une fidélité
éternelle, pour lui & pour ses descendans; & qui
viendroit ensuite, par un effet de sa méchanceté,
à enfraindre les loix qu'il s'est imposé, ne pourroit
jamais

jamais colorer son entreprise, & mériteroit d'être
exterminé par les autres Souverains, intéreffés à se
soutenir les uns les autres, & à ne point laiffer im-
punie une revolte qui pourroit également renverfer
leur Trône. Qu'à de si indignes sujets nous don-
nions aujourd'hui tels noms que nous voulons, la
posterité ne pourra jamais être affez injufte pour
leur décerner des titres glorieux.

Mais un Peuple qui n'a été soûmis que par les
armes, qui a cedé plutôt à la force qu'au devoir, &
qui enfin est obligé de regarder un Etranger comme
son Souverain; peut bien reclamer ses droits, &
chercher à se tirer de l'efclavage. Tous les grands
Politiques sont convaincus de cette vérité; & vous
voyez les ménagemens qu'ont les Souverains pour
tout ce qu'on appelle *Pais conquis*. Quoiqu'un Roi
ne doive jamais abuser de son pouvoir, il est plus
en droit d'exiger ce que bon lui semble de ses propres sujets, que de ceux qui ne le sont que par accident. ,, Le bonheur les a rangés sous mes loix,
,, se dit un Monarque, mon malheur peut les en
,, affranchir. Si ce Roi les traite avec douceur,
s'il les enrichit au lieu de les fouler, ces Peuples bé-
niront l'heureux moment qui les a rangés sous une
domination si douce, & ils se tiendront trop heureux d'être regardés, comme s'ils étoient nés sujets
d'un si bon Prince. En peut-on douter quand on
voit *les Pais conquis* & réunis à la Couronne de France disputer aux François mêmes la gloire d'être utiles, & de sacrifier leurs vies pour notre grand Monarque? Aussi ne se revolteront-ils pas. On ne les
traite point en efclaves; ils sont plus heureux que
s'ils avoient des Souverains particuliers.

Mais un Peuple foulé, opprimé par des Tirans,
un Peuple né pour être libre, & que la force a rendu efclave, peut enfin sortir de sa létargie, & reclamer ses droits: je ne sçai si on peut alors les appeller des revoltés. De même qu'un Mineur peut
plaider pour rentrer dans un bien qu'on lui a usurpé

par la négligence ou la mauvaise foi de ses Tuteurs,
de même aussi un Peuple peut appeller comme d'a-
bus des droits qui n'ont été qu'usurpés. Bien des Politiques prétendent que dès qu'un peuple change de
Souverain, il peut se lier par serment, mais qu'il ne
peut lier ses descendans. Ce serment pour soi, ses
enfans & ses descendans ne pouvant avoir lieu, que
lorsqu'il est fait au seul Prince qui pouvoit être souverain : car si un autre a des prétentions plus légitimes, ce serment du Peuple ne peut pas les détruire pour confirmer celles qui ne le sont pas : du
moins les descendans en peuvent appeller.

Ces principes posés les Corses paroissent autori-
sés, & le Baron de Neuhoff encore plus. Vous concevez aisément ce qui peut justifier les habitans de
l'Isle de Corse : supposons pour cela, quoique je
n'entre point dans ce détail, qu'ils ayent lieu de se
plaindre de la tirannie des Genois. Mais vous me
demandez peut-être ce qui justifie Théodore ? Je
vous répons, qu'il n'est point sujet des Genois. Son
crime, s'il en commet un, est beaucoup diminué par
cette raison. Ce n'est point contre son Souverain
qu'il se révolte ; mais il soutient la revolte, n'est-ce
pas être criminel ? Il n'entre point dans la considération des droits que les Habitans de l'Isle de Corse
doivent aux Genois : il ne s'inquiete pas de sçavoir
par quelle suite d'évenemens ils sont devenus leurs
sujets : il sçait simplement que ce Peuple a été libre : il apprend qu'il veut l'être, & qu'il veut se choisir un Roi. Il en a eu autrefois, il peut encore en
avoir : cela paroît d'autant plus raisonnable au Baron de Neuhoff, que ses intérêts se trouvent unis
avec cette opinion. Peut-on répondre si ce même
Théodore, que notre Juif méprise tant, ne forme-
ra pas une Monarchie & une famille regardée comme la première de l'univers ? Toutes celles qui sont
aujourd'hui si respectables, n'ont peut-être pas commencé avec autant de gloire que celle-ci.

On peut donc avancer, que la seule manière
dont

dont on ſe comporte dans ces ſortes d'entrepriſes y donne un
luſtre, qui diminue l'horreur que l'entrepriſe même porte en
ſoi. Les plus grands Hommes, les plus grands Rois, ne ſeroient rien, ſi leurs Ancêtres avoient échoüé, ou ſi par leur
ſageſſe ils n'avoient pas ſoutenu leur ouvrage. Je dirois alors
à notre Juif avec ROUSSEAU

Apprens que la ſeule Sageſſe
Peut faire les Héros parfaits:
Qu'elle voit toute la baſſeſſe
De ceux que la fortune a faits.
Qu'elle n'adopte point la gloire
Qui naît d'une injuſte victoire
Que le Sort remporte pour eux:
Et que devant ſes yeux ſtoïques
Leurs Vertus les plus héroïques
Ne ſont que des crimes heureux.

PUISQUE notre Juif ne demande pas même dans les ſim-
ples citoyens de la bonne foi: comment en exige t-il donc dans
les Monarques! Cette même bonne foi leur fera regarder le
Baron de Neuhoff avec des yeux ſtoïques: que ſçais-je même
ſi elle ne le fera pas eſtimer. Mais, dit-on, le Baron de Neuhoff eſt mépriſable par lui-même. Qu'étoit donc Cromwel?
Son bonheur l'a fait reſpecter, le malheur de Théodore, s'il
ne le mérite pas par lui-même, le rendroit-il plus mépriſable?
Je ne déciderai point. Les Rois d'aujourd'hui qui ne fondent
leur titre que ſur leurs vertus, ſçavent aiſément à quoi s'en tenir. Leur deciſion ſera juſte, & notre Juif me pardonnera aiſément de me la voir reſpecter plus que la ſienne.

JE ne ſçai ſi vous remarquerez une contradiction manifeſte
dans la ſuite de cette Lettre. Il dit que *ceux qui ont loüé Silla,*
Céſar, Marc-Antoine & tant d'autres imitateurs de leur rapacité, ont
approuvé la conduite des grands criminels & blâmé celle des petits.
Voilà donc une manière de juger, quoique condamnable par
elle même, reçüe généralement: pourquoi ne veut-il pas que
les Hommes, accoûtumés à juger ainſi, prononcent encore
de même dans les conjonctures préſentes? A ſes yeux tous les
grands Hommes ſont mépriſables, parce qu'il veut que les
Rois ne ſoient ni Conquérans ni Politiques: que ſeront-ils
donc? Mais, c'eſt à la bonne foi à regler toutes leurs demar-
ches. Rien de plus juſte. Mais malgré cette bonne foi, il
faut de la Politique. Je n'étudie point cette grande ſcience
pour tromper mes Ennemis, mais de peur d'en être trompé.
On n'a jamais penſé qu'il falut qu'un Roi dût être fourbe
pour être grand: mais il doit toujours être en garde contre
les Piéges qu'on lui tend. Il ne penſe pas que les Rois ne peuvent point ſe livrer à la bonne foi les uns des autres. Ce n'eſt
pas comme un Bourgeois qui ſe fie à un de ſes amis, qui le tra-
hit: lui ſeul en eſt la dupe. Mais un Roi qui ſe laiſſeroit tromper,

per, cauferoit par fa négligence le malheur de fes fujets. Je
croi donc, fage Arifte, que c'eft une curiofité punifable, ou
d'imputer des fentimens bas aux Monarques, ou de vouloir
lire dans leur cœur, ou d'en juger par le fien. Ainfi, comme vous l'avez fagement remarqué, Théodore peut paroître
méprifable à nos yeux & eftimable aux yeux des Souverains,
qui, peut être par politique, font obligés de ne le pas faire
paroître.

Qui fçait fi Théodore perfécuté ne trouveroit pas un azile
à l'abri du Trône le plus refpectable? On fçait que les Rois
profitent de la trahifon, & qu'ils haïffent les Traîtres. Mais
à quoi bon cette application? Envers qui Théodore l'eft-il?
Mais il eft revolté contre les Genois. Cela eft vrai: mais que
leur doit-il? Quel ferment de fidélité leur a-t-il jamais fait?
Aucun. Les Habitans de l'Ifle de Corfe peuvent paffer pour
des Traîtres, tandis que Théodore ne méritera point ce titre
odieux. Ne croyez pas pourtant que ce que j'en difiois pour
foutenir Théodore, ou pour autorifer la révolte de l'Ifle de
Corfe. Je porte trop de refpect aux Souverains; je recommande trop la fidelité à leurs fujets: mais j'exige de notre
Juif, qu'il faffe une diftinction dans les jugemens qu'il porte.
Les Genois font ils véritablement les Souverains de Corfe?
Les Peuples de cette ifle ont-ils toujours été fujets des Genois?
Il eft aifé de prouver que non. Il ne faut donc pas les confondre avec des fujets nés, qui auroient l'audace de fe revolter
contre leur feul & unique Souverain. Si tout le monde pen-
foit comme lui, on ne diftingueroit point les Monarchies qui
ont bâti leur gloire fur le rétabliffement de leur liberté, d'a-
vec celles qui s'en font fait une cimentée feulement par le
crime & la revolte. Pour l'honneur des Souverains, je veux
que le tems ne paroiffe pas avoir juftifié le crime de leurs Ancêtres. Ce fentiment pourroit diminuer le refpect qu'on doit
leur porter. Qu'on penfe ce qu'on voudra des affaires de Corfe; ce doit être le moindre de mes foucis, pourvû qu'on ne
faffe point un crime à nos Ancêtres d'avoir été dans le cas où
font aujourd'hui ces Peuples infortunés.

PORTEZ-vous bien, mon cher Arifte. Si je n'ai pas le tems
de vous écrire auffi fréquemment que je le voudrois, j'aurai
du moins celui de lire vos Lettres. Ne vous relachez donc
point, & profitez du tems & du loifir que vous avez pour
m'écrire toujours. Si vous écrivez à St. Foi ou à Melville,
faites leur pareillement mes excufes.

De Paris ce . . .

A LA HAYE,
Chez ANTOINE VAN DOLE,
M. DCC. XXXVIII.

CORRESPONDANCE

HISTORIQUE, PHILOSOPHIQUE
& CRITIQUE,
ENTRE
ARISTE, LISANDRE
Et quelques autres Amis :
Pour servir de Réponse aux Lettres Juives.

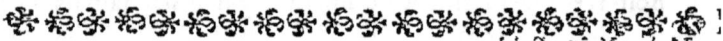

✿✿✿✿✿✿✿✿✿✿✿✿✿✿✿✿✿

SOIXANTE-ONZIEME LETTRE.

Ariste à Lisandre.

QUELQUE plaisir que j'aye, mon cher Lisandre, de recevoir les Lettres spirituelles que vous m'écrivez, j'en suis amplement dédommagé par celui d'apprendre l'emploi glorieux que vous exercez à la Cour. Il seroit à souhaiter que tous ceux qui ont part, comme vous, au ministère, sentissent la conséquence de leurs devoirs, & fussent, comme vous, pénétrés du respect qu'on doit porter aux Monarques. De la manière dont vous définissez la Politique, il est aisé de concevoir que vous n'employez jamais les fourbes basses & serviles, que nombre d'esprits mal prévenus croyent faire la Politique des Cours. La distinction que vous faites des sentimens qu'on doit porter sur une matière aussi délicate me confirme d'autant plus dans mon opinion, que j'admire comment on a pû jusqu'ici confondre si indignement la sage & prudente Politique avec la Fourbe & la Dissimulation, que je n'ose croire que les Princes & les Rois mettent en usage. J'aime à voir que vous distinguez aussi d'avec d'indignes sujets des cœurs qui conçoivent une noble & juste idée de la liberté, & que vous ne vouliez pas qu'on confonde des droits légitimes avec ceux qui ne sont fondés que sur le crime & la revolte. Quoiqu'il ne soit pas permis de faire aujourd'hui une libre application de cette manière de penser par rapport aux Révoltés de l'Isle de Corse, sur la conduite desquels nous devons juger conséquemment aux noms que leur décerneront tous les gens équitables; cependant on peut convenir que votre Dissertation leur fait honneur, & doit diminuer l'horreur que leur revolte devoit inspirer à tous ceux qui sont assez injustes de juger sur l'apparence.

Vous ne faites pas moins d'honneur au Baron de Neuhoff. Cette façon dont on peut penser sur sa conduite, lui peut valoir l'immortalité. Cela ne le dedommageroit-il pas assez de la perte de la Couronne, s'il couroit risque de se la voir arraché de dessus sa tête, ainsi que le prétend notre Juif? Mais comme je ne puis rien ajoûter à ce que vous avez dit, je passe à une autre matière.

Sur votre derniere j'ai fait réflexion que les momens vous devenant si précieux, je devois du moins mériter, que vous en sacrifiiez quelqu'un à la lecture de ces Lettres. Mais aussi que, pour les rendre moins stériles, je ne devois plus m'attacher à répondre Lettre par Lettre à notre Juif. Par-là j'en diminuerai le nombre, & la varieté des sujets me fournissant de quoi diversifier mon stile, je vous épargnerai l'ennui qui suit ordinairement les trop longues réflexions sur un même sujet. Je passerai donc à la LXXme. sans m'inquieter des autres.

Dans les relations que nous ont laissé ceux qui ont voyagé dans le Levant, vous pourrez puiser, comme Isaac Onis, des découvertes beaucoup plus sûres & plus intéressantes que celles qu'il communique à son cher Aaron Monceca. Je ne m'attacherai donc point à la situation de l'Alexandrie d'aujourd'hui. Venons aux remarques auxquelles la décadence de cette grande Ville donne lieu.

ISAAC

Isaac Onis penſe qu'il en eſt des Empires comme des Hommes. *Ils s'élevent*, dit-il, *juſqu'à un
certain point, après quoi ils baiſſent inſenſiblement & ſe
détruiſent tout à fait.* Rien n'eſt plus juſte que cette
comparaiſon. Je m'étonne que celui qui a été capable de la faire, n'ait pas pû tirer des conſéquences plus juſtes par rapport à l'orgueïl que conçoivent aujourd'hui les Monarchies qui ſont devenues
les plus brillantes de l'univers. S'il eſt vrai que tout
paſſe, comme la viciſſitude attachée à la nature humaine nous le prouve aſſez; s'il eſt vrai, dis-je,
que tout paſſe, en quoi la gloire des autres Souverains ſeroit-elle bleſſée, de traiter avec une nouvelle Monarchie qui ſe formeroit aujourd'hui? Une
Femme jeune, remplie d'appas & de vertus, ne
paroîtroit-elle pas mépriſable, ſi elle croyoit ne
pouvoir jamais vieillir, ou ſi elle s'imaginoit qu'un
enfant de cinq à ſix ans ne pouvoit pas parvenir au
même dégré de perfection qu'elle? Elle ſe rendroit
ridicule aux yeux de tout le monde. Tirez de-là
votre conſéquence. Plus les évenemens ont paru
avoir dans leurs commencemens quelque choſe de
ſingulier; plus ils ont été conduits promptement à
une fine heureuſe. Qu'étoit Rome dans ſes commencemens? Bien moins, par exemple, que l'Iſle
de Corſe aujourd'hui. Qu'étoit Romulus? Bien
moins que Théodote. Et enfin qu'étoit Auguſte?
bien au-deſſus, pour la puiſſance, de tous les Monarques d'aujourd'hui.

Tout n'eſt donc juſtifié dans le monde que par
l'évenement, c'eſt envain que, pour juſtifier Jules-
Céſar & Alexandre, notre Juif cherche des raiſons
pour juſtifier auſſi les Voleurs de grand chemin, à
qui il compare ces deux Héros de l'Antiquité. Si
cela eſt ainſi, tous les Conquérans ſeront donc com-
parés à des Brigans. C'eſt outrer ſon ſentiment.
Un Conquérant qui ne ſeroit appuyé que ſur les
droits de la rapacité, ne ſeroit point choqué, ou
pour mieux dire ne le devroit point être, de la

K 2   com-

comparaifon, car elle eft jufte : mais celui qui, ayant en main des droits légitimes, n'en tireroit pas avantage, feroit digne d'être comparé à un ftupide ou au plus fot de·tous les humains. Je dis plus, quand même les Conquérans, à prendre les chofes au pied de la lettre, feroient de véritables Brigans, du moins leur penchant à l'Ambition, femble reveiller les efprits engourdis : deforte qu'on peut dire, que fans cette même ambition, nous aurions méconnu jufqu'aux Vertus auxquelles elle feule a donné naiffance. Ainfi, fi par la fureur des Conquérans la Société a été troublée pour un tems, fi elle a perdu par ces mêmes troubles ; elle en a retiré par la fuite de fi grands avantages, qu'elle doit s'eftimer heureufe qu'on ait troublé pour un tems fa paix, pour lui en procurer une plus ftable & plus utile. Mais les Voleurs de grand chemin ne peuvent jamais faire que du mal, fans qu'il en revienne aucun bien : on peut fentir aifément que la différence en eft très-grande.

Mais, me dira-t-on, cet amour pour la gloire anéantit les Etats. Oui, certains ; mais il en fait renaître d'autres plus floriffans fouvent que ceux qu'il a anéantis. Après cela, ofez le condamner.

Je ne m'apperçois pas, mon cher Lifandre, que je ne vous tiens point parole. Ces beaux raifonnemens fur la Politique, fur le jugement qu'on doit porter des Conquérans, ne finiffent point. Pardonnez-moi cet écart. Je veux imiter notre Juif, & je tombe dans l'ennui ,, Ecoutons Jacob Brito, me ,, direz-vous. Il a des nouvelles plus divertiffantes ,, à nous apprendre. Vous allez me parler de Cé- ,, far, d'Alexandre ; & j'ai les oreilles rebattues de ,, ces noms-là. Parlez-moi, comme lui, des Jan- ,, feniftes & des Moliniftes. Voilà qui eft nouveau ; ,, voilà qui eft intéreffant ; voilà ce qui me rejouï- ,, ra. Vous voulez remplir votre Lettre ; eh bien, ,, mettez-moi aux prifes un Jéfuite avec un Pere ,, de l'Oratoire.

J'y

·J'y confens, fi cela peut vous diveitir. Mais je
ne fçai point d'Hiftoné: ,, Forgez-en, ajouterez-
,, vous; ou du moins faites-moi des réflexions ba-
,, dines fur l'entêtement de l'un & de l'autre par-
,, ti. Soyez Janfenifte, foyez Molinifte, fans ce-
,, pendant être ni l'un ni l'autre. Je ne vous con-
,, feille point de décider en Théologien : pronon-
,, cez en Cafuifique, c'eft de votre reffort. Je
,, ne vous demande rien d'impoffible. A cette
,, condition je foufcris à ce que vous exigez de
,, moi.

Si je m'en reffouviens bien, nous avons déja,
dans le cours de ces Lettres, prouvé la poffibilité de
la Sainteté du Pere Girard, ou du moins de fa Ca-
nonifation. Le Prêtre Janfenifte qui a difputé avec
notre petit Abbé, n'eft pas tout-à-fait de cet avis:
& la manière dont ces deux membres de l'Eglife
difputent, montre affez que l'animofité eft égale
de l'un & de l'autre côté. La plaifanterie de
l'Officier qui ne veut pas fouffrir que deux puiffans
Ennemis fe faffent la guerre, fans agir entre eux en
Souverains, & convenir auparavant de leurs griefs,
eft d'autant plus plaifante, qu'il eft honteux de voir,
que plus les gens ont de raifons de confulter la
Prudence, plus ils paroiffent faire gloire de la méprifer. L'Officier ne parle point en Théologien.
Il a raifon; il ne perfuaderoit pas par cette voye
deux gens plus plaftronnés d'argumens fcholaftiques
que lui. Cette difpute des Janfeniftes & des Moliniftes, me demandoit il y a peu de jours phlegma-
tiquement un Hollandois, finira-t-elle bien-tôt? Je
me trouvai furpris de fa demande, comme s'il dé-
pendoit de moi de la faire finir; ,, Je ne fçais rien
,, du fond de cette affaire, pourfuivit le Hollan-
,, dois, que par la lecture que je fais regulièrement
,, des Gazettes: mais comment faites-vous donc,
,, vous autres François? Vous êtes toujours en dif-
,, pute; ne vous accorderez-vous jamais? Sçavez-
,, vous bien que nous fommes las de donner tou-

K 3   ,, jours

,, jours retraite à vos nouveaux Fanatiques ? Regar-
,, dez ce que vous y gagnez : pas un Peuple auffi
,, raifonnable que le nôtre ne prend parti dans vo-
,, tre querelle. Quel eft donc votre but ? Préten-
,, dez-vous faire toujours de nouvelles Religions ?
,, A vous croire, vous êtes tous des Prophetes,
,, & cependant à peine entendez-vous l'Ecriture
,, Sainte. Mais vous n'en avez pas befoin ; car au
,, premier jour vous en ferez defcendre un autre du
,, Ciel, parce que celui-ci ne favorife pas affez vos
,, fentimens. Ignace donnera un nouvel Evangile
,, aux Jéfuites, & Pâris un autre aux Peres de l'O-
,, ratoire. Croyez-moi, laiffez-là toutes vos dif-
,, putes. Imitez-nous : fumez votre pipe ; foyez
,, bons fujets, & craignez que votre Souverain, per-
,, dant enfin patience, ne vous apprenne à ne
,, point avoir de Religion que la fienne. Mais,
Monfieur, lui répondis-je, en fait de Religion chacun eft pour foi. Le Monarque peut errer ; fom-
mes-nous obligés d'errer auffi ? ,, Bon: voilà une
,, plaifante raifon que vous m'appoitez-là ! repli-
,, qua-t-il. Faites comme moi : mes Souverains
,, me paroiffent dignes de l'être. Je croi leur Reli-
,, gion bonne, parce que je croi Dieu trop jufte
,, pour damner d'auffi honnêtes gens. Concevez la
,, même idée de votre Roi. Cette confiance vous
,, raffurera, comme moi, fur l'incertitude de votre
,, Religion. Car tenez, quand chacun veut faire
,, le Docteur, on ne fçait plus auquel entendre,
,, on cherche la vérité qu'on quitte, & on mérite
,, fouvent de tomber dans l'erreur. Croyez-vous,
,, par exemple, que j'irois difputer avec vous, pour
,, fçavoir quelle eft la meilleure de la vôtre ou de
,, mienne ? Je ne fuis pas fi fou. Vous auriez la
,, langue mieux pendüe que moi, vous m'étourdi-
,, riez de votre babil infupportable, & nous ne ga-
,, gnerions rien : car furement vous ne feriez pas de
,, moi un Romain, & je ne vous croi pas affez
,, raifonnable pour efpérer de vous rendre Proteftant.

Je

JE vous avoüe, mon cher Lisandre, que cette façon naïve de penser & de s'énoncer me charma, bien autant que la manière dont l'Officier se sert pour réconcilier ses deux entêtés. N'entreprenons point de décider si, en qualité de Protestant, cet homme est dans l'erreur; mais examinons sa façon de penser & d'agir. Il suit la Religion de ses Souverains, qu'il croit trop honnêtes gens pour que Dieu les veüille damner. Cette confiance l'entretient dans une tranquille sécurité. Si nous pouvions nous élever à cette noble idée, nous nous épargnerions bien des troubles; mais la fureur que nous avons de damner tout le monde, nous fait damner cavalierement notre Roi dès qu'il ne pense pas au gré de nos préjugés. Le Hollandois est plus raisonnable. S'il fait bien, il le trouvera, il espére en la misericorde de Dieu; & nous, par le peu de Charité que nous avons les uns pour les autres, nous nous en rendons indignes, quand même nous serions dans la voye de la vérité. Pourquoi n'est-ce que parmi nous qu'on ne cherche point à cacher les défauts de ses Freres, & qu'au contraire on se fait un plaisir de les mettre au-jour? Suivez la dispute du Prêtre & du petit Abbé; voyez l'acharnement du premier à poursuivre jusques dans le tombeau l'infortuné Girard. Personne ne trouble les cendres de Cartouche. Il peut être heureux, disons-nous; à tout péché misericorde: mais celles de Girard seroient bien-tôt jettées au vent, si on en croyoit la fureur de ceux qui sont acharnés contre la Societé dont il étoit. Il est mort Moliniste. Hors le Jansenisme point de salut: le voilà damné. Que par charité on exige de ne point troubler ses Manes; voilà tout le parti Janseniste revolté contre vous: vous serez damné aussi impitoyablement que Girard.

CE n'étoit point assez d'un damné d'un Parti: il faloit bien, pour le contraste, en opposer un dans l'autre, & balanceriez vous encore de vous déterminer pour un parti qui a un Elu de Dieu? Votre foi

Ro-

Romaine n'étant fondée que sur des miracles, vous rejetteriez ceux-ci qui sont les plus évidens que Dieu ait jamais opérés par le canal de ses Saints? Cela ne paroît pas raisonnable & tout l'univers doit devenir Janseniste. Si les sciences font naître de si grands troubles: faudra-t-il donc les proscrire? Non. Mais je voudrois que non seulement sous peine de la vie il fût défendu de rien composer & de rien imprimer sur la Religion: mais je voudrois qu'il fût également défendu d'en disputer. Vous, qui avez une si grande part au ministère, ne m'avoüerez-vous pas que ces Disputes, ces Ecrits de part & d'autre, enfin cette grande Animosité, occupent plus les Ministres que tous les intérêts des Puissances de l'Europe? Je ne sçai comment on fait dans ce Païs; mais il est aussi rare d'y voir de ces Esprits turbulens, qu'il est commun d'en trouver en France.

Je n'entreprendrai, ni de justifier le Pere Girard, ni de soutenir ses Adversaires. Je me contente seulement de dire, qu'il faut avoir l'esprit bien mauvais pour recourir à l'impossible afin de perdre ses ennemis. Quoi que veüille dire cependant notre Officier, le pouvoir des Philtres peut s'étendre loin. Remarquez ce que nous en avons dit dans une de ces Lettres. Je ne croirois pourtant pas Girard assez justifié. Ce n'est pas-là l'impossible. On lui fait faire, pour séduire une Fille, cent misteres qu'on ne comprend point. Ce grand Procès a occupé tout un Parlement. Pourquoi? Parce que le Jansenisme & le Molinisme y avoient part: sans quoi on auroit mis des parties hors de Cour & de procès. C'étoit-là le plus court. Girard pouvoit être criminel: c'en étoit assez. Si la Loi veut qu'on punisse son crime, la Charité veut-elle qu'on l'aggrave? Il n'y a que nous capables de respecter si peu nos Freres.

Bornez-vous bien, mon cher Lisandre, si vous m'écrivez; suivez ma méthode. Ne nous restraignons plus à une matière. Voltigeons comme des Papillons: c'est le goût François: peut-être en parcirons nous plus aimables.

De la Haye, ce . . .

A LA HAYE,
Chez ANTOINE VAN DOLE,
M. DCC XXXVIII.

CORRESPONDANCE
HISTORIQUE, PHILOSOPHIQUE & CRITIQUE,
ENTRE
ARISTE, LISANDRE
Et quelques autres Amis :
Pour servir de Réponse aux Lettres Juives.

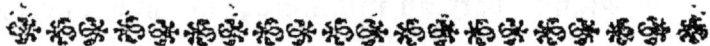

❊❊❊❊❊❊❊❊❊❊❊❊❊❊❊❊❊❊

SOIXANTE-DOUZIEME LETTRE.

Ariste à Lisandre.

VOUS trouverez, mon cher Lisandre, que j'ai fait en homme prudent & sage, de ne plus m'arrêter à répondre précisement à chaque Lettre juive. Si vous examinez la plûpart des Lettres du Tome Troisième, vous conviendrez que les matières qu'on y traite ne présentent pas de grandes idées à l'imagination. Que peut-on, par exemple, répondre à une compilation de faits, mentionnés dans des *Factums*, tels que sont ceux du Procès du Pere Girard? De Philosophe il faudroit m'ériger en Avocat : vous ne me le conseilleriez pas. Tout le monde ne sçauroit se flater, comme notre Juif, de plaire également dans l'un & l'autre genre.

Pour raisonner philosophiquement, laissons à part le Pere Girard, la Cadiere, &c. & examinons avec Aaron Monceca, si des Juges d'un mérite distingué peuvent raisonnablement s'abaisser à examiner le fond d'un Procès, qui ne roule que sur des accusations si puériles, qu'elles font honte, non seulement du côté de l'imposture à ceux qui les portent, mais encore du côté de la fiction. Je me souviens que dans le cours de nos Lettres nos sentimens se

font réünis, pour fronder ces chimériques menfon-
ges. Je me rappelle encore de vous avoir fait remarquer, que dans toutes les Provinces Proteftan-
tes on n'entend point parler d'avantures qui puiffent feulement y avoir rapport. Ces exemples vivans doivent faire voir le cas qu'on doit faire de
femblables impoftures. Si nous parcourons tous les
Livres que nous avons parmi nous qui traitent de
ces belles matières, nous trouverons mille témoignages qui femblent être affez autentiques pour
confirmer nos Peuples dans l'erreur où ils font fur
cet article. Il ne faut pas pour cela remonter aux
fiécles qui paroiffent moins éclairés que le nôtre.
Chaque fiécle n'a rien à fe reprocher: tous également ont donné des preuves de leur fotte crédulité
fur ce chapitre. Il n'y a point de canton dans tous
les Païs Catholiques qui n'ayent été parcourus &
vifités par quelque Diable. Ce Diable a parlé, a
dit fon nom, il s'eft fait voir fous différentes formes: mille perfonnes pour une l'atteftent, & quiconque ne le croit pas, eft regardé comme un Hérétique. Mais pourquoi le Diable ne voyage-t-il
pas auffi dans les Païs Proteftans? Pourquoi n'en-
voye-t-il pas de fes Subftituts, pour faire connoître
en ces lieux fa puiffance? Un Bigot Romain vous
répondra fort bien, que c'eft parce que le Diable a
trop de confcience pour avoir commerce avec des
Hérétiques. Pour moi, qui me garderai bien de prononcer auffi fottement comme lui, je vous dirai,
que pour notre honneur, nous devons méprifer ces
croyances ridicules: car il me femble que fi j'étois
Juge, & qu'on me portât de femblables accufations
contre quelqu'un, je relacherois l'Accufé fans autre
forme de Procès; perfuadé qu'il faudroit abfolument qu'il fût innocent, fi fes Ennemis ne pouvoient pas lui faire des crimes plus réels que ceux-
là. Je fçai que dans ce Païs les Juges tiendroient
cette conduite; & je la trouverois trop fage pour
la condamner.

J E

JE ne m'amuſerai point à vous rapporter des Hiſtoires de ces Diables que l'on prétend avoir joüé
différens tours d'eſprit & de ſoupleſſe. Vous en
ſçavez aſſez qui peuvent faire paroli à ceux du Diable Arfaxa. Vous remarquerez ſeulement, que s'il
eſt vrai, comme le penſe notre Juif, que les Diables ayent tant de ſimpathie avec les Moines ; ils en
ont encore bien plus avec les Religieuſes, puiſque
nous avons nombre d'hiſtoires de Religieuſes poſſe-
dées, comme celles de Louviers, de Loudun, &c.
la raiſon qu'on en peut apporter, c'eſt qu'on dit que
le Diable ſe plaît avec le Sexe, quoiqu'il en ait été
attrapé pluſieurs fois. Mais le Diable aime à ja-
ſer ; le Sexe auſſi : voilà la cauſe de cette ſympathie.

Vous ſentez bien, mon cher Liſandre, que char-
gés de ſemblables ridicules ; nous ne devons pas
échaper à la Critique ou à l'Ironie des Infidèles. Auſſi
Aaron Monceca ne nous épargne-t-il pas : & à ſa
place, ſoit dit entre nous, je ne fronderois pas
moins, des abus qui donnent à ceux qui les ſou-
tiennent, un ſi grand travers dans le monde. Mais
je me garderois bien en drapant un Ridicule, de
me rendre ridicule moi-même par la futilité de mes
raiſonnemens. C'eſt pourtant ce que fait notre Juif,
quand il critique le pouvoir impoſſible que nous at-
tribuons aux Reliques. Il prétend prouver, en re-
montant à l'eſſence de la matière, *que ce que nous*
appellons Reliques n'étant qu'une ſimple portion de la ma-
tière, égale à toutes les autres, cette Portion n'a pas
plus de vertu que la plus petite & la plus mépriſable.
Car ſi la matière, dit-il, *qui forme un Os, avoit des*
qualités qui fuſſent au deſſus des forces de la matière or-
dinaire, & qu'elle participât au pouvoir divin, elle ne
ſçauroit & ne pourroit jamais perdre ſes avantages, &c.
Nous donnerons-nous la peine de ſuivre un raiſonnement ſi pitoyable ? La Critique nous y porte. Il
faut ſatisfaire l'envie dominante de ne pas épargner
ceux qui nous frondent impitoyablement, frondons
également la belle Philoſophie d'Aaron Monceca.

On n'a jamais prétendu qu'il y eût dans un Os
des qualités effentiellement attachées qui puffent
produire naturellement le pouvoir dont il eft queftion. Perfonne ne difconvient, que du côté de la
matière l'Os d'un Saint n'eft pas différent de celui
du plus fcélerat de tous les hommes. Le premier a
la vertu de faire des miracles, le fecond ne l'a pas;
cette différence ne peut donc pas venir du côté de
la matière, qui eft la même dans l'un & dans l'autre.
Pourquoi donc notre Juif fe donne-t-il tant de peine à prouver l'abfurdité d'un fentiment que perfonne n'admet? Mais qu'il prouve que ce refpect que
nous portons à ces reftes précieux des Elus de Dieu,
ne peut pas nous attirer des graces céleftes; il prou-
vera alors l'inefficacité du pouvoir des Reliques.
Je voi bien que c'étoit le but de la Differtation de
notre Juif: mais fouvent on fe propofe un but qu'on
n'atteint pas. Car prétendre que Dieu doit attacher
un pouvoir à ces Reliques, à un Os par exemple,
c'eft prétendre l'impoffible; d'autant que fi ce pouvoir avoit été attaché par Dieu même à cet Os,
cet Os pourroit alors avoir toujours la vertu de faire des miracles malgré Dieu même. Parce que
Dieu ne pouvant pas changer l'effence des chofes,
il ne pourroit pas ôter cette vertu, qu'il a rendu
de l'effence de cet Os. ,, Mais, me demandera no-
,, tre Juif, comment alors ces Reliques peuvent-
,, elles avoir ce pouvoir? D'où émane-t-il? Quel-
,, le en eft la caufe? Ne peut-il pas le concevoir,
par ce que j'ai dit ci-deffus, fans me faire cette
queftion? Les Reliques ne font rien par elles-mêmes. Elles n'operent rien d'elles-mêmes. C'eft u-
ne vérité généralement reçüe par tous ceux qui
font même les plus entêtés à foutenir la vénération
qu'on doit avoir pour les Reliques. Notre intention feule détermine le pouvoir que Dieu nous accorde. Nous l'honorons dans la perfonne de fes
Elus. Dieu en eft jaloux. Cette envie que nous
paroiffons avoir de parvenir à ce grand titre nous
attire

attire les graces de la Divinité ; voilà l'operation du
Miracle. Le fort de tout ce qui eſt mortel, étant
de périr, ces Reliques peuvent périr auſſi. Tel eſt
l'ordre éternel qui veut par-là entretenir les mortels dans l'humilité, & leur faire ſentir que la ſeule
pureté de leur cœur eſt capable d'attirer les graces
d'en-haut. Voilà ce que j'ai cru devoir répondre.

FERMONS les yeux, mon cher Liſandre, ſur les
crimes réels que nous fait notre Juif à la fin de la
Soixante-douzieme Lettre. Oublions, s'il ſe peut,
qu'on ait mis les Reliques en commerce comme
une Marchandiſe dont le prix étoit plus ou moins
cher, ſelon les Fabriquans. Cet examen feroit trop
odieux, il ne tourneroit pas à notre gloire : con-
tentons-nous ſeulement de ſouhaiter que de ſemblables abus n'arrivent plus ; & puiſqu'Aaron Monceca nous met ſur une matière qui doit faire horreur, tranſportons-nous au Caïre, pour y conver-
ſer avec Iſaac Onis ſur un ſujet moins odieux.

JE ſuis de ſon avis ſur l'origine du Caïre. J'aime
à rendre Juſtice à ceux qui la méritent. Je ne m'a-
muſerai point à faire des deſcriptions que je ſerois
obligé de piller dans quelque relation de Voyageur.
Vous avez aſſez de ces ſortes de Livres, pour condamner ou approuver notre Juif, ſans crainte de
vous tromper. Mais ſi nous ſuivons la Soixante-trei-
zieme Lettre Juive, nous allons encore retomber
ſur l'Article des Miracles. Du moins aurai-je à répondre à cela, que notre Religion n'y ſera point
intéreſſée. Je n'aurai qu'à tourner en ridicule les
Saints de la Foi Mahométane. Non ſeulement cela m'eſt permis ; mais j'y ſuis obligé, pour prouver par-là qu'il n'y a que les nôtres qui puiſſent a-
voir du pouvoir. Mais n'eſt-ce pas la même choſe?
m'allez-vous dire. ,, Ou les Reliques peuvent nous
,, occaſionner les graces céleſtes, comme vous ve-
,, nez de le dire tout-à-l'heure, ou non. Si elles
,, le peuvent ; les Mahometans ne ſont pas blâma-
,, bles de le penſer, comme nous. Ils croyent

,, leur

,, leur Religion la feule véritable, & la feule par
,, conféquent qui puiffe produire des Elus de Dieu.
,, Prenez-garde à ce que vous allez faire. En fai-
,, fant leur Procès, vous ferez le nôtre. Montrez
,, l'erreur de leur Doctrine ; à la bonne heure.
,, Vous montrerez par-là l'inefficacité de leurs Reli-
,, ques. Mais vouloir la démontrer confequemment
,, à leurs principes, c'eft vous engager dans un
,, Labyrinthe dont vous ne fortirez pas fans vous
,, attirer à dos tous-les Catholiques Romains ".
Votre Réflexion eft jufte, mon cher Lifandre ; je
fuivrai vos avis, & je refpecterai les Reliques Ma-
hometanes. Mais ne puis-je pas pour cela traiter de
Fourbes & d'Impofteurs les Santons & Dervis Mahometans? Ils trompent le Peuple : ils font Commerce des Reliques. Souvent dans un tombeau, il
n'y en a point du tout, & ce tombeau opere des
miracles: du moins ils le perfuadent au Peuple.
C'eft plutôt l'intérêt qu'une piété bien entenduë qui
leur fait conferver fi précieufement les Reliques de
leurs Saints. C'eft pour faire venir l'eau au moulin. Ils aimeroient mieux une Relique fauffe qui
leur rapporteroit beaucoup d'argent, qu'une véritable qui n'en rapporteroit point du tout: & j'é-
pargnerois de femblables Impofteurs ? Je ne les
noircirois pas aux yeux de l'Univers? Vous avez
beau faire ; j'aime trop la vérité, pour fouffrir qu'on
l'altere fi cruellement. Vous allez encore me dire,
,, que je ne puis rien avancer contre les Santons
,, & Dervis, fans bleffer nos Prêtres & nos Moi-
,, nes. On appropriera à ces derniers tout ce que
,, vous direz des premiers. Le parallele paroîtra
,, naturel. Vous voyez bien qu'Ifaac Onis l'a déja
,, fait, puifqu'il dit que *les Moines Turcs font auffi*
,, *zèlés pour leurs Saints, que les Moines Nazaréens*
,, *le font pour les leurs. Ils ont employé*, ajoûte-t-il,
,, *pour fe conferver Chafai, un moyen digne de la fourbe*
,, *du plus hardi Convulfionnaire.* Après cette compa-
,, raifon qu'aurez-vous à répondre ? Continuerez-
,, vous

„ vous de me dire, que les Moines verront bien
„ que vous ne les avez pas en vûë? Ils ne vous
„ tiendront seulement pas lieu de ce ménagement.
„ Tous les Imposteurs se soutiennent réciproque-
„ ment; que sçai-je s'ils ne prendront pas contre
„ vous le parti des Santons & des Dervis. Leur
„ haine est à craindre: ne vous l'attirez pas. C'est
„ moi qui vous le demande en grace. Vous le voulez; j'ouvre les yeux: je tire le rideau sur ces matières. J'aurois pû vous rapporter nombre d'exemples
aussi forts que celui des Santons & des Dervis pour
se conserver leur *Chafaï*. Leur fourbe vous est assez connüe, & je vois bien qu'il n'est pas nécessaire de vous en convaincre.

Si je continüe à examiner cette Lettre Juive, je
me jetterai dans un dédale ou vous ne voulez pas
que je m'engage: je passerai donc à la LXXIVme.
Les matières purement philosophiques qu'on y traite me rassurent, & je puis plus impunément draper
les Philosophes que les Moines. Les prémiers pour-
ront m'accabler de distinctions frivoles, ou de so-
phismes embrouillés; mais les autres me charge-
roient d'Excommunications, ou de la haine de tous
les partisans du Cagotisme. Ce dernier peril m'ef-
fraye, au lieu que le premier me reveille. J'entre
donc dans la carriere contre les Philosophes.

Quelques efforts qu'ayent fait les illustres Descartes & Gassendi, l'Ecole est encore plongée dans
un cahos où se perd ordinairement le raisonnement.
N'en déplaise à Aaron Moneeca, il est bon qu'un
Ecolier apprenne à connoître un Sophisme, & à le
parer; il est bon que, par une distinction heureuse,
il sçache débrouiller une matière, & qu'alors voyant
la proposition qui peut revenir à sa thèse, il réponde sans énigme, & élude ainsi les piéges de son
adversaire. Un homme qui apprend à faire des armes, ne doit pas apprendre à tuer un homme: il
n'apprend qu'à se défendre. Jusques-là l'usage de
la Philosophie Scholastique paroît assez autorisé;

mais

mais les hommes abufent toujours de tout. S'il paroît un
nouveau fentiment, on le foutient par des raifons apparentes:
On le combat de même. On fe perd dans des diftinctions. On
accorde ce qu'on devroit nier, & l'on nie ce qu'on devroit
accorder. On veut qu'un Philofophe s'appuye plus fur l'autorité que fur la raifon. Les Philofophes ne deviennent plus que
des braillards entêtés, qui fe rendent autant méprifables qu'ils
feroient refpectables s'ils fuivoient un chemin tout contraire.
Les Commentateurs, foit Theologiens, foit Philofophes, font
caufe de ce defordre. Les premiers ont voulu raifonner philo-
fophiquement fur la Religion, & les autres ont traité fcrupuleufement la Philofophie. Par exemple qu'un Philofophe dife,
qu'un corps ne peut être en differens lieux que fucceffivement;
ou ce qui eft la même chofe, qu'il ne fçauroit être réellement
préfent en differens lieux à la fois; on va lui faire un crime
d'Hérefie d'une vérité conftante, & qu'un enfant même com-
prendroit. D'où vient lui fait-on un pareil crime? Ce fentiment, dit-on, eft incompatible avec la Préfence réelle; &
n'êtes-vous pas Chretien avant que d'être Philofophe? Comment pouvez-vous donc admettre ce qui eft incompatible avec
votre Religion? Il faut, ou que le Philofophe le change entierement, ou qu'il ait recours à une diftinction qui ne veut
rien dire, & qui cependant paroît rendre fon fentiment com-
patible avec la Préfence réelle. Si cependant on vouloit fe fervir des fimples notions de la raifon la plus groffiere, on verroit qu'on ne doit point accommoder un Miracle à un fentiment de Philofophie. Je parle (*peut dire ce Philofophe*) fuivant
le cours de la Nature. Les miracles admis font exceptés: car
s'ils peuvent s'expliquer par la raifon ou fuivant le cours des
chofes, ils ceffent alors d'être Miracles. Mais on a voulu af-
fujettir la Religion au raifonnement. Un Philofophe veut
qu'un Théologien lui donne des preuves métaphyfiques; de
l'autre côté le Théologien veut que le Philofophe s'appuye fur
l'autorité de la Foi ou des Peres de l'Eglife. Ni l'un ni l'autre n'ont raifon, & tant qu'ils fe demanderont mutuellement
l'impoffible, nos Thefes & nos Difputes fe pafferont en verbia-
ges inutiles, qui nous feront méprifer de tous ceux qui feront
fimplement gloire de penfer.

Si vos occupations vous le permettent, écrivez-moi, mon
cher Lifandre. Voltigez, comme moi, de matière en matière.
Nous répandrons plus d'enjoüement dans nos Lettres. Nous
fommes François: la diverfité ne peut manquer de nous préfenter de nouveaux charmes.

De la Haye, ce . . .

A LA HAYE,
Chez ANTOINE VAN DOLE,
M. DCC. XXXVIII.

CORRESPONDANCE
HISTORIQUE, PHILOSOPHIQUE
& CRITIQUE,
ENTRE
ARISTE, LISANDRE
Et quelques autres Amis :
Pour servir de Réponse aux Lettres Juives.

✸❁✸❁✸❁✸❁✸❁✸❁✸❁✸❁✸❁✸

SOIXANTE-TREIZIEME LETTRE.

Lisandre à Ariste.

JE suis de votre avis, mon cher Ariste, & je me ferai un plaisir de vous imiter: non pas pour qu'en diminuant le nombre de ces Lettres nous ayïons moins l'occasion de nous écrire ; car je ne renonce pas si facilement à un Commerce si charmant: mais pour y pouvoir répandre plus d'enjouëment, & pour ne pas imiter notre Juif, qui ne s'est pas apperçu que le plus grand nombre de ses Lettres peut rebuter & diminuer le plaisir que les autres ont pû faire. Par exemple, sans employer toute une Lettre à faire connoître le mépris qu'on doit faire de la Philosophie Scholastique, & l'abus qu'autorisent les Thèses qu'on fait soutenir aux Candidats, il pouvoit remonter, comme vous, à la cause de ce désordre, & trancher en peu de mots sur cet Article. Mais point du tout: il s'embarasse dans un raisonnement qui ne finit point ; il apprend à son cher Isaac Onis ce que tout le monde sçait comme lui. Quel avantage veut-il donc qu'on retire d'un semblable verbiage ? Pour moi, je pense avec tous les gens sensés, que ce n'est pas le tout d'écrire, mais qu'il faut écrire utilement ; c'est-à-dire, que

quand

quand deux Philofophes, tels qu'on fuppofe Aaron
Monceca & Ifaac Onis, s'écrivent, il faut que leur
Stile ait une certaine force, qui faffe fouhaiter à
tous ceux qui écrivent de les pouvoir imiter. Je
pourrai dire comme vous, que c'eft le but que s'eft
propofé l'Auteur de ces Lettres: & que c'eft malheureufement celui qu'il n'a pas atteint.

Pour revenir à préfent, mon cher Arifte, à la
continuation de ces Lettres, je paffeiai à la Soi-
xante-quinzieme & aux fuivantes. J'ai envoyé vos
deux dernieres à Merville & au Baron de St. Pel:
car vous fçavez bien que je leur communique toutes vos Lettres: & je ne doute point, s'ils perfif-
tent dans le deffein de contribuer à cette Coref-
pondance, qu'ils ne fuivent le Plan que vous avez
tracé fi prudemment. Une difficulté cependant qui
ne me paroît pas aifée à furmonter, eft la tranfition ou l'art d'enchaîner naturellement des matie-
res, qui fouvent n'ont pas trop de liaifon entre elles: mais comme des Lettres ne peuvent etre regardées comme un Ouvrage fuivi, je croi qu'on ne
doit pas trop s'embaraffer de cette régularité, &
qu'au pis aller, on peut fe tirer d'affaire, comme
l'Auteur que nous critiquons, par le moyen d'un
A linea. C'eft-là la reffource des Génies qui ne font
point affez féconds pour imaginer une tranfition
avec efprit. Je les imite, & par un *A linea* j'entre
en matière.

Nous avons déja dit bien des chofes du caractère des François. En nous rendant la juftice qui nous
eft dûë, il faut avouer qu'ils font indéfiniffables
aux étrangers; de forte qu'on peut dire qu'un François eft un vrai Caméléon qui fe métamorphofe en
autant de formes que les conjonctures où il peut
fe trouver le réquierent. C'eft fur-tout dans les Voyages que le François brille, & fi l'on pouvoit faire
un Recueil de toutes les belles converfations qui fe
tiennent dans les Voitures publiques, je croi que
cela feroit un livre fort amufant & foit inftructif

pour

pour les Voyageurs. Les différens Originaux qui se
trouvent dans un Coche donnent souvent lieu à des
scenes des plus divertissantes. Quel contraste, par
exemple, ne fait pas un Dragon avec une Bigote,
un Petit-maître Gascon avec un Homme d'un âge
mûr, un Janseniste avec un Jésuite, une grande
Parleuse avec un Prêtre qui dit son Breviaire, &
une Coquette sieffée avec la Prude la plus consommée & la plus précieuse? Si malheureusement il se
trouve un Philosophe braillard avec une Femme
bel-Esprit, je les defie que la paix puisse regner
long-tems entre eux, & qu'on n'en vienne bientôt
aux invectives & aux injures les plus grossieres. Un
Philosophe Cinique y voudra peut-être mettre le
Hola ; mais il deviendra la victime infortunee de
sa présomption, & on l'abandonnera aux frivoles
discours d'un Moine libertin, ou à la grossiereté
d'un Manant qui conduit la voiture. Dans ces sortes d'occasions il faut, en homme prudent, paroître entrer dans tous les différens caractères. Ce n'est
que parmi des François que toutes ces scenes se
passent. Leur grande démangeaison de parler, leur
chaleur à soutenir leur opinion, leur facilité à faire connoissance ou à prendre les intérêts du premier
venu, leur peu de cervelle enfin, sont cause de cette confusion générale : aussi remarque-t-on que les
Nations plus phlegmatiques ne se donnent point si
facilement en spectacle aux Etrangers; de sorte qu'on
peut dire avec Campistron.

Ah François! qu'à bon droit les autres Nations
Regardent en pitié toutes vos actions!
Et blâmant votre esprit de Mode & de Cabale,
Condamnent justement votre fausse Morale! *

C'est dans les voitures que se font les connoissances.
Un homme avec qui on a fait une route de vingt
lieuës est aussi estimé d'un François qu'un Ami de
vingt ans. Et l'on peut faire ce reproche sensé à plus
d'un Voyageur:

* *Jaloux desabusé*, Acte II. Scene 2.

Je vous vois accabler un homme de caresses
Vous témoignez pour lui les plus vives tendresses;
De protestations, d'offres & de fermens,
Vous chargez la fureur de vos embrassemens!
Et quand je vous demande après quel est cet homme,
A peine pouvez vous dire comme il se nomme!
Votre chaleur pour lui tombe en vous separant,
Et vous me le traitez à moi d'indifférent! &c. *

Je ne vous ferai point, comme notre Juif, une fiction pour faire parler ces différens Voyageurs. Comme il se peut tenir des conversations bien plus particulieres que celle qu'il suppose dans cette Quatre-vingtieme Lettre, je trouve assez inutile tout ce grand détail. Tout ce que l'on peut dire, c'est que le François est trop ouvert. Cela rend, peut-on dire, la Société plus agreable, mais aussi l'excès est toujours à blâmer. Je condamne le François trop bruyant dans ses actions, & je blâme en même tems le Hollandois trop flegmatique. Si les Nations vouloient prendre un peu de l'une de l'autre, elles se perfectionneroient insensiblement: & ce seroit alors que la Société deviendroit tout-à-fait agréable. Quoiqu'on ne puisse disconvenir qu'il ne se tienne pendant un Voyage des conversations.

Où l'Honnéteté souffre & la Pudeur gémit;
Je ne pardonne pas à notre Juif de nous mettre un aussi sale exemple sous les yeux, que celui de cet infortuné Souffleur qui fait un voyage à Montpellier. Mais il aime à faire parler grossierement ses personnages: lui passerons-nous ce défaut en faveur de l'habitude? Il semble qu'on ait voulu donner à Aaron Monceca tout l'esprit d'un Philosophe aux dépens des pauvres Jacob Brito & Isaac Onis ses Correspondans. Il peint beaucoup mieux les François dans sa LXXXVIme à Jacob Brito, que Brito ne le faisoit dans la LXXXVme. *C'est ici*, dit-il en parlant de Paris, *c'est ici le centre du ridicule, comme ce l'est aussi du bon Goût & de la Politesse.* C'est défi-

nii

* *Moliere Misantrope, Acte I. Scene I.*

nir fagement, puifque c'eft rendre juftice à une
Nation. Nous fommes obligés de convenir nous-
mêmes de cette vérité; comment la blâmerions-
nous dans la bouche de notre Juif? Cela ne feroit
pas raifonnable; la vérité étant toujours vérité par
quelque bouche qu'elle paffe. Ce que nous avons
dit ci-deffus du caractère du François, paroît devoir
amener les conféquences que tire Aaron Monceca.
Paris étant le rendez-vous des Etrangers, & le François prenant fi facilement différentes formes, il
changera en un jour dix fois de caractère, fuivant
les différens Originaux avec qui il a affaire. On
conçoit facilement pourquoi les deux extrêmités
oppofées ont un fi grand nombre de Partifans. *Les*
Sciences font cultivées, cheries, & aimées par beaucoup
d'honnêtes-gens, ajoûte-t-il; *la Folie y eft portée au*
fuprême dégré par les plus grands Impertinens de toute
l'Europe. Cela ne m'étonne pas. Le François veut
briller de quelque façon que ce foit. Celui qui ne
le peut réellement, cherche à éblouïr par des apparences trompeufes; mais il fe fait méprifer, dans le
tems qu'il croit qu'on doit le regarder comme le
premier Génie du monde. Quelque matière qu'on
agite, jamais il ne conviendra qu'il ne la connoît
pas. Au contraire il veut perfuader qu'il la fçait à
fond. Il décide à tort & à travers, que lui importe? Tout lui eft indifférent pourvû qu'il parle. Combien Paris renferme-t-il de fous de cette efpece?
Ces fortes de Génies ne reviennent jamais de leurs
préjugés. Les véritables Sçavans feroient des efforts
inutiles pour montrer l'erreur qu'il y a dans leurs
jugemens: ils ont prononcé; cela fuffit. C'eft aux
autres à fe taire.

CETTE manie de tous les François de vouloir
paffer pour des Génies heureux, non feulement fait
des Fous de tous ces Efprits colifichets, qui n'ont
d'autre mérite qu'une bonne Poitrine; mais elle en
fait encore de gens nés avoir de l'efprit, & qui ceffent d'en avoir dès qu'ils fortent de leur Sphere.

Plus

Plus les chofes paroiffent extraordinaires, plus elles
flatent la vanité de notre Nation. On s'étudie alors
à chercher du bizarre. En le cherchant on s'égare,
& on entreprend des Ouvrages infenfés, dans lef-
quels fi on met de l'efprit, on remarque le mauvais
ufage qu'en font de femblables Auteurs. Le Pere
Hardouïn, Jéfuite, en eft un exemple. Mais pour
faire honneur à fa Nation, il faudroit prouver qu'il n'y
a qu'elle qui a pû produire des Ouvrages dignes de
paffer à la pofterité la plus reculée. La Mémoire des
Anciens qui nous eft fi précieufe, fembloit le devoir arrêter. Point du tout: un auffi grand Génie
franchit aifément de pareils obftacles. Ce font des
Moines (car en qualité de Moine il doit faire honneur à fes pareils. Qu'on n'aille pas me dire que
les Jéfuites ne font pas des Moines. Je fçais bien
qu'ils ne veulent pas l'être, & que leur Orgueil les
empêche de porter ce nom; mais enfin ils le font: c'eft
affez pour moi.) Ce font des Moines, dis-je donc, qui
ont compofé tous les plus beaux Ouvrages que nous
croyons être fortis de la plume des Anciens. Cela
étoit affez bien imaginé: c'eft dommage que ce fyftême ait trouvé des ennemis, & que, fans aller
plus loin, Aaron Monceca le refute avec autant
d'efprit. Je croi cependant que les raifons qu'on a-
voit déja apportées contre cette opinion fuffifoient,
fans l'autorité de notre Juif: pour ne pas dire que
ce fyftême ne méritoit pas qu'on lui fît l'honneur
de le refuter. Si la haine contre les Ecrivains qui
ne font pas de fa Societé a determiné cet Auteur
à inventer cet impertinent fyftême, comme le penfe notre Juif, ou s'il ne l'a imaginé que flaté fimplement de l'amour du Bizarre: c'eft de quoi je ne
fçaurois vous affurer. Vous vous en tiendrez fur cet
Article à l'opinion que vous jugerez la meilleure.
Ce n'eft que parmi nous que ces fortes d'Ouvrages
réüffiffent: mais ce n'eft que pour un tems. La
nouveauté les fait bientôt paffer. Dès qu'elle eft é-
clipfée, l'Ouvrage s'éclipfe auffi. Il y a des Auteurs
plus

plus heureux. Ce font ceux à qui l'on veut donner
malgré eux-mêmes plus d'esprit qu'ils n'en ont eu.
Tout dépend souvent du titre ou de la fiction. Il suffit
que l'Ouvrage frape par-là pour trouver nombre de
partisans. On a voulu entendre finesse aux *Voyages de
Gulliver*. On dit: ,, Ses fictions ne font pas si folles
,, qu'elles paroiffent. Il a voulu dire & donner à
,, entendre bien des chofes. Tout le monde n'en
,, a pas la clef. Ce n'eft qu'aux grands Génies qu'il
,, eft donné à connoître tout ce qu'il y a de caché
,, là-deffous. Vous croyez donc entendre Gargan-
,, tua, ou Pantagruel? Vous n'êtes pas entré dans
,, le fens de l'Auteur. C'eft la plus fine Ironie qui
,, fe foit jamais faite. N'avez-vous pas l'efprit de
,, dévoiler l'emblême?" J'avouerai que non. ,, Voi-
,, là un Livre plus nouveau qui a paru; c'eft l'*Hif-
,, toire de l'admirable Don INIGO DE GUIPUSCOA
,, Chevalier de la Vierge & Fondateur de la Monarchie
,, des Inighiftes; avec une Defcription abrégée de l'Eta-
,, bliffement & du Gouvernement de cette formidable
,, Monarchie*. Vous ne comprenez pas la force de
,, ce titre?" Pardonnez-moi. Je comprens aife-
ment que l'admirable *Don INIGO DE GUIPUSCOA*
eft l'admirable *Don IGNACE DE LOYOLA*, & que
les *Inighiftes* font les *Jéfuites*. Mais où eft ce grand
fel & ce grand efprit? On a mafqué les noms; on a
recours à des fictions groffieres; on n'ajoute rien de
nouveau à tout ce qu'on a dit contre cette Société.
Mais les François font pour le miftère: il y en a
beaucoup dans ce Livre: c'eft un nouveau Gar-
gantua. Cela ne fuffit-il pas pour y donner du relief? Voilà comme on en parloit dans fa nouveauté.
Aujourd'hui le premier feu eft paffé. Bien des gens
qui ont lû cet Ouvrage ne s'en feroient peut-être
jamais reffouvenus, fans qu'on leur en rafraîchiffe
la mémoire. Pour vous confirmer dans l'opinion
qu'il ne faut qu'une apparence de bizarie pour plaire, lifez l'examen qu'Aaron Monceca fait plus particulierement de ce Livre dans fa LXXXme à Ja-
çob

cob Brito. Vous verrez que le Paralelle de *Don Inigo* avec *Dom Quichotte*, a plû infiniment, & que l'exemple de tous ces Saints que *Don Inigo* veut imiter, dans le même efprit qu'il avoit auparavant imité les *Amidis*, les *Dom Quichotte*, les *Rui Dias*, &c. étant en même tems une Ironie des fauffes vertus qu'on attribue à ces anciens Anachoretes, & devenant une application naturelle à la folie de *Don Inigo*, il a dû plaire non feulement à tous les Ennemis des *Intghiftes*, mais encore à tous ceux qui, foit par raifon ou par air de Libertinage, fe declarent contre les miracles. Il n'y a rien d'extraordinaire dans le ftile de cet Ecrivain. Mais il traite une matière intéreffante, & par-là fon Livre paroîtra toujours meilleur qu'il ne l'eft effectivement. Un Jefuite a prétendu répondre à ce Livre. Il avoit même déja compofé plufieurs feuilles qu'il vouloit donner au public: mais fes Confreres, uniquement attachés à rechercher l'Auteur, en veulent à la perfonne & non pas à l'Ouvrage. On a defendu à l'Apologifte de mettre fon Livre au jour. Cela eft dommage: car de la manière qu'il avoit commencé, *Ignace de Loyola* etoit bien pour le moins auffi ridicule que le bon D. *Inigo de Guipufcoa*. Je n'en ai vû que quelques morceaux en paffant. Je me flattois de vous en envoyer un Extrait. L'Auteur, qui eft de mes amis, me l'avoit promis: mais depuis la defenfe qu'on lui a faite, il m'a eté impoffible de l'obliger à tenir fa parole.

J'ATTENS votre Réponfe aux Lettres fuivantes. Que mes occupations ne vous empêchent pas de m'écrire. Je trouverai toujours le moyen de lire & de repondre à vos Lettres. J'ai écrit au Baron de St. Pol & à Merville. Je compte bientôt avoir de leurs nouvelles, & de vous en faire part. Pour ici, je ne fçache rien de nouveau; fi-non que l'on tremble beaucoup pour le Baron de Neuhoff. Bien des gens penfent que fa Politique eft à bout. Pour moi, je n'en crois rien encore. Nous ferons peut-être bientôt plus fçavans.

PORTEZ-vous bien, mon cher Arifte, & tâchez de mettre ordre à vos affaires, pour revenir bientôt auprès du plus fincere de vos amis.

De Paris &c. . . o

A L A H A Y E,
Chez ANTOINE VAN DOLE,
M. DCC. XXXVIII.

CORRESPONDANCE
Historique, Philosophique
& Critique,
ENTRE
ARISTE, LISANDRE
Et quelques autres Amis :
Pour servir de Réponse aux Lettres Juives.

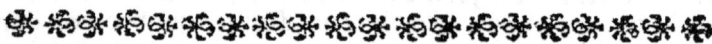

❊❊❊❊❊❊❊❊❊❊❊❊❊❊❊❊❊❊

SOIXANTE-QUATORZIÈME LETTRE.

Ariste au Baron de St. Pol.

LISANDRE m'a dit vous avoir écrit, mais que vous ne lui aviez pas encore fait réponse : peut-être serai-je plus heureux que lui : peut-être m'écrirez-vous. Vous qui, en qualité de François & de François très-zélé, aimez à voltiger de matière en matière, vous enrichirez plus fréquemment notre Correspondance de quelqu'une de vos Réflexions. Rien ne vous assujettira plus, & votre esprit se dédommageant de la contrainte où l'ordre des Lettres Juives le réduisoit, prendra autant de goût à un aimable badinage, qu'il avoit souvent de dédain pour des raisonnemens trop suivis ou de trop longue haleine.

Par exemple une Lettre toute entière qui ne traiteroit que des Cophtes, comme la LXXVIIme Lettre Juive, vous ennuyeroit mortellement. Ces Peuples, diriez-vous, ne fixent point assez les regards de l'Univers, pour qu'on s'arrête à approfondir aussi solidement leurs Mœurs & leur Religion. Aussi sans le paralelle des nôtres, que cette matière amène naturellement, je la trouverois très-stérile. Je ne sçai cependant sur quoi Isaac Onis est fon-

dé

dé pour avancer, que l'obſtination en fait de Religion eſt le plus grand crime que nous faſſions aux
Cophtes. Je croi qu'il ne hazarde cette accuſation
que pour nous mieux draper nous-mêmes. Car
d'abord en ſuppoſant, comme il eſt vrai, les Cophtes
le Peuple le plus groſſier du monde, excepté les
Sauvages, (mais je ne ſçai s'ils font nombre, c'eſt-
à-dire, s'ils peuvent être comptés parmi les Hommes;) en ſuppoſant les Cophtes tels que je le dis &
en tachant de démontrer que notre entêtement à
ſoutenir les préjugés de notre Enfance eſt auſſi grand
pour le moins que le leur, c'eſt nous mettre bien
bas, puiſque préciſement ſur cet Article nous nous
croyons les plus ſages de tous les hommes. Me
ſera-t-il permis de le dire, mon cher Baron, quoique le paralele nous faſſe honte, rendons juſtice à
notre Juif: ſuivons ſon raiſonnement, & corrigeons
nous de ce qu'il nous reproche: je croi qu'il n'y a
pas d'autre moyen de le critiquer.

Les Miſſionaires, comme le remarque Iſaac O-
nis, auront beau declamer contre l'obſtination des
Cophtes: qu'ils commencent par ſe corriger de la
leur. Alors, dès qu'ils prêcheront d'exemple, leur
Miſſion aura un meilleur ſuccès, s'il eſt vrai qu'elle
en puiſſe avoir jamais; car j'en doute. je remarque que l'on fait plus aiſément entendre raiſon à
un homme qui n'en a pour ainſi dire jamais eu,
qu'à celui qui en a fait uſage, mais qui cependant,
dans de certains points, a ſuivi l'Erreur ſous l'ombre de la vérité. Par cette raiſon, qu'un Miſſionaire entreprenne la converſion d'un homme qui n'a
jamais eu de principes de la véritable Religion, il
l'éclairera bien plus aiſément, que celui qui étant
né dans cette même Religion, erre dans de certains
points, ſur leſquels il s'appuye avec plus d'obſtination, d'autant qu'il ſçait que c'eſt ſur ceux-là qu'on
l'attaquera. Dès qu'on convient des mêmes Principes, & que l'on ne diffère que ſur quelques conſéquences qu'on en tire, il eſt plus difficile de s'accorder,

corder, que lorſque l'on differe dans le principe
même. Prouvez que le principe eſt faux, il faut
qu'on ſe rende : mais on vous fera cent chicanes,
on vous oppoſera cent ſophiſmes, avant que vous
puiſſiez prouver que l'application que l'on vous fait
d'un principe eſt fauſſe. Voilà pourquoi je voudrois
que tous les Peuples Chrétiens ſe corrigeaſſent de la
fureur de faire des Proſélites mutuellement l'un de
l'autre. Ils ſe croyent tous reciproquement hérétiques, je ne croi pas qu'il y en ait qui embraſſent de
bonne-foi un autre ſentiment. Si l'intérêt le fait faire,
ſi le cœur avare eſt le motif de ces ſortes de Con-
verſions, qu'eſt-il beſoin de ſe donner tant de peine puiſque le cœur Chrétien n'y a point de part?

Quoiqu'Iſaac Onis avance, qu'en Europe on
peut éclairer les Eſprits plus facilement qu'en Egypte, je ne ſçai ſi je dois être tout-à-fait de ſon ſentiment. Envain il s'appuye ſur le raiſonnement.
Les Sciences, dit-il, *ſervent de beaucoup pour delivrer
la Raiſon du joug qui la tient captive : en étudiant, on
apprend à douter, & le doute conduit naturellement à
la recherche de la Vérité.* Cela eſt vrai dès qu'il ne
s'agit point de Religion. La Science alors, en donnant plus d'orgueil, augmente l'obſtination. Où
eſt le Chrétien lettré qui en doute? Il a beau être
dans l'erreur, la préſomption de ſa Science l'empêche de douter : ainſi rien ne le conduira à la recherche
de la Vérité. Au contraire : auſſi pour moi en mon
particulier, je vous avoüerai franchement, que j'aimerois mieux entreprendre d'éclairer tous les Sauvages de l'Amerique, que de ramener un ſeul Janſeniſte lettré à la raiſon. Oui, je réüſſirois beaucoup mieux. Du moins le Sauvage ne ſe retranche-
roit-il pas ſur des Viſions chimériques, ni ſur des
Miracles impoſteurs. Je ne veux, pour confirmer
mon ſentiment, que prendre Iſaac Onis par lui-
même. Tout ce qu'il dit dans la ſuite de cette Lettre ſur les Images, eſt très-ſenſé. Il les approuve
dans un ſens, il les condamne dans l'autre. Rien

N 2   de

de plus juſte que ce qu'il dit. Cependant qu'il rai-
ſonne ainſi devant une Bigote, l'éclairera-t-il? Au
contraire, elle lui jettera la Pierre, & le regardera
comme le plus impie de tous les hommes, de dire
qu'une Statuë ne peut pas parler, puiſqu'il y a encore exiſtans de bons Procès verbaux, qui certi-
fient le fait. Vous voyez que plus en entêtement
eſt ridicule, plus il eſt mal aiſé de le guérir. Pour
moi je ne l'entreprendrai pas.

Quand même les Cophtes, ce que je ne croi pas,
ſeroient plus obſtinés que nous, ce ne ſeroit qu'u-
ne ſuite du génie de cette Nation, qui ſemble a-
voir été de tout tems la plus ſimple en matière de
Religion. Elle n'a conſervé de ſon ancienneté que
ce vice; toutes les autres bonnes qualités ſe ſont
éclipſées. Je croi que le même ſort menace tous les
plus grands Peuples. Tout paſſe; leur gloire paſſe-
ra auſſi. Dans les Cophtes nous ne retrouvons pas les
anciens Egiptiens. Les Romains ſe ſont éclipſés.
On cherche les Grecs dans les Grecs mêmes. La
gloire des Perſans s'eſt évanoüie; peut-être dans la
ſuite des tems ne trouvera-t-on pas un François au
milieu de Paris.

Je ne ſuivrai point Aaron Monceca dans ſa Soi-
xante-dixhuitieme Lettre Juive. Il eſt fort peu intéreſſant de ſçavoir par exemple, ſi les Pyramides
ont été bâties en Egipte devant ou après le Déluge. Il le ſeroit beaucoup plus de ſçavoir ce qu'ils ont
penſé de la Divinité, & de trouver dans leurs Ouvrages des traits de lumiere qui puſſent conduire à
cette grande vérité. Mais quelques recherches que
l'on faſſe, on ne voit point que leurs Philoſophies
ayent écrit ſur cette matière rien de plauſible. Et
quoique les Prêtres de cette Nation, comme le remarque notre Juif, ayent été les premiers Philoſophes, leur ignorance paroît avoir été ſi craſſe, que
c'eſt leur faire trop d'honneur que de leur déferer
de titre. Quoiqu'ils puiſſent avoir reconnu *un Dieu
ſuprême, un ſeul Etre tout parfait,* ils ont cela de
com-

commun avec tous les autres Payens qui attribuoient
ces qualités au Deſtin.   Vous ne croyez peut-être
pas qu'il y a encore nombre de gens qui ſont dans
l'opinion que les Payens admettoient le Deſtin pour
un *Etre ſpirituel*, & je vous avouë que cela paroît
aſſez problable. Tous les Dieux de la Fable ſe ſont
rendus viſibles ſans en excepter aucuns, à commen-
cer depuis Jupiter juſqu'au dernier des Demi-Dieux:
mais il n'eſt pas fait mention de la forme ou de la
figure du Deſtin. Il étoit cependant & le Maître &
l'Organe des autres Dieux. Quoiqu'on lui aît aſ-
ſigné un Palais & un lieu de réſidence, cela ne
prouve pas qu'on le croyoit matériel. Cela prouve
ſeulement qu'on ne le croyoit pas immenſe: mais
cela ne détruit pas ſa ſpiritualité; l'immenſité n'é-
tant pas de l'eſſence de l'Eſprit en général. C'eſt
cette vérité qui ne leur a pas permis de juger que
l'immenſité devoit être de l'eſſence de l'Eſprit du
Deſtin, en tant qu'ils le regardoient comme *le
Dieu ſuprême & le ſeul Etre tout parfait*.

PouR revenir à l'ancien ſyſtême ſur la Divinité,
qui, au jugement de notre Juif, a beaucoup de
rapport au ſyſtême de Spinoſa; je trouve, à examiner cette queſtion ſans partialité, que Spinoſa
eſt bien éloigné de la ſtupidité des anciens Philoſophes. Il n'ôte à Dieu que la Spiritualité, parce
qu'il ne conçoit pas d'Eſprit; mais il lui accorde
toutes les autres Perfections, que les Philoſophes
anciens ne connoiſſoient pas ſeulement. Non que
je veuille par-là donner un dégré de mérite à Spinoſa au-deſſus des Anciens: car à quoi lui ſerviroit
cette préférence? Il a fait honte à la Divinité; &
je ne penſe pas qu'on puiſſe admettre des dégrés
dans une ſemblable erreur, parce que détruire une
ſeule qualité de cette Divinité, c'eſt la détruire de
fond en comble. Ainſi celui qui en détruit pluſieurs, n'eſt pas plus coupable que celui qui n'en
détruit qu'une.

JE vous laiſſe à examiner la Diſſertation du bon
hom-

N 3

homme Aaron Monceca. Ne vous perdez cependant pas dans ses raisonnemens, & si vous trouvez quelque Spinosiste à combattre, ne vous plastronez pas des argumens de ce mince Philosophe; car autrement vous coureriez grand risque de recevoir la bote. Il meprise souverainement, & il a raison, les vétilles scolastiques, mais il ne s'apperçoit pas qu'il s'arête lui-même à ces bagatelles. Dire que *les Payens n'ont reconnu une seule Divinité que de la manière qu'ils reconnoissoient un seul monde*, c'est parler en Philosophe: mais dire que, conséquemment à leurs principes, *le Dieu qu'ils croyoient, étoit un Dieu composé de cent mille Dieux différens*, ce n'est plus parler en Philosophe, puisque c'est supposer le faux. Car quoiqu'il soit incontestable *que tout ce qui est matériel ait nécessairement des Parties, & par conséquent est divisible*; il n'en resulte pas que, si Dieu étoit matériel, chaque partie de Dieu seroit un Dieu, comme le veut Aaron Monceca. Chaque partie de la matière est matière; & alors chaque partie de Dieu seroit matière: mais chaque partie d'un Tout n'est pas le Tout même: ainsi chaque partie de Dieu, c'est-à-dire, de ce Tout appellé Dieu, ne seroit pas Dieu même. Enfin chaque partie d'un Homme n'est pas un Homme. Un Bras, ou un Pied, n'est pas un Homme. Quoi! parce que l'Homme a plusieurs parties matérielles, divisibles entre elles, peut-en dire que l'Homme soit composé de cent mille autres? Cette simple parité peut vous faire voir l'absurdité des conséquences que tire Aaron Monceca.

Si je veux suivre cette LXXVIIme Lettre Juive, nous nous rejetterons sur les idées innées. Admettons-en pour contrequarrer un peu notre Juif: car si nous tombions toujours dans son sentiment, adieu notre Correspondance. Mais comme longtems avant Aaron Monceca on a traité assez amplement cette matière, & que, sans son jugement, un homme qui raisonne peut bien s'en tenir à ce que lui dicte la raison sur cet Article, je n'en dirai

rien

rien. Mes Remarques là-deſſus ne pouvant être qu'infructueuſes, comme celles de notre Juif.

Je vous ai promis de voltiger de matière en matière : je tiens parole. La Philoſophie commence à m'ennuyer, & vous auſſi ſans doute. Souvent un Philoſophe ſe tranſporte de ſon Cabinet au Bal. Il quitte la Plume pour prendre le Maſque : j'entens le Philoſophe du monde. Je l'imite : car je veux bien qu'on ſçache que je ne ſuis pas un Philoſophe ſauvage, & qu'au contraire les plaiſirs mondains, dès qu'ils ſont honnêtes, ſont la plus aimable partie de ma Philoſophie. Pour m'égayer par une fiction riante, je me tranſporte à Paris avec Aaron Monceca, dans la Sale du Bal de l'Opera. Les Originaux que j'y vois me divertiſſent : les Diſcours qu'on y tient me réjouïſſent. Si je voulois critiquer, quel beau champ ! Quelle vaſte matière ! J'y remarque un Jaloux qui n'y vient que pour murmurer contre un maudit uſage, qui donne tant de Liberté à ſon Epouſe , & lui fournit amplement les occaſions de faire bon marché de ſon honneur. J'y vois un Petit-Maître Gaſcon qui cherche une bonne Fortune, qui lui puiſſe acquiter ſes dettes. J'y remarque une Bourgeoiſe, qui ſous l'air d'une Femme de condition, cherche à engager un Seigneur dans ſes Chaînes, perſuadée qu'elle eſt, que ce doit être pour elle un morceau bien plus friand qu'un bénet de Bourgeois, comme ſon Mari Je reconnois, malgré ſon deguiſement, ce Prêtre caffard & impoſteur, qui au ſortir du Bal va me donner des Cendres. Je me réjouïs à voir ce Procureur de tel Couvent. On le croit en campagne pour les affaires de ſa Communauté, tandis qu'il n'en a point d'autres que de danſer un Menuet ou un Paſſepied avec l'objet de ſon culte & de ſa dévotion *. Mais je ne prens pas garde que la Cri-

---

* Ceci eſt une avanture vraye. Un Procureur de Moines, que pour leur honneur on ne veut pas nommer, fut reconnu, il y a deux ans, maſqué à un Bal de l'Opera. Quelques perſonnes charitables qui le firent ſauver, firent courir le bruit, que ce qu'on avoit dit n'étoit qu'une plaiſanterie ſans fondement. On les crut & la choſe n'alla pas plus loin.

Critique m'emporte. Voilà des Prêtres & des Moines
en jeu　Si je continüe, j'y mettrai bientôt les Bigots
& les Dévotes. Ainſi mettons prudemment une bride
à notre fougue. Je ne veux point me faire d'ennemis
ni des uns ni des autres. ,, Pour avoir remarqué tout
,, cela, me direz-vous, il faut que vous ayez été à ce
,, même Bal. Cela convient-il à un Philoſophe?
,, De ſemblables plaiſirs ſont-ils de ſon reſſort?"
Et pourquoi non? Je vous l'ai déja dit, & je ne
m'en dédis pas. Je ne ſuis point du nombre de ceux
qui veulent qu'un Philoſophe ſoit toujours enfermé
dans ſon Cabinet, toujours occupé, ou à chercher
la diſtinction des Attributs, l'exiſtence de l'Univer-
ſel, à diviſer la Matière, à meſurer les Cieux, à ſe
promener dans les Idées, &c. Ce n'eſt point-là ma
Philoſophie. Je ſuis cet Axiome, que chaque choſe
a ſon tems. L'Eſprit ſuccomberoit par trop d'atta-
chement à la fois & je croi que plus un Eſprit s'é-
gaye, & plus il a de vivacité. On demande ſi un
Philoſophe doit être marié? Les embarras du Mena-
ge le vont diſtraire. Une Femme Diableſſe, comme
elles le ſont preſque toutes, le va faire enrager;
en ce cas qu'il ne ſe marie pas, comme le conſeille
notre Juif. Mais ſi, ayant aſſez du côté de la fortune pour vivre honnêtement avec une famille, il
trouve une Femme charmante, empreſſée à préve-
nir ſes deſirs, attentive à tout ce qui peut lui plaire: qu'il ſe marie alors. Quel plaiſir ne goûtera-t-il
pas! Les Muſes ſont vieilles: leur Compagnie ne
plaît pas comme celle d'une aimable Femme, dans
les bras de laquelle on peut goûter des plaiſirs ſans
remords.

VOILA, mon cher Baron, mon ſentiment. Je ne vois pas
qu'un Philoſophe ſoit obligé d'avoir le front plus ridé qu'un
autre, ou d'affecter un air groſſier, qui rompt en viſiere à
tout ce qu'on appelle manière du beau monde.

PORTEZ-vous bien, & en m'écrivant ne manquez pas de
me donner des nouvelles de Melville.

De la Haye, ce . . .

A la Haye, chez ANT. VAN DOLE, 1738.

CORRESPONDANCE
Historique, Philosophique
& Critique,
ENTRE
ARISTE, LISANDRE
Et quelques autres Amis :
Pour servir de Réponse aux Lettres Juives.

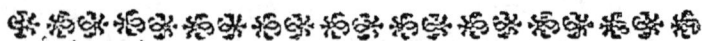

✻✿✻✿✻✿✻✿✻✿✻✿✻✿✻✿✻✿✻✿✻✿✻

SOIXANTE-QUINZIEME LETTRE.

Ariste à Lisandre.

JE suis ravi, mon cher Lisandre, que vous approuviez mon dessein, & que vous m'imitiez. Je ne sçai si ma derniere a fait sur vous la même impression que la vôtre a fait sur moi : mais je vous avoüerai sans compliment ; que son stile m'a plu, & que la variété des sujets n'a pas peu contribué au plaisir que j'ai eu en la lisant. J'ai écrit dans le même goût au Baron de St. Pol. Nous verrons s'il répondra sur le même ton. Maintenant entrons en matière. Vous serez surpris de la diligence que je fais dans ma carriere : j'en suis déja à la LXXXIme Lettre Juive. Je passe la LXXXme, parce qu'elle ne traite que du Chevalier Don Inigo de Guipuscoa, dont vous m'avez parlé vous-même, & qu'il seroit inutile, à l'imitation de notre Juif, de citer des passages d'un Livre qui est entre les mains de tout le monde. Je viens donc à la LXXXIme & aux suivantes.

LA matière est fort intéressante : il s'agit de la faculté de Médecine de Montpellier. Après avoir parlé des Prêtres, des Moines, des Bigots, des Dévotes, des

Philosophes, des Théologiens, des Pédans de College &c. il étoit bien naturel que les Médecins eussent leur Article à part. Je voudrois voir Jacob Brito aux prises avec Moliere : nous verrions s'il oseroit donner tant de mérite à des gens dont la crédulité des sots fait la principale Science.

Je ne rougirai point d'avouër que je suis de l'avis de Jacob Brito : & je ne sçai pas pourquoi Aaron Monceca, qui s'accorde toujours si bien avec lui, refuse d'être ici de son sentiment : à moins qu'il ne soit toujours de l'avis de ceux qui errent, & qui ne s'en écartent que lorsqu'ils rentrent dans la vérité. Messieurs les Médecins auront beau ne vouloir pas avouër l'incertitude de leur Science, on voit aisement que c'est plus par point d'honneur que par entêtement ridicule. En effet, quoique par le secours de l'Anatomie on puisse connoître toutes les différentes parties du Corps humain, leurs différentes fonctions, &c. comment veut-on spécialement connoître la source de toutes les maladies ? Si tous les corps étoient d'un même tempérament & d'une même compléxion, il est sûr que la longue expérience apprendroit à connoître les différens mouvemens qui occasionnent ces maladies : Alors, dès qu'on connoîtroit les principes, on pourroit les déraciner. Mais point du tout : ce n'est qu'à la faveur des symptomes généraux que le Médecin peut lire dans le Corps humain. Il ne peut pas descendre jusqu'au particulier ; comment peut il venir à l'application ? Mais supposons la maladie parfaitement connue, dans quel inconvenient ne le jettera pas l'application des remedes ? Il les faut plus ou moins forts, suivant les Tempéramens : & ce Tempérament qui est-ce qui peut le connoître ? Il n'en est pas de même des remedes qu'on applique immédiatement ? Tout ce qui s'appelle opération, est véritablement l'effet d'une Science aussi profonde qu'utile. Que ce soit du ressort du Mé-

decin

decin ou du Chirurgien, c'eſt le moindre de mes
embarras. Il eſt toujours très-glorieux à ceux qui
ont fait des decouvertes ſi heureuſes : & il ne l'eſt
pas moins à ceux qui peuvent les mettre avec tant
d'art en uſage.

Voila' je penſe ce qu'on en peut dire de plus
raiſonnable, & dont Meſſieurs les Médecins ne devroient point ſe choquer. On peut même dire à
leur gloire qu'il ne paroiſſoit pas qu'on pût pouſſer ſi loin une Science ſi obſcure & ſi incertaine;
& que c'eſt beaucoup d'être parvenus au point où
ils ſont aujourd'hui. Cette Science pouvoit être
ſimple : On fait un crime à ces Meſſieurs de l'avoir
embrouïllée. Pluſieurs voudroient que nos Médecins fiſſent comme les Chinois, qui ſont tout enſemble Médecins & Apoticaires. En effet la qualité des remedes que l'Apoticaire met en uſage con-
ſéquemment à l'ordonnance du Médecin peut diminuër beaucoup la bonté de cette même ordonnance. Je m'explique. Qu'un Médecin ordonne
ou de la Caſſe, ou de la Rhubarbe. L'une & l'autre peut être plus ou moins vieille, & avoir plus
ou moins de vertu. Le Médecin entend qu'on employe de la meilleure; on n'exécute pas ſon ordonnance ; l'Apoticaire en donne qui n'a pas aſſez de
vertu ; envain le Médecin attendra l'efficacité de
ſon remede : ce ne ſera pas ſa faute, & cependant
on s'en prendra à lui. Et qui pâtira de plus de
tout cela ? C'eſt le pauvre Malade, qui meurt toujours par proviſion. L'orgueil de Meſſieurs les Médecins eſt pourtant cauſe de cet inconvenient. Ils
ont trouvé au-deſſous d'eux la préparation des remedes ; ils ont laiſſé ce vil ſoin à des Subalternes
qu'ils traitent comme des Domeſtiques: Ces prétendus Subalternes veulent cependant aller de pair.
Quand un Médecin fait trop le fier ; que fait l'A-
poticaire ? Il donne tout ce qu'il a de plus mauvais
dans ſa boutique. Avec de ſemblables remedes,

que

que le Médecin ne daigne pas examiner, le pauvre Malade meurt. Le Médecin est décrié dans le
monde , & l'Apoticaire vengé. Douce consolation pour ce pauvre Diable que leur mésintelligen-
ce a envoyé dans l'autre monde.

En réunissant tous ces inconveniens ensemble, il
est aisé de juger, si les Médecins font aussi sûrs
dans leur Science qu'ils veulent le faire entendre.

Ce n'est pas qu'il n'y en ait qui, par une plus
longue expérience, ayent acquis un mérite presque
certain. Tel est aujourd'hui le fameux Boerhave,
qui passe pour l'Esculape de la Médecine. On ne
sçauroit disconvenir qu'il n'ait un fonds de Science inépuisable. Il s'est étudié long-tems à rechercher les symptomes particuliers qui lui pussent in-
diquer la différence des Tempéramens. Il est sûr
qu'il se trompe rarement. Il vous dira votre mal
avant que vous lui en ayez parlé : il en connoît la
cause : mais malgré cela , réussira-t-il toujours?
Non. Le Régime de vie que vous avez toujours
observé jusqu'à ce moment, & que peut-être vous
n'oserez pas lui avoüer, rend ses remedes inéffica-
ces, parce que votre corps n'est pas dans la situation commune à tous les autres, & qui seroit propre à les recevoir. Il vous ordonne une qualité de
remede que l'Apoticaire ne vous donnera pas dans
le dégré de vertu nécessaire. Alors vous ne rece-
vrez aucun soulagement. Il sent parfaitement tous
ces inconveniens , il ne peut y remedier ; & je ne
croi pas que les autres Médecins puissent lever ces
obstacles, puisque celui-ci n'a pû le faire. C'est
la Justice que je croi devoir lui rendre. Quelque
renommée que soit la Faculté de Montpellier , elle
ne tireroit pas un petit lustre d'avoir dans son corps
un si grand homme.

Mais je ne m'apperçois pas, mon cher Lisandre, que je retombe dans mon premier défaut. Je

suis

suis de point en point ma matière. Je fais des
Dissertations longues, & par conséquent ennuyeu-
ses. Je m'en apperçois. Je me corrige. Je diver-
sifie mon sujet & j'égaye mon stile.

APRE's avoir parlé des Médecins. Il est bien
naturel de parler de Montpellier, qui est redevable
à ces Messieurs d'une partie de sa gloire. Quelques-
uns ont prétendu que Montpellier étoit redevable
à sa situation de l'honneur d'avoir dans son sein une
si célèbre Faculté de Médecine. Je serois assez
de ce sentiment. Les Simples que la Nature produit hors de ses murs, plus libéralement que par-
tout ailleurs, a déterminé dans les commencemens
plusieurs personnes curieuses de la Botanique de
s'y établir, pour être plus à portée d'en faire l'expérience. Plusieurs Sçavans dans cet art ont été
déterminés par la même raison. Enfin ces mêmes
Sçavans, dont insensiblement le nombre s'est accrú,
ont formé entre eux une Société, qui a donné
lieu à l'établissement de la Faculté de Médecine qui
s'est renduë célèbre de plus en plus.

SI vous remarquez avec notre Juif que, comme il est vrai, on ne trouve gueres de Vieillards à
Montpellier, vous vous en étonnerez sans doute,
& vous en imputerez la faute aux Médecins, dans
l'opinion commune où vous serez, que les avoir trop
à sa portée, c'est être exposé de voyager bientôt dans
l'autre monde; & vous vous tromperez. Les habitans de cette Ville aiment naturellement le plaisir. L'abondance de toutes les commodités de la
vie les y porte; la riante douceur du climat les y
convie: joignez y encore, la confiance qu'ils ont
dans leurs Médecins, & vous concevrez qu'un jeune-homme ne suit que le torrent de ses passions.
,, Je me ferai guérir, dit-il, si je deviens malade:
,, je suis à la source des remèdes." On le guérit
effectivement quand le cas le réquiert. Pendant ce
tems-là les débauches l'enervent: il ouvre les yeux

un

un peu trop tard. Dès que la fougue de la jeuneſſe
eſt paſſée, il met une bride à ſes plaiſirs: il vivra
bien plus long-tems que s'il avoit continué: mais
il ne vivra pas auſſi long tems que s'il avoit toujours été ſage. Il ſemble que comme cette Prin-
ceſſe que vous ſçavez, ils ayent pour deviſe *courte*
& bonne. Suivez ce que dit notre Juif dans la fin
de cette Lettre. Je n'ajouterai rien, parce qu'il
me ſemble que rien n'eſt mieux penſé: je l'avoüe
ſans en être jaloux. J'aime le mérite par-tout où
je le trouve.

ALRON Monceca dans la ſuivante, en répondant
à celle de Jacob Brito, trouve occaſion de parler
de la Phyſique, dont il a raiſon de convenir que la
Médecine fait partie. Mais en tombant ſur l'examen de la Phyſique, c'eſt-à-dire, de celle qui veut
établir les Principes, il me paroît qu'il va ſe perdre dans le *Vuide*, ou nous mener à l'*Infini*. Car
ſi vous vouiez examiner avec moi la ſuite de ſon
raiſonnement, vous conviendrez qu'il embrouille la
queſtion loin de l'éclaircir. Admettre le Vuide,
comme les Epicuréens ou les Gaſſendiſtes, ou admettre des parties de matière flexibles, qui cedent
aiſement, & ſe prêtent au mouvement des parties
plus ſolides qui les meuvent: n'eſt-ce pas admettre, au nom près, le même principe; & qu'importe-
te après tout qu'on differe dans les définitions, s'il
en reſulte la même connoiſſance, & ſi on explique
auſſi-bien les différens mouvemens de la nature?
Trois globules céleſtes, mis l'un contre l'autre, laiſ-
ſent entre eux un eſpace triangulaire. Cet eſpace
eſt vuide, dira un Gaſſendiſte: il eſt plein, dira un
Carthéſien. Qu'importe dans le ſentiment d'un
Gaſſendiſte qu'il ſoit vuide, ou plein dans le ſentiment d'un Carthéſien, ſi dans l'une ou dans l'autre opinion ils peuvent également ſe prêter au mou-
ment? Car ſi cet eſpace eſt plein, il ne peut l'être
que d'air ou de matière ſubtile: l'un & l'autre ne
ſont

sont pour ainsi dire qu'une fumée équivalente au vuide. Car on peut distinguer, en disant qu'il y a des vuides de matière également solide, mais non pas de matière plus ou moins solide.

QUAND après cela on examine la matière par rapport à sa division, on dispute également des mots. Parce qu'on dit que la matière est divisible à l'*Infini*, le mot d'Infini arrête. Il y aura donc deux *Infinis*, dit-on, dans le monde, & par conséquent deux Dieux, parce qu'il n'y a que Dieu d'*Infini*. Verbiage! L'extension de la matière n'est pas infinie; puisqu'elle a des bornes. Cette seule raison fait voir, qu'admettre la matière divisible à l'*Infini*, n'est pas admettre deux Infinis. Il faut être Moine ignorant pour vouloir trouver que ce sentiment attaque la Divinité. Il faut être bien susceptible de rêveries, pour se former de semblables chimères. C'est tout au plus si je le pardonnerois à un Quiétiste. Ceux qu'une bigoterie outrée aveugle, & qui font honte à la Divinité, en cherchant à s'unir immédiatement avec elle, font des crimes à tous ceux qui, s'élevant à une spéculation plus haute, se mettent en état de montrer visiblement l'absurdité des sentimens de leurs adversaires. Voilà pourquoi presque tous les grands Philosophes ont été accusés d'Irréligion. S'il se trouvoit par hazard quelqu'un de la Nation mystique, qui admît en Philosophie un sentiment contraire à l'unité de la Divinité, je suis sûr que ce sentiment passeroit, parce que tout le corps en feu prendroit le parti de quiconque le soutiendroit. Vous ne douterez point de ce que je vous dis, si vous lisez attentivement la Quatre-vingt-troisième Lettre Juive, & vous verrez que la rêverie de ces Docteurs, que drape si justement notre Juif, est cause que bien des gens ont laissé des matières intéressantes, qu'ils auroient approfondies sans la crainte de la Cabale. Je me souviens de vous avoir dit, qu'on vouloit qu'un Philosophe fût

Théo-

Théologien, & qu'un Théologien fût Philosophe.
Mon opinion se confirme quand on voit des fous
dévots bâtir des syftêmes en dépit du bon sens, auxquels ils veulent qu'un Philosophe s'affujettisse, en
devenant Théologien extravagant comme eux.
Alors un homme raisonnable aime mieux s'imposer
silence, que de s'embaraffer dans de femblables abus.
Je voudrois qu'il se trouvât encore des Génies auffi
hardis qu'Aaron Monceca, pour developer le fonds
d'iniquité de cette Cabale myftique. Je pourrois
bien l'entreprendre: mais je crains les fortes parties
à qui j'aurois à faire. Je me tais malgré moi, &
je me contente de recommander la Lecture de cette LXXXIIme, comme capable de fournir des remedes certains contre un poifon fi dangereux. Je
voudrois connoître Aaron Monceca, pour le remercier moi-même d'avoir écrit fi vivement & fi jufte
en même tems.

PORTEZ-vous bien, mon cher Lifandre: ne m'i-
mitez pas toujours, & fi vous trouvez matière,
n'ayez pas tant de retenue que moi.

De la Haye, ce . . . .

A LA HAYE,

Chez ANTOINE VAN DOLE,

M. DCC. XXXVIII.

CORRESPONDANCE

HISTORIQUE, PHILOSOPHIQUE & CRITIQUE,

ENTRE

ARISTE, LISANDRE

Et quelques autres Amis :

Pour servir de Réponse aux Lettres Juives.

❦❦❦❦❦❦❦❦❦❦❦❦❦

SOIXANTE-SEIZIEME LETTRE.

Le Baron de St. Pol à Ariste.

VOUS plaindrez-vous encore de moi, mon cher Ariste. Je ne suis pas long-tems à vous répondre, comme vous voyez ; & je vous aurois répondu plutôt, si je n'avois pas attendu que Lisandre m'eût communiqué votre derniere Lettre, comme il a fait de toutes celles que vous lui avez écrit. J'étois bien aise de sçavoir où vous en étiez de votre Correspondance, pour n'en point interrompre le cours, ou du moins pour m'épargner la peine de vous donner mes remarques, sur un sujet que vous auriez déja traité; d'autant plus que je sçai trop bien, que je n'aurois pas d'avantage de le faire après vous : aussi ne voudrois-je pas l'entreprendre pour mon honneur. En vous rendant Justice, je sçai me la rendre aussi. Maintenant que je sçai que vous en êtes à la Quatre-vingt quatrième Lettre Juive, j'entre en matiere.

ISAAC ONIS a dû être content de la derniere Lettre d'Aaron Monceca. C'est une des plus sensées & des plus spirituelles qu'il ait jamais écrites. Comment pourrois-je lui refuser mon approbation,

puifque vous lui avez déja donné la vôtre? Suivant
votre avis, je l'ai luë & reluë avec plaifir, mais
toujours en cachette; car je croi que dans ce païs-
ci, on feroit un crime irrémiffible à quiconque feroit furpris en lifant une Differtation fi digne au
jugement des Bigots, d'être brûlée par la main du
Boureau. Mais nous fommes bien éloignés, vous
& moi, de penfer comme eux; cela venge affez
Aaron Monceca de ce qu'on penfe de fa façon de
penfer dans ce païs-ci.

Ce feroit par exemple encore un crime digne du
feu, de trouver que l'Alcoran, comme l'avance
Ifaac Onis, *contient d'excellentes chofes, remplies de
Piété, & capables de donner à l'Efprit une grande idée
de la Puiffance de Dieu.* Il n'y a point de partifan
outré d'une Religion, qui ne penfe que les Livres
fondamentaux d'une autre font remplis de Blafphê-
mes contre la Divinité. On va bien plus loin. On
penfe que ceux qui font d'une Religion oppofée,
ne peuvent être que méchans, ingrats, fcélerats &
pervers. Ne vous imaginez pas de trouver où je
fuis, perfonne qui penfe autrement, excepté quelques Etrangers, que le Cagotifme n'a pas encore
infectés, mais qu'il infectera indubitablement s'ils
n'y prennent garde. En lifant cette Lettre Juive,
j'ai lu les premiers paffages de l'Alcoran qui fe font
préfentés à ma vûë, & je trouve qu'on ne fçauroit penfer plus dignement de la Divinité; & tran-
chement ce Livre, en laiffant à part les endroits
qui parlent de Jefus-Chrift, contient d'excellentes
chofes, & Mahomet y parle fouvent un langage
qu'on a peine à attribuer à un Archi-Impofteur,
tel qu'il étoit. Par exemple, j'ouvre l'Alcoran;
voilà ce que j'y trouve : * *Ton Seigneur a ordonné
de n'adorer que lui feul, & d'honorer vos Peres & Me-
res principalement en leur vieilleffe. Ne leur dites rien
qui*

* Alcoran de Mahomet, Traduction de du Ryer, pag. 312.
Chap. du *Voyage de Nuit.*

qui les puiſſe affliger, & ne les tourmentez pas. Priez
Dieu qu'il ait pitié d'eux, comme ils ont eu pitié de vous,
quand ils vous ont élevé dans votre enfance. Dieu ſçait
tout ce qui eſt dans vos ames; il vous ſera miſéricor-
dieux, ſi vous lui obéiſſez. Donnez à vos Parens ce
qui leur apartient. Faites du bien aux Pauvres & aux
Pélerins. Ne ſoyez pas prodigues; les Prodigues ſont
freres du Diable, ingrat des Graces de ſon Seigneur. Ne
mépriſez pas les Pauvres, ſi vous deſirez obtenir la mi-
ſéricorde de Dieu: parlez-leur avec douceur, & tâchez
de les contenter: ne fermez pas entierement vos mains,
& ne les étendez pas tout-à-fait: ſi vous faites autrement,
vous en ſerez déplaiſans. Ton Seigneur donne & ôte ſes
graces à qui bon lui ſemble. Il connoît ſon peuple & ſçait
tout ce qu'il fait. Ne tuez pas vos Enfans, de peur de
néceſſité; je leur donnerai ce qui ſera néceſſaire. Le
meurtre des Enfans eſt un très-grand péché. Fuyez la
Paillardiſe, c'eſt une choſe ſale. Ne tuez perſonne ſans
raiſon...... L'Innocent eſt en la protection de Dieu. Ne
prenez pas le bien des Orphelins. Satisfaites à vos pro-
meſſes, on vous en demandera compte. Meſurez à bonne Meſure, & peſez à bon Poids, &c. Ne voilà-t-il
pas dans ce paſſage tous les Préceptes du Décalo-
gue? Que les Bigots le liſent, ils tâcheront encore
d'y trouver de l'Impiété; ou parce que l'Alcoran
recommande les préceptes, peut-être ne les ſui-
vront-ils pas. Le fondement d'une Religion impie, diront-ils, peut-il avoir jamais rien de bon?

En voici encore un autre qui ne me paroît pas
moins beau: *Tout ce qui eſt aux Cieux & en la Terre
exalte la gloire de Dieu; il eſt tout-puiſſant & ſage; le
Royaume des Cieux & de la Terre eſt à lui; il donne
la vie & la mort à qui bon lui ſemble. Il eſt ſans commencement & ſans fin. Il ſçait tout ce que les hommes
mettent en évidence, & tout ce qu'ils tiennent ſecret. Il
ſçait toute choſe* *. Que dites-vous de ce paſſage?
Feuilletez tous les Théologiens Eſpagnols, & je
doute

* Chap. du Feu, pag. 601.

P 2

doute que vous en trouviez aucun qui parle plus
dignement de la Divinité. Il faudroit vous copier
ici presque tout l'Alcoran, si je voulois citer tous
les beaux passages que peuvent y remarquer tous
ceux qui le lisent sans prévention.

Je suis charmé pour l'honneur d'Isaac Onis, qu'il
pense aussi avantageusement de ce Livre. Cela
prouve que les préjugés ne l'aveuglent pas, &
qu'il rend justice à la vérité par-tout où elle se
trouve ; & c'est le parti le plus sage. Quant à
quelques visions qui s'y rencontrent, on ne peut
pas les blâmer dans le sens de ce Livre. En effet
ceux qui veulent avoir la gloire de former une nouvelle Religion, sentent parfaitement la nécessité de
mettre du bizarre & du fou même dans leurs Ecrits.
crits. C'est un appas immanquable auquel le sot
vulgaire se laisse prendre. Voilà pourquoi les Auteurs du *Talmud* ne sont pas si excusables que celui
de l'Alcoran. Ils ont voulu obscurcir une Religion
établie par Dieu même. Les plus grands Ennemis
du Judaïsme n'auroient pas pû lui nuire plus que
n'ont fait ces misérables Ecrivains. Qu'Isaac Onis
ne craigne pas de s'expliquer librement là-dessus.

Mais c'en est assez pour cette matière. Je ne
me ressouvenois plus que vous ne voulez pas qu'on
s'attache servilement à un seul point, & qu'ainsi,
en continuant, je cours très-grand risque de vous
ennuyer. Pour ne point tomber dans cet inconvenient, je passe à la LXXXVme, & que sçai-je, si
je me trouve en haleine, peut-être passerai-je à la
suivante. Je ne crois pouvoir mieux faire, que de
vous imiter.

J'ai servi assez long-tems, & je connois par conséquent assez bien les Villes de Garnison, pour répondre à Aaron Monceca. Il est vrai que, comme
Officier, je paroîtrai partie intéressée: cependant
je vous promets de mettre bas mes petits intérêts,
pour examiner scrupuleusement, si les reproches
qu'il

qu'il fait aux gens de guerre sont bien ou mal fondés.

J'AVOUERAI franchement, que je crois qu'il y a bien des Commandans de Place, ou des Majors, capables d'abuser de leur pouvoir, si on n'y mettroit de bornes: mais on doit convenir, que les regles établies y mettent bon ordre; puisqu'un simple Bailli peut empêcher l'exécution d'une ordonnance d'un Commandant, si elle tend à la véxation du Peuple. De croire aussi, que les Officiers & les Soldats du Roi veilleront nuit & jour, comme ils le font, à la garde d'une Ville, feront la patrouille & tout le service, sans que le peuple soit obligé de payer de si grandes commodités; ce seroit exiger l'injuste, & alors un Capitaine d'Infanterie ou de Dragons ne paroîtroit que le Gardien d'un miserable Crocheteur ou d'un Savetier. A entendre Aaron Monceca, les Garnisons sont à charge aux Villes où elles vont: & c'est une fausseté si grande, qu'il n'y a très-souvent que la Garnison qui fait subsister ces Villes, qui se plaignent & se ressentent bientôt de la misere, dès qu'une malheureuse nécessité oblige le ministère de les occuper autre part. Voyez sans garnison une Ville accoutumée d'en avoir, & vous verrez, pour ainsi dire un corps sans ame. La plupart de ces Villes sont sans commerce. Il n'y a donc que l'argent que repandent les Officiers & les Soldats, qui puisse faire vivre les habitans. Il est bien vrai, mon cher Ariste, que si vous voulez écouter les criailleries du Peuple, il n'est jamais content: a-t-il une Garnison, il voudroit n'en pas avoir; n'en a-t-il plus, il en souhaite. Toute la sagesse du ministère ne sçauroit accorder ces contradictions. Quel parti faut-il donc prendre? Aller toujours son train, sans s'embarasser de ses plaintes mal fondées.

Vous connoissez Besançon, capitale de la Franche-Comté. Vous sçavez par vous-même, puisque

vous y avez séjourné assez long-tems, que cette
Ville s'est beaucoup accrûë & enrichie depuis que
Louis XIV. lui a fait la grace de la prendre sur les
Espagnols. Vous n'ignorez pas que celui qui posse-
doit cinq sois de bien autrefois, en possede aujour-
d'hui cent; vous admirez de belles maisons & de
grands hôtels, là où il n'y avoit autrefois que des
mesures; enfin vous reconnoissez une Ville, là où
il n'y avoit autrefois pour ainsi dire qu'un Village.
Vous croyez qu'une Ville qui a acquis de si grands
avantages, doit être charmée d'avoir passé sous une
domination à qui elle est redevable de sa gloire.
Cette idée de reconnoissance se présente naturellement à l'esprit de tous ceux qui pensent aussi juste
que vous : & cependant vous vous tromperiez,
mon cher Ariste. On paye des impôts plus consi-
derables qu'on n'en payoit aux Espagnols : on a une
Garnison plus nombreuse, & cela paroît à charge.
On ne fait pas réflexion, que si l'on a cent Sous,
il vaut mieux en donner vingt au Roi, que de n'avoir
que cinq Sous, & ne lui donner que deux Liards.
Il ne faut pas être grand Arithméticien pour trouver, que dans le premier cas on en a beaucoup
plus de reste. Le peuple jouit de cet avantage, &
murmure cependant. Quant à la Garnison; plus
elle est nombreuse, plus il se fait de dépense dans
la Ville, plus il y reste d'argent. Tout le monde
gagne, les Boutiques sont pleines de Chalans, les
Cabarets de Bûveurs, les Femmes sont pourvûës
de Galans, les Filles ont des Amans de toute sorte
à choisir; & cependant on se plaint : tant il est vrai,
qu'il suffit de posseder des avantages, pour n'en plus
connoître le prix. Mais la guerre vient, la garnison va moissonner des Lauriers dans le Champ de
la Gloire. Ceux qui étoient occupés à garder leurs
dindons, viennent s'emparer des postes de la Ville. La voilà déchargée d'une Garnison trop nombreuse; il paroît qu'elle va goûter une félicité parfaite:

faite : mais point du tout ; le Marchand se mor-
fond dans sa Boutique, le Vin, faute de le boire,
se gâte dans les caves, les Femmes sont obligées de
revenir à leurs maris, les Filles n'ont plus d'autre
occupation que de broder ou de faire de la tapisserie.
Les Officiers ne sont pas partis huit jours, qu'on
fait des vœux pour les ravoir. Voilà la vérité :
qu'Aaron Monceca me réponde, s'il ose.

Ce qu'il dit par la suite du génie de l'Officier,
est raisonnable. Nous sommes communement tels
qu'il nous peint : je ne croi pas devoir rien ajouter
à son tableau.

Je me suis, comme vous voyez, assez étendu
sur le chapitre des Officiers. Je m'apperçois que
vous m'avertissez encore de changer de matière. La
LXXXVIme Lettre Juive me mettroit sur l'article
des Brabançons. Mais comme tout le monde connoît leur ridicule manie de Noblesse, je ne croi
pas me devoir donner la peine, de rélever encore
une sottise si universellement reconnüe. Naturellement porté de haine contre les Moines, je de-
vrois avec avidité me saisir de la fin de cette Lettre, pour me joindre avec Aaron Monceca contre
ces Pestes de notre Religion ; mais ceux qu'il attaque ne méritent pas un coup de plume ; ce ne sont
que de misérables Capucins : ils se trouveroient trop
honorés de la Dissertation qu'on feroit contre eux,
& je ne sçai encore s'ils auroient l'esprit de la pouvoir lire. En traitant cette matière, je ne pourrois
me dispenser, à l'exemple de notre Juif, de tomber aussi sur le bon St. *François*, leur Fondateur. Mais
je suis en Espagne. Je suis forcé d'encenser le Cagotisme. Ainsi je ne vous rapporterai point plusieurs
traits du vieux Bouquin de la Vie des Saints. Ce
Livre n'est lû que des Bigotes. Nous ne les guéri-
rons pas de leur ridicule croyance. Si elles aiment
les Lectures utiles : qu'elles lisent la LXXXVIme
Lettre Juive, & qu'elles en fassent leur profit : je
le souhaite.   J'AI

J'ai communiqué vos Lettres à Mesville : mais depuis votre derniere il est dans un grand embarras. Vous sçavez qu'on l'accusoit de Déisme. Sur cette accusation il a été mis à l'Inquisition. Il a déja été prouvé que depuis son séjour en Espagne, il n'a point été à confesse ; du moins n'a-t-il pas pû prouver quel étoit son Directeur ; & sa prison devient plus étroite de jour en jour. Vous sçavez les fortes Protections que j'ai en Espagne. Je compte beaucoup sur leur entremise. Son crime n'est pas capital. Si l'on mettoit dans les prisons de l'Inquisition tous ceux qui, comme lui, ne vont pas à confesse , je doute qu'elles fussent assez grandes. Je suis charmé qu'on n'ait trouvé chez lui aucune de vos Lettres. On ne les auroit pas prises du bon côté : & on lui auroit fait un crime d'Irreligion, d'entretenir commerce de Lettres avec un homme qui n'en a point. Car, que sert-il de farder les choses ? C'est ainsi que l'on vous regarderoit en Espagne.

PORTEZ-VOUS toujours bien , & que cette opinion mal fondée ne vous empêche pas de penser de même. Dès que Merville , comme je l'espere , sera tiré d'affaires , je ne manquerai pas de vous en donner avis, ainsi qu'à notre ami Lisandre.

De Madrid ce ...

A LA HAYE,
Chez ANTOINE VAN DOLE,
M. DCC. XXXVIII.

CORRESPONDANCE
HISTORIQUE, PHILOSOPHIQUE
& CRITIQUE,
ENTRE
ARISTE, LISANDRE
Et quelques autres Amis :
Pour servir de Réponse aux Lettres Juives.

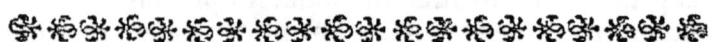

✿❅✿❅✿❅✿❅✿❅✿❅✿❅✿❅✿❅✿

SOIXANTE-DIX-SEPTIEME LETTRE.

Ariste au Baron de St. Pol.

JE suis très-sensible, mon cher Baron, à la disgrace du pauvre Merville. S'il sort des prisons de l'Inquisition, je lui conseille de quitter un Païs où on ne laisse pas à un esprit la noble liberté, qui est cependant son plus digne appanage. Qu'il vienne auprès de moi, dans ces heureux climats; il n'y sera point exposé à la persécution des Bigots, & libre alors de s'affranchir des serviles préjugés qu'on veut si injustement soutenir, malgré la honte qu'ils font à l'humanité; il y jouïra d'une tranquillité, que je n'ai jamais goûtée que depuis que j'ai suivi moi-même le Conseil que je lui donne aujourd'hui à mon tour. On a beau se récrier contre la fureur qu'ont les Ignorans, de vouloir, en matière de Religion, assujettir les gens d'esprit à leurs impertinentes rêveries. On ne les corrigera jamais de ce défaut. La justice que je dois rendre aux Ministres de la Religion dominante de ce Païs, est qu'ils ne participent point à ce défaut. Si un Réformé, par exemple, ne s'acquittoit point des devoirs de sa Religion, le Ministre instruit, ne manqueroit pas de venir charitablement lui en fai-

re des reproches: mais fi , malgré les remontran-
ces de ce bon Miniftre, il s'obftinoit & fe difoit
avoir changé de Religion , le Miniftre fe retireroit,
& fe contenteroit de prier Dieu de l'éclairer, fans
vouloir par force le ramener à fa Religion ; perfuadé qu'il eft , que Dieu ne veut point de facrifice involontaire. Cette conduite certainement eft très-
fenfée. Je dirai plus: il femble même que Dieu
l'approuve; car il eft fort rare de trouver parmi les
Réformés des Libertins en matière de Religion :
perfonne ne s'affranchit d'un joug fi doux & fi aimable. On n'impofe que la jufte néceffité de prier
Dieu : & quel eft le mortel affez imp.e pour ne pas
aimer à prier un Etre fuprême qui repand fur lui
fes graces à tout moment? Tout fe trouve d'accord avec un devoir fi facré. Comment voulez-
vous qu'on s'en difpenfe? Il n'y a donc que celui
qui eft convaincu de l'erreur de la Doctrine, qui
fe fepare: mais ne craignez pas qu'il admette des
Rêveries Monacales. Il ne croit dans la Communion Romaine que ce qui eft de la pure Doctrine :
le refte, il le meprife: il eft Romain raifonnable,
& alors il rend la Religion Romaine refpectable
à fes plus grands ennemis. Je ne fçai fi vous avez
fait attention à une des Lettres de cette Correfpondance où je traite plus au long cette matière :
mais je le répete encore, qu'on retranche les abus de
la Religion Romaine, & je ne défefpere pas, puifque fa Doctrine eft fi pure , de la voir bientôt uni-
verfellement établie.

Nous avons encore un défaut qui n'eft pas moins
grand; c'eft de faire des crimes imaginaires à tous
ceux qui ne font pas de notre Communion.

Nous ne fommes pas plus juftes à l'égard d'un
Reformé ou d'un Lutherien , qu'à l'égard d'un
Cophte , à qui nous reprochons un entêtement ri-
dicule que nous avons nous-mêmes. On voit une
Paille dans l'œil de fon Voifin , & on ne voit pas
une Poutre dans le fien. Comment veut-on qu'un
Peuple

Peuple comme les Cophtes, accoûtumé à fuivre
certaines regles & certaines coûtumes, fe déta-
che des préjugés de leur enfance pour fuivre, fans
autre raifon, le fentiment de quelques Vifionnai-
res qui viennent des Païs Européens leur apprendre de nouvelles Folies Romanefques? Ces peuples,
dit-on, font entêtés. Folie pour folie: ils s'en
tiennent à l'ancienne; & ils ont raifon. Car enfin,
que pourroit-il fervir de quitter une erreur pour en
embraffer une autre?

PAR exemple, dans ces Païs extrêmement chauds,
quand on prouveroit invinciblement à des Miffionaires entêtés que la Circoncifion eft plus néceffaire
qu'une Proceffion, ils ne s'embarafferont point de
la preuve : ils voudront foûmettre les habitans du
Païs à la Proceffion, & profcrire la Circoncifion.
,, Puifque, diront les Cophtes, nous n'admettons
,, point la Circoncifion comme un principe de Re-
,, ligion, nous ne pouvons pas être cenfés judaï-
,, fer, & par conféquent nous ne faifons pas un
,, crime. La nature exige de nous la Circoncifion.
,, Si c'eft un crime, c'eft fa faute & non pas la
,, nôtre". Malgré cela, le Chrétien circoncis, &
qui feroit circoncire fes enfans, feroit regardé comme
un homme fans Religion; & je ne doute pas qu'on
ne le brulât tout vif en Efpagne.

QUAND on veut gagner quelque chofe fur un
Peuple, il faut lui paffer fes coûtumes, fur-tout
lorfqu'elles font appuyées fur la raifon. Chaque
Peuple eft idolâtre des fiennes. Les lui vouloir
défendre, c'eft abfolument le revolter. Quelques
Miffionaires qui ont été en Egipte, n'ont rien pû
gagner fur les Cophtes; & tout ce que dit nôtre
Juif de leurs anciennes Coûtumes obfervées encore aujourd'hui avec autant d'exactitude qu'ancien-
nement, eft vrai au pied de la Lettre. Il ne faut
que confronter Hérodote avec les Rélations de nos
plus modernes Voyageurs pour en être convaincu.

QUOIQUE Chrétiens, ils admettent donc tou-

Q 2   jours

jours la Circoncifion. La chaleur du climat l'exige. Quant à ce qui regarde la Répudiation, qui eſt
encore chez eux en uſage ; pluſieurs Théologiens
ont examiné, ſi cette coûtume eſt contraire à la
Religion Chrétienne. Pluſieurs penſent qu'oüi ;
d'autres différent de ce ſentiment ; & je vous a-
voue que je pancherois volontiers pour les derniers.
L'union des cœurs, diſent-ils, eſt le premier fondement du Mariage, le conſentement mutuel en
eſt le lien , & non pas la Cérémonie ; le Prêtre n'é-
tant que Témoin & non pas Miniſtre en cette
occaſion. Dès que les deux cœurs ceſſent d'être
unis, & que le conſentement eſt mutuel pour la
Répudiation, les liens paroiſſent rompus, ſans que
la Religion ſemble être bleſſée par une Coûtume
qui diſpenſe d'un joug ſervile & qui ſepare deux
perſonnes qui, mal aſſorties, s'expoſent à ſe damner
l'une & l'autre par les chagrins continuels qu'elles ſe
donnent, & la manière peu Chrétienne dont elles
vivent enſemble. Je ne m'embaraſſe pas, comme
Iſaac Onis, de ſçavoir depuis quel tems cette Coûtume eſt établie chez les Cophtes. Nous ne la con-
damnons dans ces Peuples que parce que nous ne
la ſuivons pas : car ſi elle étoit établie parmi nous,
nous ne manquerions pas de Théologiens, pour
prouver qu'elle ne ſeroit pas contraire à la Religion.

Il ne faut point exiger des Egyptiens cette pénétration d'eſprit, capable de pouvoir rien changer à
des coûtumes anciennes quoique deraiſonnables.
La nonchalance eſt naturelle à ces Peuples. Quelques-uns prétendent, que c'eſt un effet du climat :
mais cependant, ſi du côté du corps & de l'eſprit
vous compaiez les Egyptiens d'aujourd'hui avec les
anciens, vous trouverez un grand rapport du côté
de l'eſprit, & une très - grande différence par rapport au corps. Les anciens Egyptiens étoient ſuperſtitieux ; toutes les rêveries & viſions en fait de
Religion étoient bonnes pour eux. Ils croyoient
tout ce qu'on vouloit : ceux d'aujourd'hui ſont de
même.

même.   Mais les anciens Egyptiens devoient aimer
le travail, ils devoient être infatigables, & capables
de porter de grands ouvrages à leur perfection. Sans
cela, comment du tems d'Amasis, un de leurs
premiers Rois, y auroit-il pû avoir en Egypte vingt-
mille Villes bien peuplées ? Comment auroit-on pû
élever en Egypte de ces monumens dont le tems a
encore conservé des restes ? Les Pyramides ne sont
certainement pas des Ouvrages de fainéans, comme sont aujourd'hui les Egyptiens.   Je croi, mon
cher Baron, qu'il n'y a point de Peuple qui ne soit
jaloux de soutenir sa gloire : mais dès qu'il n'a plus
ses Souverains particuliers, dès que, censé esclave
d'un autre Peuple, il travaille pour la gloire de ce
dernier & non plus particulierement pour la sienne,
il ne se porte plus au travail qu'avec répugnance ;
il se dégoûte, il ne s'attache plus à exceller dans les
arts. L'esprit se ressent de ce relachement. Il s'endort. Le corps n'a plus la même agilité ; la fainéantise devient un héritage, & au bout de cent ans un
Peuple est tout-à-fait méconnoissable.

D'autres raisons contribuent encore à la décadence des Villes, comme au changement des Mœurs.
Un Peuple tranquille sous ses propres Souverains,
paisible possesseur de ses foyers, en sureté dans le
sein de ses Dieux domestiques, conservera facilement & sa gloire & ses mœurs : mais s'il est occupé
autre part, si la guerre le distrait de ses occupations
ordinaires, il depérira insensiblement, & sans s'en
appercevoir lui-même. Sans chercher un exemple
bien éloigné, je considere la Ville d'Anvers avec
Aaron Monceca. Je visite son port ; je n'y vois plus
de vaisseaux : je me promene dans les ruës ; je vois
une ville morte : je suis dans Anvers, & je le cherche. Je ne le reconnois plus : pourquoi ? Les guerres civiles ont déchiré ses entrailles. Les habitans
occupés à se défendre, ont négligé leur commerce.
Leurs voisins ont profité de leur malheur ; ils se sont
rendus maîtres de la mer pendant ce tems-là. Avec

Q 3   quelles

quelles forces pouvoit-on les en empêcher ? La guerre ceſſe : les Anverſois ouvrent les yeux : ils en re-
connoiſſent les funeſtes effets ; mais il n'eſt plus tems.
Avec quelles forces chaſſeront-ils ceux qui ſe ſont
emparés de leurs droits ? L'argent néceſſaire, & qui
eſt l'ame des grandes entrepriſes, leur manque. On
ne peut plus faire pour le commerce de ces grandes
entrepriſes : les chemins ſont fermés : on ſe reſſerre
dans de petites bornes. Les Etrangers attirés par le
commerce, diſparoiſſent dès qu'il n'y en a plus.
L'herbe croît dans les ruës ; à peine les maiſons ſont-
elles habitées. Comment alors voulez-vous reconnoître une Ville qui a perdu tous ces grands avantages ?

PAR la même raiſon les beaux Arts tombent.
Qui eſt-ce qui eſt en état de les recompenſer ? Quand
il y auroit encore à Anvers un Rubens, il faudroit
qu'il cherchât autre part que dans Anvers des gens
pour payer ſes ouvrages. Il n'y reſteroit ſurement
pas : & quand il voudroit y reſter, il faudroit qu'il en
ſortît malgré lui.

C'EST ainſi, mon cher Liſandre, que dépériſſent
des Villes. Mais remarquez, qu'en général l'univers
ne perd rien. Ce qu'il perd d'un côté, il le regagne
d'un autre. Amſterdam aujourd'hui vaut bien ce
qu'étoit autrefois Anvers.

POUR le bonheur d'une Nation, il ne lui faut
quelquefois qu'un génie heureux qui la faſſe ſortir
de ſon indolence, & lui apprenne à ſe connoître.
Nôtre ſiécle en fournit un grand exemple. L'univers retentit aujourd'hui de la gloire des Moſcovites.
Vous êtes ſurpris de voir s'élever avec tant de gloire, un Peuple dont à peine vous ſçaviez le nom.
Qui a produit de ſi grands changemens ? Un ſeul
homme. C'eſt un Souverain qui, né avec un génie
heureux, veut tout ſçavoir par lui-même ; qui, pour
mieux s'inſtruire, ſe dépouille pour un tems de ſa
gloire, va voyager dans les plus floriſſans Etats de
l'Europe ; qui devient artiſan, & emmene avec lu
                                                des

des gens de tout métier, les recompenſe, & change
ainſi la face de ſes Etats. Il polit ſon Péuple ; il lui
fait cultiver les Arts & les Sciences ; il lui apprend
l'art & la diſcipline militaire ; ce ne ſont plus des
brigans qui combattent, ce ſont des ſoldats ; ils mar-
chent en ordre de bataille : en un mot ce ne ſont
plus des Barbares ; ils deviennent des Peuples poli-
cés. Mais remarquez ce que produit cette émulation ? Les Souverains qui lui ſuccedent, l'imitent.
Ils font plus : ils attirent de toutes les parties de l'Europe les braves Officiers qui en ſont exclus pour des
affaires d'honneur ; on leur rend plus qu'ils n'a-
voient ; on les anime ; ils combattent avec chaleur,
& font conſiſter leur gloire à ſoutenir celle d'une
Couronne à qui ils ſont redevables de tout. Que ne
fait point la reconnoiſſance ſur les cœurs généreux.
Le ſoldat animé lui-même par l'exemple de ſes Officiers, connoît la valeur. Il combat, honteux d'avoir
été ſi long-tems dans l'oiſiveté. Le ſuccès le ré-
compenſe ; il eſt victorieux : de ſemblables Ennemis
ſont plus à craindre que d'autres, parce qu'on fait
toujours beaucoup plus pour s'acquérir de la gloire
que pour ſe la conſerver. Dès qu'elle eſt acquiſe,
le trop de confiance endort. Ne l'a-t-on pas ; l'eſpoir anime. Ainſi, voilà un Peuple qui commence
à ſe faire connoître : en même tems quelque grand
Peuple s'abaiſſe. Je ſouhaïte que ce ne ſoit pas le
nôtre.

J'aurois voulu qu'Iſaac Onis nous eût fait la grace d'entrer dans l'examen de ces principes généraux,
plutôt que de s'amuſer à faire dans ſa LXXXIXme.
une ſi longue Diſſertation ſur les Pyramides d'E-
gypte. Ces reſtes qui exiſtent encore, ne nous laiſ-
ſent que le déſeſpoir de ne pouvoir conduire à fin
d'auſſi grands ouvrages. Quelques-uns prétendent,
que les Egyptiens avoient le ſecret de couler la Pierre ſur les lieux ; ſans quoi, diſent-ils, il leur auroit
été impoſſible d'élever ſi haut des Pierres auſſi mon-
ſtrueuſes

ſtrueuſes que celles qu'on remarque au haut de ces Pyramides.
De quelque façon qu'ils s'y ſoient pris pour ſurmonter cette diffi-
culte, il eſt toujours extraordinaire de voir, que malgré les
peines qu'on s'eſt donne pour perfectionner tous les Arts, on
ne puiſſe pas faire aujourd'hui ce qu'ils faiſoient autrefois.
Pour moi, je croirois qu'ils avoient pouſſé la Méchanique à
un plus haut dégré que nous; & que s'il n'en reſte pas de
preuve par les Hiſtoires, c'eſt qu'ils ont voulu cacher cette
connoiſſance aux autres Peuples, pour joüir de la vanité d'a-
voir dans leur Païs des Monumens que rien ne peut égaler.
En effet, que voyez-vous dans le monde qui ait approché ſeulement de ces Pyramides encore aujourd'hui ſi renommées?
Les Hiſtoriens d'Egypte ont bien pû ne point faire mention
d'une ſcience qu'ils avoient peur que les autres Peuples ne vou-
luſſent trop approfondir. Cela eſt d'autant plus probable, qu'on
voit qu'ils ont été beaucoup plus reſervés que les Hiſtoriens des
autres Nations. Aucun n'a parlé, par exemple, du fameux
paſſage de la mer Rouge, & de la ſubmerſion de Pharaon. Ils
n'écrivoient point ce qui pouvoit tourner au déſavantage ou à
la honte de leur patrie. Ils reſſembloient bien en cela à beaucoup d'Ecrivains François, qui, dans leurs Hiſtoires, font
mention des victoires des François, & jamais de leurs defaites.

Si je voulois ſuivre cette Lettre Juive, il me faudroit faire
réponſe à la Lettre de ce Marchand de Marſeille, qui y eſt
rapportée tout au long. Mais comme ce n'eſt qu'une fiction
d'Iſaac Onis, je me contenterai de le prier, de nous draper
avec plus d'eſprit. Nous avons aſſez de ridicules, ſans qu'il
nous en prête de ſi groſſiers: mais l'envie de critiquer à tort
& à travers l'emporte. Il ne prend pas garde ſi ce qu'il écrit
eſt plauſible, & alors le menſonge le plus impertinent, ne lui
ſemble plus qu'une Ironie ſpirituelle, capable de rejoüir les
honnêtes gens, ſes Confreres, à nos dépens: mais il ſe trompe.
Un ſemblable trait ne retombe que ſur lui-même.

COMME je n'oſe point écrire à Merville, de crainte que
la liberté de mes Lettres ne faſſe tort à la ſienne, faites moi
la grace de lui témoigner ſimplement la part que je prens à ſa
diſgrace. Je n'ai que faire de vous recommander de ne le
point abandonner. Je vous rens plus de juſtice, & je ſçai,
que vous n'en êtes point capable. Dès qu'il ſera délivré, je
ferai mes efforts pour l'attirer auprès de moi. Qu'il ſera heureux! Il ne craindra plus la colere des Moines.

PORTEZ-vous bien, mon cher Baron, & écrivez moi le plus
ſouvent que vous pourrez.

De la Haye, ce **.**.**.**

A la Haye, chez ANT. VAN DOLE, 1738.

CORRESPONDANCE
Historique, Philosophique
& Critique,
ENTRE
ARISTE, LISANDRE
Et quelques autres Amis :
Pour servir de Réponse aux Lettres Juives.

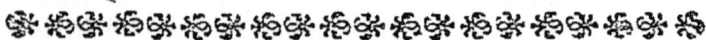

❦ ❦ ❦ ❦ ❦ ❦ ❦ ❦ ❦ ❦ ❦

Soixante-dix-huitieme Lettre.

Ariste à Lisandre.

J'AI reçu une Lettre du Baron de St. Pol, à laquelle j'ai répondu l'ordinaire dernier ; voilà pourquoi, mon cher Lisandre, vous n'avez point eu de mes nouvelles. Il vous aura sans doute instruit du malheur arrivé à Merville, & je me persuade que vous y prenez autant de part que moi. Le Baron de St. Pol & moi, nous avons passé légerement sur quelques Lettres Juives ; ce qui fait que j'en suis déja à la XCme, qui ne me paroît pas fort intéressante. Les curiosités de Liége & d'Aix-la-Chapelle n'intéressent pas absolument beaucoup. La première de ces Villes surtout n'a rien de particulier que son Souverain. Les Gens d'Eglise y ont un grand pouvoir, & il n'est pas difficile d'en deviner la raison. Ceux qui ne sont point du premier étage, sont bigots & scrupuleux au suprême dégré, comme par-tout : mais les autres, à qui leur Bénéfice donne un certain rang, se mettent au-dessus du scandale, & se moquent entierement du *qu'en dira-t-on*. Les Tréfonciers sont les Petits-Maîtres de Liége ; ils ont plaidé fort long-tems pour avoir le droit de porter des habits d'un goût coquet,

& ils y ont réuſſi. Autrefois, comme le remarque Aaron Monceca, il falloit être de la première diſtinction pour être Tréfoncier ; mais aujourd'hui, c'eſt aſſez de quelque quartier de nobleſſe ; encore ne s'embaraſſe-t-on pas beaucoup ſi elle eſt ſauvage ou non. C'eſt un effet de la Politique des Evêques de Liége, qui ont écarté ceux qui avoient trop de crédit par le droit de leur naiſſance, en ſubſtituant à leur place d'autres moins à craindre, & qu'ils puſſent gouverner à leur fantaiſie, afin d'augmenter leur pouvoir aux dépens de celui du Chapitre, à qui effectivement il n'en reſte aujourd'hui que l'ombre. Pour moi, je ne ſçaurois les blâmer : c'étoit aux autres à tâcher de ſe maintenir. Aaron Monceca croit le Liégeois encore plus méchant que le Napolitain, & quoiqu'il paroiſſe qu'en parlant ainſi, c'eſt vouloir outrer la matière, cela eſt pourtant vrai. L'impunité des crimes en eſt cauſe. Un Bourgeois qui en plein midi aura brûlé la cervelle à ſon voiſin, a trois jours avant qu'on puiſſe l'arrêter. Les Juges diſent pour raiſon, que ce n'eſt pas trop pour ſe déterminer à faire à un Bourgeois de la ville l'affront de le conſtituer priſonnier. N'admirez-vous pas la prudence de ſemblables Juges. Le paralelle du Liégeois avec le Napolitain ne regarde que le bas peuple : les Gens de condition, & élevés d'une certaine façon, y ſont pour le moins auſſi aimables qu'autre part.

J'aurois pû vous faire un détail des curioſités d'Aix-la-Chapelle, mais Aaron Monceca n'a rien oublié. Il n'avoit garde ; il avoit un trop beau champ de critique. Par ce qu'il dit vous pouvez juger, que le Peuple d'Aix eſt pour le moins auſſi ſuperſtitieux que les Brabançons. Chaque Ville a ſes miracles particuliers. Aix ne devoit pas en manquer. Par-tout les Impoſteurs débitent des viſions, le Peuple les croit. Aix ne me paroît pas plus ridicule que Paris. Tout ne diffère que du plus ou du moins. C'en eſt aſſez pour cette Ville

qu'on

qu'on ne connoîtroit presque plus sans ses Eaux.

Si nous suivons Jacob Brito dans sa route, nous trouverons une meilleure matière à critique. Il arrive bientôt chez les Espagnols. Nous pouvons venger Merville: nous ne craignons rien, ni vous ni moi, de l'Inquisition.

Barcelonne, d'où il écrit à son cher Aaron Monceca, s'est long-tems soutenue contre les Espagnols, à qui elle a toujours fait envie. Quoiqu'il y ait déja du tems qu'elle soit soûmise à cette domination, la perte de sa liberté lui tient toujours à cœur: mais elle ne s'en venge que par une haine impuissante. Les Moines dans ce païs sont encore plus mauvais que par-tout ailleurs. Ils n'écrivent pas si bien que les nôtres; mais ils agissent mieux. Il semble que l'esprit de Revolte soit un vœu recommandé parmi eux, & plus religieusement observé que celui de Chasteté. Ils sont d'autant plus à craindre, qu'ils affectent encore un air plus cagot que les nôtres. On ne diroit pas qu'ils seroient capables du plus petit péché véniel. C'est à eux que les Dames de Barcelonne ont l'obligation d'être beaucoup plus libres que les Espagnoles. Les Confesseurs, qui ont tout pouvoir sur l'Esprit des Maris, ne pouvoient dans les commencemens rien obtenir de leurs Pénitentes, à moins qu'ils ne diminuassent leur esclavage. Ils se chargeoient du soin de mettre les Maris à la raison, pour y mieux mettre les Femmes: & ils réussissoient également d'un côté & de l'autre. Les Hommes sont devenus moins ridicules, & les Femmes plus libertines. Les Moines ont mis la première main à ce changement, & les François la derniere. Voilà la vérité. Nous sommes bien heureux que Jacob Brito n'eut eu aucune connoissance de ce fait; il se feroit bien plus étendu dans sa XCIme.

Vous voyez le cas qu'on doit faire de la dévotion des Catalans, puisque les Ministres de leur Foi ont les premiers introduit le libertinage. Ils ont

trou-

trouvé cette coûtume si douce, qu'ils l'ont suivie
depuis. Une Femme à laquelle on ne trouve aucune occasion de parler, & qui s'est simplement apper-
çûe des soins d'un aimable Cavalier, ne fait point
de scrupule d'en conférer avec son Confesseur. Elle
fait dire une Messe, & le lendemain elle reçoit un
billet de son Amant. Il faut dire la vérité: nos
Moines ne poussent point l'iniquité jusqu'à ce point.
S'il s'en trouve quelqu'un assez malheureux pour séduire quelqu'une de ses Pénitentes, il pêche seul, &
la livrant à un autre, il ne commet pas un double
crime.

Nos Dévotes de même poussent plus loin le point
d'honneur. Elles dévisageroient un homme qui viendroit leur proposer de prêter leur ministère pour favoriser une intrigue d'amour. Si cela les regardoit
personnellement; passe encore: elles se radouci-
roient. Il ne s'agiroit que de convenir d'éviter le
scandale, afin de pouvoir pêcher en toute sûreté.
Chacun est pour soi dans ce monde; pourquoi se
damnent-elles? Mais les Dévotes, Maquerelles de
profession, sont des monstres, qu'il auroit falu étouffer dès le berceau. Quoi! parce qu'on se fie à elles,
parce qu'on les croit incapables de donner de mauvais exemples, ou de mauvais conseils, elles se
joüeront impunément de la foi publique? Leur O-
ratoire deviendra un lieu de prostitution? Les Filles même qui croyent pouvoir aller en sûreté dans
de semblables maisons, seront la victime de leur
tranquille sécurité. Cela est-il croyable? Y a-t-il
dans le monde des cœurs assez pervers? Se peut-on
couvrir du manteau de la religion pour de semblables crimes? C'est une calomnie atroce que de soutenir cela. Qu'il seroit à souhaiter que ce ne fût
qu'une calomnie! Mais, mon cher Lisandre, cela
n'est que trop véritable. L'avouerai-je à ma honte?
J'en ai fait moi-même l'expérience pendant le tems
des premiers égaremens de ma jeunesse. Il est aussi
aisé de trouver en Espagne des Dévotes de ce caractère,

ractère, que de trouver un Petit-Maître en France ou un Ignorant en Suisse.

Vous devez juger par-là qu'un Mari a beau garder soigneusement sa Femme, ou un Pere sa Fille : il est toujours la dupe de ses soins, puisque ceux qui sont établis pour la correction des mœurs, sont les premiers à les corrompre. En Espagne on n'ignore point cette louable coûtume : cette même Inquisition si rigide, qui veut forcer les gens d'esprit d'encenser également les abus comme la vérité, n'ignore pas le négoce de ces Directeurs de conscience & de ces Dévotes criminelles. Mais ne craignez pas qu'elle fasse éclat. Les Eglises profitent beaucoup à ce joli commerce. Les Dévotes Duegnes exigeront d'un Amant tant de livres de Bougies pour brûler devant les *Madonnas*, & fourniront de Messes à tel Couvent, auquel elles sont attachées. Elles sont obligées d'avoir un tronc dans leurs chambres, & en entrant, tous ceux qui veulent mériter leur protection, y mettent quelque chose pour les Pauvres, & tous les mois les Inspecteurs établis pour cela par les Moines, viennent pieusement en faire l'ouverture, & jugent facilement par les sommes qu'ils trouvent, du plus ou moins d'avantures arrivées dans le courant du mois. Les Duegnes sont sujettes à de très-fortes reprimandes, lorsque la récolte n'a pas été bonne ; car les Moines n'aiment pas à perdre. Je ne finirois point, si je voulois vous détailler tous les ressorts d'iniquité qu'on met en usage pour favoriser les plaisirs amoureux, & Barrême ne pourroit pas nombrer les Filles infortunées qui malgré elles ont fait naufrage dans ces lieux qu'elles ne croyent pas suspects.

Il n'y a point de Théologiens plus foux que les Espagnols. La plûpart de ceux qui ont été les Auteurs de la *Parenté spirituelle* dont il est fait mention dans cette XCV^me. ont été des Rêveurs de bonnefoi, qui ont inventé une façon mistique de penser ou d'écrire, qui surprenoit d'autant plus, qu'elle

R 3   avoit

avoit quelque chofe de miftérieux, qui demandoit de
la part des Directeurs une explication très-circon-
ftanciée. Rien ne flate plus l'efprit des Bigots & des
Dévotes que de dire, qu'en affectant une certaine
façon d'agir & de parler, on puiffe s'unir intimement à Dieu. Auffi ceux qui apprenoient ce grand
art, ne pouvoient fuffire au grand nombre d'Eco-
liers & d'Ecolieres qui venoient fe préfenter: ils
s'attachoient particulierement aux dernieres, & la
grande confiance que vous fça'vez qu'on a ordinairement dans un maître, & fur-tout dans un maître
qui vous apprend de fi précieux fecrets, empêchoit
qu'on ne pût voir dans les commencemens l'ufage
qu'ils vouloient faire de cette grande familiarité,
qui par la fuite eft tournée en libertinage & en in-
trigues d'Amour. Je rens pourtant juftice aux premiers Docteurs de la vie miftique. Ce n'étoit point
leur vûë. Ils vouloient bonnement perfuader aux
autres, ce qu'ils fe perfuadoient à eux-mêmes fi
conforme au falut. François de Sales a été du
nombre de ceux qui fe font contentés de la fimple
fpéculation de l'efprit, fans attenter à la pureté des
mœurs. Si Jacob Brito avoit approfondi la vérité,
il ne l'auroit pas confondu fi injuftement avec ceux
qui ont couvert leur criminelle paffion de ce voile.
A examiner les chofes fans partialité, on découvri-
ra aifément que les Lettres de François de Sales à
la fœur Chantal, ne font pas du genre de celles du
Pere Girard à la Cadiere, ou du moins qu'on impute à ce Pere.

A MESURE que Jacob Brito avance en Efpagne
il affecte un filence qui tient beaucoup du Pythagoricien.
Cet air mélancolique convient affez, dit-il, *dans un*
Païs où tout le monde eft extrêmement retenu: on dit
que ce ferieux augmente en avançant en Efpagne. Si
cela eft, je m'attens en arrivant à Madrid de voir une
Ville peuplée d'Héraclites & de citoyens larmoyans. Si
cela eft, je ne defefpere pas qu'il ne prenne auffi
cet air cagot, dont font entichés tous les Efpagnols,

gnols, & qu'infenfiblement s'accoûtumant à ces manières, il ne devienne Bigot lui-même. Nous ferions bien vengés alors de toutes fes railleries piquantes. Ne penfez pas rire: la Bigoterie eft un mal contagieux qui fe gagne aifément, il femble même que l'air y contribuë en Efpagne. Je rirois bien de le voir chanter la palinodie, & faire un Eloge pompeux de cette même Parenté fpirituelle qu'il condamne aujourd'hui fi cavalierement.

Par la même raifon, il s'accoûtumeroit auffi au goût du Spectacle Efpagnol. Il aimeroit à voir la Dévotion regner jufques dans les Couliffes. Il ne s'étonneroit plus de voir toute une Affemblée fe mettre à genoux au fon d'une cloche, & reciter dévotement la Salutation Angelique. Il méprifeeroit Ariftote, Horace ou Defpreaux, & conviendroit bientôt, que les Efpagnols ont feuls attrapé le grand art de toucher les cœurs, & que la façon crouftilleufe dont ils habillent leur piéce, eft le feul & unique moyen de plaire aux gens de bon goût. On fe fait à tout. Les Efpagnols lui communiqueroient leur goût; & à force d'entendre les Poëtes du Païs fe dire les premiers Génies de l'Univers, il le croiroit à la fin. Il conviendroit que *la mort d'Alexis, ou l'Exemple de Chaftété*, eft bien au-deffus de *la Mort de Pompée, ou de l'Exemple de la Clemence d'Augufte* *. Quand il verroit une Tragi-comédie en XXV. Actes, il admireroit l'effort de l'Efprit humain, qui peut produire de pareils ouvrages. ,, Quoi! Les François, diroit-il, s'eftiment en ,, fait d'ouvrages de Théâtre les meilleurs Auteurs ,, du monde! C'eft bien à eux à s'enorgueillir des ,, foibles talens qu'ils ont! Qu'ont fait leurs Au- ,, teurs? Des Piéces en V. Actes: voilà tout. En- ,, core ont-ils bien eu de la peine à foutenir leurs ,, miferables V. Actes. La plûpart du tems il faut ,, dormir pendant deux Actes; bien heureux en-

,, core

* C'eft *Cinna*, Tragédie de P. *Corneille*.

,, core quand l'intérêt vous reveille au troifiême.
,, Voilà de beaux Colifichets pour entrer en com-
,, paraifon avec les Piéces Efpagnoles! Il eft vrai
,, qu'il y a en France un de ces Génies heureux
,, qu'il faut quatre fiécles pour reproduire. C'en
,, eft un * qui veut aller jufqu'à VIII. Actes. Mais
,, voilà dix ans au moins qu'il travaille à ce grand
,, deffein, fans ofer encore produire fon ouvra-
,, ge †. Huit Actes c'eft quelque chofe : mais
,, cela peut-il entrer en comparaifon avec XXV ?
,, Vive un Efpagnol! En quinze jours il compofe
,, XXV. Actes ‡. Voilà un Ouvrage! Et quel plai-
,, fir les Spectateurs ne doivent-ils pas avoir à un
,, pareil Spectacle ? On déjeûne on dîne, on goû-
,, te & l'on foupe à la Comédie. On y fait mê-
,, me porter fon bonnet de nuit. En France, à
,, peine a-t-on levé la toile, qu'on la baiffe un
,, quart d'heure après : Et on appelle cela un Spec-
,, tacle ? Quelle comparaifon" ! Je vous laiffe tirer
vos conféquences.

Portez-vous bien & attendez ma Réponfe aux
fuivantes, l'ordinaire prochain.

De la Haye, ce . . .

---

* Le St. Crebillon de l'Académie Françoife.
† La Tragédie de Catilina, promife depuis plus de dix ans,
mais qui n'a pas encore paru.
‡ Gustave Adolphe. Tragi-comédie en XXV. Actes. Cette miférable Rapfodie fut compofée en quinze jours: du moins
l'Auteur s'en eft vanté. Toute la Cour, qui affifta à ce Spectacle, s'étoit fait apporter à manger à la Comédie pendant les
Entre actes. Cette Piéce étoit fi longue (car les Actes l'é-
toient encore beaucoup plus que les nôtres,) que le feul Rôle
de Guftave avoit 4500. & tant de vers. L'Acteur gagna une
Efquinancie dont on n'a jamais pû le guérir.

A LA HAYE,
Chez ANTOINE van DOLÉ,
M. DCC. XXXVIII.

CORRESPONDANCE

Historique, Philosophique
& Critique,
ENTRE
ÁRISTE, LISANDRE
Et quelques autres Amis :

Pour servir de Réponse aux Lettres Juives.

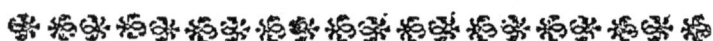

❋❋❋❋❋❋❋❋❋❋❋❋

Soixante-dix-neuvieme Lettre.

Ariste à Lisandre.

VOUS ne vous doutez peut-être pas, mon cher Lisandre, pourquoi, contre mon ordinaire, je vous ai prié de ne vous point charger de la Réponse à la Quatre-vingt-douzième & aux suivantes. Un semblable procédé peut paroître étrange. Prier le plus intime de ses Amis de ne point écrire ; cela est nouveau, & d'une impolitesse sans exemple. Ceux qui ne me rendroient pas tant de justice que vous, pourroient sans doute m'en faire un crime ; mais je n'appréhende point cela de votre part. La XCIIme. roule sur la Hollande ; je suis dans ce Païs, & plus à portée que vous d'en approfondir les mœurs. Je dis plus : je suis plus redevable que vous à Messieurs les Hollandois. Je dois donc saisir avec avidité l'occasion favorable de leur témoigner ma reconnoissance, en leur rendant aux yeux de l'univers la justice qu'ils méritent, & prenant leur parti contre Aaron Monceca, s'il avance quelque chose sans fondement. Voilà une raison qui me justifiera sans doute auprès de vous. De plus, puisque bien des gens se persuadent, que je ne suis jamais plus char-

mé que lorſque je trouve occaſion de tourner une
Nation en ridicule, je ſuis bien aiſe de leur prouver, que je ſuis fâché moi-même lorſque la vérité
m'empórte, & que je ſuis bien plus charmé de trouver une mâtière à dire du bien de quelqu'un, que
celle qui me force d'en dire du mal : car quand j'en
dis, c'eſt plutôt la faute de ceux ſur qui il y en a à
dire, que la mienne propre. Vous en allez juger
par ma Diſſertation ſur les Hollandois.

ON ne ſe rend pas ami des Eſpagnols, & encore
moins de l'Inquiſition, en diſant du bien de cette Nation. Le plus grand argument qu'on puiſſe porter
contre la Bigoterie & contre la néceſſité de l'Inquiſition, c'eſt l'exemple des Hollandois, qui n'admettent ni l'une ni l'autre, & dont les Mœurs ſont pour
le moins auſſi pures que ceux des Peuples qui ne
croyent pas pouvoir ſe diſpenſer de ces deux choſes. Il faut, mon cher Liſandre, ſoit dit entre nous,
que la Bigoterie & l'Inquiſition ſoient deux choſes
bien horribles aux yeux de Dieu, puiſqu'il a toujours favoriſé & qu'il favoriſe encore un Peuple qui
a tout entrepris pour en ſecoüer le joug, & qui enfin en eſt venu à bout. Vous ſçavez que ce juſte
motif a jetté les fondemens de la République de
Hollande. Fondemens ſi bien établis, que je ne
vois point de puiſſance plus capable de ſe ſoutenir
que celle-là. Depuis que je ſuis dans ces heureuſes
Provinces, je n'ai jamais entendu parler d'aucun
trouble. Il paroît inconcevable comment les diffe-
rentes Religions, ordinairement ſi animées ailleurs
les unes contre les autres, ſe tiennent ici dans de
juſtes bornes. Je croi qu'il ſuffit de venir en Hollande, pour perdre cet eſprit de parti que nous
donne la Religion autre part. A remonter à la ſource de cette tranquillité, je croi que c'eſt aux Souverains qu'on en a l'obligation. Ils ne négligent
pas plus, dès qu'il s'agit de rendre la juſtice, un
Romain qu'un Reformé. Tout leur eſt égal. Les

Mi·

Miniftres ne viennent point, comme ailleurs, per-
fécuter ceux qui ne font point de leur Religion. Ils
les citeroient devant le Tribunal; qu'y gagneroient-
ils? De femblables Miniftres feroient regardés comme des frénétiques, qu'on priveroit bien-tôt de
leurs charges: car s'il fe trouvoit parmi eux des efprits trop dangereux ou trop remuans, il eft fûr
qu'on ne les fouffriroit pas, & qu'on leur impofe-
roit bien-tôt filence. Le Hollandois plaint celui
qui n'eft point de fa Religion, parce qu'il croit qu'il
lui eft plus difficile de fe fauver qu'à un autre; mais
loin de tramer rien contre lui, il ne le méprife feulement pas, & prie fimplement Dieu de l'éclairér.
On ne prêche point ici qu'on eft damné, pour entretenir commerce avec un quelqu'un d'une autre
Religion: cette Morale ne feroit point du goût de
la Nation, qui s'en embarraffe fort peu, pourvû
qu'elle trouve de la probité dans ceux avec qui elle
eft obligée d'avoir affaire. Car fi la probité étoit
le fceau de la véritable Religion, je ne contefterois
point la dominante du Païs: ils peuvent difputer
cette qualité à tous les Peuples de l'univers.

Dans les commencemens de l'établiffement de
la Religion Reformée, vous fçavez les funeftes effets de la haine des deux partis: Pouvoit-on s'imaginer que les efprits pourroient revenir à cette douceur qui regne aujourd'hui parmi les Romains &
les Reformez? Car foyez perfuadé, mon cher Lifandre, que les Romains & les Reformés ne fe haïffent que hors de la Hollande. Je vous dirai plus:
j'ai converfé ici avec plufieurs Romains, qui m'ont
avoüé ingénûment, avoir encenfé toutes les rêveries du Cagotifme; cependant aujourd'hui ils mé-
prifent fouverainement, ce qu'ils auroient foutenu
autrefois au peril de leur vie Ils admirent la fimplicité de la Religion Reformée, & ils convien-
nent enfin, que rien ne pourroit faire plus d'honneur à la Religion Romaine que de la ramener à

cette

cette mêmê ſimplicité! Auſſi s'il y a des Romains
raiſonnables, figurez-vous, mon cher Liſandre,
que ce ſont ceux qui vivent dans le ſein de cette
heureuſe République. Tous les Prêtres Romains
qu'on envoye ici, ſont d'une probité exemplaire.
Ils ne prêchent ſimplement que la Parole de Dieu:
Ils ne portent point les eſprits à des viſions chimériques, & ils font reſpecter notre Religion par les
Reformés même qui n'en condamnent que les abus.
C'eſt une fauſſeté qu'avance Aaron Monceca lorſqu'il dit, *qu'il en eſt ici comme ailleurs, & qu'il y a*
un nombre de zèlés dévots Reformés, qui à l'imitation
des Jéſuites tourmenteroient pour la plus grande gloire
de Dieu un Nazaréen Papiſte avec beaucoup de plaiſir &
de ſatisfaction. Il eſt bien vrai qu'il y a des gens
qui outrent leur Religion, & qui pouſſent leur zèle
un peu trop loin: mais le zèle ne s'etend alors
qu'au mépris, & non pas à la haine. Vous concevrez aiſément cette différence des Reformes avec
les Romains. Leurs Miniſtres ne les animent point
comme nos Prêtres, outre qu'ils n'ont point été
élevés comme nous, dans ces principes de haine,
puiſque les Reformés ne rendent point le change
aux Romains du côté de la damnation. Ils diſent
bien leur ſalut difficile, mais pas abſolument impoſſible. Ainſi cette haine qu'ils pourroient avoir,
n'eſt point comparable à celle des Moines, qui ne
trouvent leur profit que dans les troubles. Les Miniſtres ne les excitent point comme les nôtres:
nous avons déja remarqué qu'ils n'en tireroient aucun avantage, tant ils ſont bornés par la ſageſſe du
Gouvernement.

QUAND vous voyez Aaron Monceca, qui avance de ſon chef pluſieurs fauſſetés, que je tâche de
vous faire remarquer avec ſoin; peut-être le ſoup-
çonnez-vous, lors même qu'il vous dit la vérité.
Mais vous pouvez le croire pour tout le reſte de ce
qu'il dit dans cette Lettre. Vous le croyez aiſément

ment pour ce qui regarde l'établissement du Commerce des Hollandois dans les Indes Orientales & Occidentales. Il n'est pas le seul qui en fait mention. Ce qu'il dit d'Amsterdam, n'est encore qu'un foible crayon de sa grandeur. On prétend cette ville si riche, qu'elle acheteroit aisément tout le reste du Païs. On ne parle des richesses des Commerçans de cette Ville que par Tonnes d'or, je vous en ai déja dit la valeur; jugez par-là du reste.

C'est assurement faire une très-grande cascade que de passer des Mœurs des Hollandois à ceux des Espagnols; deux Peuples qui ont autrefois été unis de Religion & d'intérêt, peuvent-ils tellement différer aujourd'hui ensemble, que l'on puisse dire qu'il y a plus de rapport entre un Espagnol & un Cophte, par exemple, qu'entre un Espagnol & un Hollandois? Vous en conviendrez après le parallele.

L'Espagnol est fainéant, & le Hollandois laborieux; l'Espagnol est fier, & le Hollandois trop bourgeois; l'Espagnol est superstitieux, & le Hollandois pieux simplement. En Espagne on ne s'avance qu'à la faveur de la fourbe & de la dissimulation; en Hollande c'est par une franchise qui approche beaucoup de celle des premiers tems. En Espagne il faut être fanatique pour être censé avoir de la Religion; en Hollande il suffit d'être raisonnable. En Espagne il ne vous est pas permis d'approfondir votre croyance, on veut absolument, qu'elle soit aveugle; en Hollande on veut que vous examiniez tout par vous-même, on ne vous avance rien qu'on ne vous le prouve. En Espagne les gens d'Eglise se mêlent de tout; en Hollande, ils ne se mêlent de rien que de prier, prêcher, & instruire. En Espagne la Théologie, la Philosophie, les Belles-Lettres & toutes les Sciences doivent être esclaves des Préjugés vulgaires; en Hollande elles ne le sont que de la raison. En Espa-

gue

gne on punit ceux qui veulent éclairer les foibles;
en Hollande on les récompense. Enfin, pour finir
mon parallele, en Espagne l'homme est brute; en
Hollande il est homme.

Si vous lisez avez attention la XCIIIme. Lettre
Juive, vous verrez bien que je ne suis pas le seul
de cette opinion. *J'ai plus lieu*, dit Jacob Brito
dans sa Lettre à Aaron Monceca, *de faire des Réflexions sur l'orgueil & l'ignorance des Hommes, depuis
deux mois que je suis en Espagne, que pendant un an
que j'ai resté en Italie.* C'est beaucoup dire, car à
voir les Italiens, on peut bien faire de semblables
Réflexions. S'il n'en n'a pas fait beaucoup pendant
un an en Italie, il n'en feroit gueres pendant un
siécle en Hollande.

J'ai dit les Espagnols fainéans : il faut l'être beaucoup, pour qu'une route aussi fréquentée que celle
de Barcellone à Madrid, soit une route presque im-
praticable, comme elle l'est, & pour n'y trouver
qu'à peine une misérable hôtellerie, ou *Ventas*,
comme vous voudrez les appeller. Pour peu qu'un
Peuple soit laborieux, il doit naturellement se procurer toutes les commoditez de la vie; ainsi qu'aux
Etrangers qui lui font l'honneur ou la grace d'aller
chez lui; je dis grace, car de semblables Peuples
mériteroient qu'on les laissât tous seuls dans leurs
chaumieres.

On espere cependant que les Espagnols sortiront
enfin de cette Léthargie, & que le commerce qu'ils
ont avec les François & les Flamans, les portera
insensiblement au travail. Le caractère Espagnol
est déja beaucoup changé depuis le regne de Philippe V. Les soins que se donne le ministere pour
occuper le Peuple, font croire qu'il sera désormais
plus occupé de ses propres occupations que des affaires de l'Etat, dont autrefois le dernier du Peuple conféroit oisivement en pleine Place publique.
Les Places publiques dans les Villes d'Espagne sont

le Tribunal des Nouvellistes & des plus grands Politiques: & qui sont ces Nouvellistes? Qui sont ces
Politiques? De misérables Artisans, qui par orgueil aiment mieux faire les grands Génies, que
de gagner leur vie par un honnête travail.

Je vous ai déja parlé dans le Cours de ces Lettres de nos Nouvellistes Parisiens, qui tiennent ordinairement leur séance au Luxembourg ou dans
les Caffés. Un de ces Messieurs voyageant en Espagne, & se promenant dans une Place publique *, fut charmé de trouver à l'heure du midi,
des gens qui entendoient & raisonnoient aussi bien
Politique que lui. Il se mit sans façon de la partie: mais comme il voyoit ces Gens toujours sur
sur le cérémonial, se donner mutuellement l'un à
l'autre du *Signor Cavallero*, il se tenoit dans une
circonspection & dans un respect qui charmoit toute l'assemblée. Il craignoit à tous momens de manquer d'égards pour des personnes qu'il croyoit infiniment au-dessus de lui. Il étoit enfin plus mo-
deste qu'un Novice devant un Supérieur. Quand
l'assemblée se sépara, on fit ronfler les *Adio Signor
Cavallero*. Le lendemain, lorsqu'à la même heure
il revenoit au rendez-vous, car il estimoit trop ces
Messieurs pour y manquer, il fut fort surpris de
reconnoître dans un Savetier, qui travailloit par
hazard ce jour-là, un des premiers Héros de la
conversation du jour précédent. La rage de s'être
tenu si long-tems dans le respect pour des gens de
cette étoffe, car il jugeoit sans peine des autres
par celui-là, le porta à toute extrêmité, & entrant comme un furieux dans la Boutique de l'Infortuné *Cavallero*, il lui appliqua vigoureusement
plus de vingt coups de plat d'épée. Les autres *Ca-
valleros*, qui n'étoient pas éloignés, vinrent comme des Césars, dix contre un, défendre l'attaqué.
Le François étoit brave, il se défendit, & eut encore

* A Madrid.

core le tems de se sauver dans la maison de l'Ambassadeur de France, qui le renvoya incognito dans sa Patrie. Il fut fort heureux: car les Espagnols auroient vengé aux dépens de sa vie, l'affront qu'il avoit fait à un *Signor Cavallero.*

Un François doit prendre garde quand il voyage en Espagne, de ne point manquer de respect au plus vil des Espagnols. Ils sont inéxorables sur cet article. Il faut également encenser leur ignorance & leur orgueil.

Le Hollandois est bien éloigné d'affecter ces airs fendans & romanesques: au contraire, il semble que l'homme de condition ne veuille pas faire sentir qu'il en est. Il s'en tient au *sans façon.* La noblesse ne se donne point des airs: elle ne se distingue que par l'affabilité, ou par un air de grandeur qui lui est imprimé des mains de la nature, & qui pour lors ne peut manquer de paroître aimable.

J'entrerai dans la suite dans un plus long détail des vertus Hollandoises. Cette matière est trop charmante pour l'abandonner ainsi: & si ma Lettre n'étoit pas déja assez longue: je ne m'ennuyerois pas de la traiter.

Portez-vous bien, mon cher Lisandre; on dit qu'il paroît qu'il y aura du changement dans le Ministere. Si cela est, donnez-m'en secretement avis: vous ne devez rien craindre; vous devez être sûr de ma discrétion.

De la Haye, ce . . .

A LA HAYE,

Chez ANTOINE VAN DOLE,
M. DCC. XXXVIII.

CORRESPONDANCE
HISTORIQUE, PHILOSOPHIQUE
& CRITIQUE,
ENTRE
ARISTE, LISANDRE
Et quelques autres Amis :
Pour servir de Réponse aux Lettres Juives.

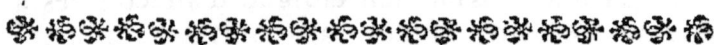

❊❈❊❈❊❈❊❈❊❈❊❈❊❈❊❈❊❈❊❈❊

QUATRE-VINGTIEME LETTRE.

Lisandre à Ariste.

VOUS m'avez fait un plaisir infini, mon cher Ariste, de me communiquer votre Dissertation sur les Hollandois. Quelque juste que paroisse avoir été le motif de l'établissement de cette heureuse République, & quelque bien qu'il y ait à dire de la Sagesse de son Gouvernement, de la pureté des Mœurs de ses Habitans, on ne seroit pas bien venu de certaines gens d'en faire un Eloge aussi pompeux que l'est celui de votre derniere. L'horreur que l'on a encore ici pour le nom *Huguenot*, qui est celui que vous sçavez vous-même qu'on donne à tout Reformé, ne laisse point aux trop zélés Romains la liberté d'ouvrir les yeux sur les vertus de quiconque s'est separé de notre Communion. On pousse bien plus loin la haine : puisque l'on damne ici les Romains de Hollande, aussi impitoyablement que les Reformés même ; dans l'opinion où l'on est, qu'avoir commerce avec des Hérétiques, c'est se rendre complice de leur Erreur.

Laisser le crime en paix : c'est s'en rendre complice. *

Quoi-

---

* *Crébillon*, Tragédie de *Rhadamisthe.*

Quoique ce beau vers femble appuyer le fentiment
de ces *Enragés* (car c'eft ainfi que j'appelle tous
les Bigots outrés qui donnent dans ce pernicieux
excès,) j'abhorre une opinion qui bleffe fi ouvertement la Charité Chrétienne, pour admirer avec
vous la Vertu, par-tout où elle fait briller fes charmes.

J'ATTENDOIS votre confirmation, pour être du
fentiment d'Aaron Monceca. Je craignois qu'il ne
fût partial dans cette occafion. L'azile affuré que
les Hollandois accordent fi généreufement à fes
Freres, paroiffoit l'engager à en dire du bien par
reconnoiffance; mais dès que vous joignez votre fuf-
frage à l'Eloge qu'il en fait, je n'ofe plus le croire ni
trop intéreffé, ni trop outré: & je voudrois, comme vous, pouvoir être à portée d'admirer des mœurs
qui rapprochent les hommes du Siécle d'or.

EN lifant votre Parallele du Hollandois avec
l'Efpagnol, j'ai fait nombre de Réfléxions, que je
ne puis me difpenfer de vous communiquer.

LES hommes en général devroient fe tenir extrêmement en garde contre les préjugés de leur Enfance: car enfin, dès qu'on veut refléchir, on reconnoît aifément, que pendant le cours de notre
vie, ils font le principal & fouvent l'unique mobile de nos actions: ils dirigent nos mœurs; ils
nous commandent impérieufement: bons ou mauvais, ils ont toujours fur nous le même pouvoir,
& notre aveugle confiance en ces guides trompeurs
ne nous permet pas de voir, fi nous nous rendons
eftimables ou méprifables; au contraire, nous faifons horreur à toutes les nations, & nous avons
l'orgueil de les condamner toutes fans égard, parce qu'en penfant différemment que nous, il nous
paroît qu'elles font dans l'erreur, lors même qu'elles fuivent la vérité.

QUEL fruit revient-il, par exemple, à Meffieurs
les Efpagnols, de fuivre en matière de Religion le
feul & véritable dogme qui la rend la meilleure,

fi

ſi errant d'un autre côté, ils ſe rendent plus odieux
que ceux qui n'ont pas le bonheur d'être inſtruits,
comme eux, de ce même dogme. Je dois parler
en Romain, puiſque je le ſuis. Quant au fonds,
on ne peut pas ſe diſpenſer de donner la préférence
à la Religion Eſpagnole ſur la Hollandoiſe : mais
il faut que la juſtice nous guide toujours dans notre manière de penſer. Ce n'eſt pourtant pas ce
ſage motif qui animé les Eſpagnols : & je ne ſçai,
s'il me ſera permis de l'avancer ; j'aimerois mieux
encore errer quant au fonds comme le Hollandois,
&, bien entendu, être auſſi honnête homme que
lui, que de ne pêcher que par abus, comme l'Eſpagnol, & ne pas faire plus d'honneur que lui à la
Religion & à l'Humanité. S'il eſt vrai que l'homme ſoit condamné à ſuivre une erreur, de quelque
genre qu'elle ſoit, j'aime encore mieux celle qui
laiſſe à ma probité la liberté d'agir, que celle qui
la lui ôte.

Un Eſpagnol ne peut pas être honnête homme :
pourquoi le Hollandois peut-il jouïr de cet avantage ? Je croi qu'en voici la raiſon.

A peine commence-t-il à penſer, qu'on lui inſpire la fureur Monacale. On le force de croire,
qu'étant né dans la ſeule Religion qui peut produire des Elus de Dieu, il eſt le ſeul mortel pciéeux
aux yeux de cet Être ſuprême. Cette préſomption
le va bientôt entraîner dans un goufre d'erreurs,
qu'il ne lui ſera pas permis de reconnoître : il ſe
fera par la ſuite une gloire de devenir un nouvel
Ange Exterminateur ; & les plus grands crimes lui
paroîtront permis contre les Ennemis de ſa Religion. Si, comme il s'en trouve, quelqu'un veut
ſecoüer ce joug d'iniquité ; il faut qu'il paroiſſe l'a-
dorer, ſans quoi ſa propre vie n'eſt pas en ſureté.
Il a cru juſqu'ici qu'il étoit né libre, mais il s'apperçoit qu'il n'eſt qu'eſclave. Il s'eſt dépouïllé de
ces ſentimens de fureur, dont il a honte, mais

T 2 s'il

s'il a connoissance de quelqu'un qui soit d'une autre Religion que lui, il faut, malgré lui, qu'il le declare. Non seulement il ne peut pas charitablement le cacher dans son sein, mais il faut encore qu'il le livre. Il sent combien sa Charité est blessée dans une pareille conduite; mais il tremble lui-même pour ses jours: il étouffe donc ses remords, & sauve sa vie aux dépens de celle d'un Infortuné. Vous sentez, mon cher Ariste, qu'en agissant ainsi, il cesse d'être honnête homme. Que sera donc celui qui trouve des charmes dans la même conduite. & qui se flate d'obtenir des Indulgences, en faisant répandre le sang des malheureux.

Que l'on donne dans de simples abus, qu'on encense aveuglement une erreur; on n'est qu'à plaindre: mais si ces abus autorisent des crimes, on devient odieux, non seulement aux yeux des hommes, mais encore aux yeux de Dieu.

S'il est vrai, comme je n'en doute point, que les Hollandois soient dans l'erreur, du moins ils s'en dédommagent libéralement par la Candeur, la Pureté & la Regularité de leurs mœurs. Il vaut bien mieux souffrir, comme eux, dans un Etat, toute sorte de Religions, & ne point ôter à l'homme son plus grand appanage, qui est la Liberté, que de le poursuivre impitoyablement, comme on fait en Espagne, & l'obliger au funeste choix, ou de renoncer à la vie, ou d'encenser également l'Erreur comme la Verité.

Je comprens que cette Politique des Hollandois doit rendre leur Etat très-florissant. L'Homme aime à être libre. On le lui permet: quelle félicité! Ce n'est pas qu'il soit défendu d'éclairer ceux qui s'égarent: on doit les déterminer, & non pas les forcer. Les hommes seroient infiniment plus unis, si, en fait de Religion, ils pensoient tous de la même manière. Mais puisque cela ne peut être, la Politique de ne pas plus favoriser les uns que les autres,

est

eſt à mon avis, celle que tous les Souverains ſe devroient faire gloire de ſuivre.

PUISQUE Aaron Monceca s'eſt donné la peine de
faire un détail de toutes les différentes Religions,
j'aurois voulu qu'il eût pû me donner ſon avis ſur
ces différentes Sectes, & me dire du moins, celle
pour qui il pancheroit plus volontiers. Mais je ne
ſçai, ſi je ne pourrai à-peu-près. deviner ſes ſentimens. Quoique dans ſes Lettres il ait toujours paru donner la préférence à la Réformée; je croi, de
la manière dont-il parle dans celle-ci, que les *An-
ti-Trinitaires*, ou *Ariens modernes*, lui paroîtroient
les plus raiſonnables de tous les Chrétiens. Vous
l'avoüerai-je? C'eſt une grande conſolation pour
les Juifs, de voir des Chrétiens nier la Divinité de
JESUS-CHRIST, & de la voir niée encore par des
gens du mérite de Meſſieurs *Clarke* & *Newton*. Il
faut être bien hardi pour faire revivre une Héréſie
après treize-cens ans de condamnation & d'oubli.
Ce ſont, comme vous le comprenez aiſément,
les plus mépriſables de tous les Chretiens, & voilà
pourquoi ſans doute Aaron Monceca embraſſeroit
plutôt leur ſentiment.

IL faut être fou pour être *Quakre*. Le mépris
que ceux de cette Secte affectent pour les autres
mortels, tient du ſauvage. Toute leur croyance
n'eſt qu'un tiſſu de rêveries. Liſez l'Hiſtoire du
Quakerianiſme. Je ne conçois pas comment Aaron
Monceca oſe avoüer, qu'il ne ſçauroit aſſez loüer
la coûtume des *Quakres*. Ils voudroient qu'il n'y
eût point de diſtinction parmi les mortels; & notre
Juif auſſi: mais cette même diſtinction, les grands
titres dont certains hommes ſont honorés, leur faſ-
te, leur grandeur, tout cela me paroît néceſſaire,
pour en impoſer à ceux qui ne peuvent avoir qu'u-
ne crainte ſervile. Otez le titre des gens en place,
& vous ôtez bientôt auſſi le reſpect que le bas Peuple a pour eux. Tous les hommes ſe croyant égaux,

que

que deviendroit cette subordination si nécessaire à la tranquillité publique? Les titres fastueux imposent souvent plus que le mérite. Qu'un Roi éleve à un poste éminent un homme de mérite, sans naissance, de quelque façon qu'il se comporte, on le méprise; & le fils d'un Duc & Pair sans esprit sera réspecté.

Je ne sçai sur quoi sont encore fondés les *Quakres*, pour ne jamais aller à la guerre. Dieu se dit lui-même *le Dieu des Armées*; & si tous les hommes étoient *Quakres*, il faudroit ôter ce titre à la Divinité: & vous sçavez si Dieu peut prendre des titres inutiles. Que les *Quakres* exigent de ne se point engager si cavalièrement qu'on le fait dans des guerres sanglantes, & qu'ils refusent de prêter leur bras pour combattre injustement; tous les honnêtes gens se feront gloire de penser comme eux. Dieu de tout tems ayant écarté les Femmes du sacré ministere, quelle folie aux *Quakres* de les y vouloir admettre? Leur présomption n'est déja que trop grande, sans l'augmenter encore en leur accordant de participer à ce grand emploi. Au gré de son caprice, il suffira donc de se croire inspiré? Chaque Quakre est un nouveau Prophète, & chaque femme une Papesse Jeanne : & si l'Inspiration ne les anime point, ils resteront donc dans une indolence criminelle, sans rendre aucun Culte à la Divinité? Quelle erreur! ou pour mieux dire, quelle folie!

Puisque nos trois Juifs, si ennemis du Christianisme en général, se sont ligués ensemble pour tâcher de le tourner en ridicule, je m'étonne qu'Aaron Monceca passé si légèrement sur de semblables Sectes. Il avoit pourtant un beau champ de critique: mais il n'en veut qu'à la Religion Romaine. A l'entendre, c'est la Secte la plus insensée de tout le Christianisme. Il faut bien aimer à courir à pleines voiles après l'erreur, pour la décrier plutôt

tôt que toutes ces Sectes impertinentes.

Mais je ne m'apperçois pas que je m'écarte, que je passe les bornes du Philosophe, & que j'anticipe sur les droits du Théologien. Pour ne plus retomber dans ce défaut, je ne dirai plus rien de cette Lettre ni de quelques-unes des suivantes : elles roulent sur les Hollandois ou les Espagnols. Je n'y ai rien lu que je n'eusse déja vû dans nombre d'Historiens. Quand Aaron Monceca ou Jacob Brito y mettent du leur, ils outrent la matière, & vous sçavez assez à quoi vous en tenir, pour n'en être pas la dupe.

Je voûdrois que passant à la CIme, vous me fissiez la grace de me donner un détail circonstancié de l'état de la République des belles Lettres en Hollande. Tout ce que j'en entens dire me paroît incroyable. Ne me fardez point la vérité. Vous êtes en Hollande, ne vous rendez point partial : détaillez-moi les défauts comme les vertus que vous y remarquez.

Ici à Paris, les belles Lettres sont tellement tombées, que je ne croi pas qu'elles puissent se soutenir autre part aussi-bien qu'on le dit. Je suis dans cette opinion favorable à ma Nation, que la décadence des Lettres parmi nous, annonce leur ruine entiere. Peut-être me trompai-je; je le souhaite : Mais ici l'esprit n'est plus que colifichet. Le vrai beau n'a point de prix, car on ne le paye pas: on ne le connoît pas même. Nos Historiens sont menteurs & partials, nos Poëtes ne font plus que retourner des pensées, nos Tragédiens font du fou & du bizarre, nos Auteurs comiques ne font plus que des raisonneurs ennuyeux, nos Auteurs en prose se répetent, nos Philosophes sont trop scolastiques, nos Théologiens sont sujets à erreur. Voilà à-peu-près l'état des belles Lettres chez nous.

Je ne puis vous dire encore rien du Gouvernement. Il paroît qu'il y aura du changement: mais

mais on ne sçait pas encore ce qu'il produira.

ON parle différemment des affaires de Corse. La France, à ce qu'on croit prendra parti plus ouvertement; du moins on repand ce bruit: mais il me paroît sans fondement. On doit, respecter le secret des Cours, & ne le point mettre si cavalierement en jeu. Voilà mon sentiment. Je méprise trop ces nouvelles vulgaires pour vous en faire part. Vous sçavez bien qu'il faut que les Parisiens parlent politique; que ce soit à tort ou à travers, c'est-là le moindre de leurs soucis.

ON dit un nouveau Saint Janseniste mort. S'il opere de nouveaux Miracles, comme il n'en faut point douter, nous nous en réjouïrons. C'est un Pere de l'Oratoire: ainsi vous vous imaginez bien qu'on ne lui donnera pas une place ordinaire en Paradis. On parle déja de lui accorder un dégré de Béatification au-dessus des deux Saints Páris. Cela ne fournira pas une petite matière aux Parisiens. Dieu sçait si les Imprimeurs vont être occupés à faire des Relations secretes de Miracles.

PORTEZ-VOUS bien, mon cher Ariste: j'attens votre Lettre à l'ordinaire prochain.

De Paris ce . . .

A LA HAYE,
Chez ANTOINE VAN DOLE,
M. DCC. XXXVIII.

CORRESPONDANCE

HISTORIQUE, PHILOSOPHIQUE
& CRITIQUE,

ENTRE

ARISTE, LISANDRE

Et quelques autres Amis :

Pour servir de Réponse aux Lettres Juives.

❈❖❈❖❈❖❈❖❈❖❈❖❈❖❈❖❈❖❈

QUATRE-VINGT-UNIEME LETTRE.

Ariste à Lisandre.

VOUS avez raison, mon cher Lisandre, de me recommander de passer le rideau sur les mœurs des Espagnols. Je vous obéirai : mais je ne vous répons pas que vous n'en ayez un Tableau beaucoup plus vif que celui que j'aurois pû vous en faire. Je m'attens à la première Lettre que nous écrira Merville. S'il sort une fois des prisons de l'Inquisition, comme je n'en doute point ; puisque le Baron de St. Pol s'en mêle, il ne manquera pas de nous faire un détail, qui sûrement ne fera pas honneur à une Nation dont il aura si juste raison de se plaindre. Je vous avoüe que je n'aurai pas la force de le blâmer. Quoi qu'il en soit, épargnons-nous de traiter une matière odieuse, & passons à la CIme Lettre Juive.

Quand on entend parler du grand nombre d'Imprimeurs & de Libraires qui fourmillent à Amsterdam, on s'imagine que la seule Hollande est la patrie des Gens de Lettres ; & l'on se trompe. Il n'y a peut-être point de Païs où elles soient si mal recompensées. La seule liberté qu'on a d'imprimer, attire ce nombre d'Ecrivains, dont les Ouvrages tapiſſent les Boutiques des Libraires : mais malgré tout cela, il ne naît plus en Hollande de ces grands Ouvrages d'une profonde Erudition. Je n'ai gueres vû paroître ici d'Ouvrages de ce genie, excepté le grand Dictionaire Geographique du Sr. Bruzen de la Martiniere, Géographe du Roi d'Eſpagne, & l'Hiſtoire de Louïs XIV. par Mr. de la Hode, ſi pour l'immenſité d'un Ouvrage on peut faire entrer celui-ci en comparaiſon avec l'autre. Tout ce qui paroît de nouveau, écrit en Hollande, ne ſe reduit qu'à des Journaux Littéraires, des Feuilles volantes & périodiques, des Mémoires Romaneſques, des Hiſtoires galantes, des Anecdotes mal écrites, des Critiques, &c. Tous les autres Ouvrages qui en ſortent, ſont de ceux qui ont été écrits & imprimés autre part, & dont on fait des réimpreſſions aſſez belles, dont il ſe fait des envois aux bouts de l'Europe. Il n'y a que quelques grands Libraires qui ſe mettent à la tête de cette entreprife. Les autres vivotent de toute ſorte d'Ouvrages qu'ils impriment, bons ou mauvais, & dont ils ſe défont en les vendant dans une vente publique à d'autres Libraires, qui les revendent après à leur tour à d'autres. De ſorte que ces ſortes de Livres font une circulation de Libraire à Libraire, ſans circuler la plupart du tems dans le public.

Il y a, & ſur-tout à la Haye, des Imprimeurs ou des Libraires, qui ne ſe chargent que de ce qui a déja été imprimé à Paris ; s'imaginant qu'il faut que cela ſoit bon. Ainſi Tragédies, Comédies, Avantures, Lettres, &c. tout leur eſt bon. Ils ont des perſonnes qui ſe chargent de faire venir encore tout mouillé ce qu'on imprime à Paris. Ils ne peuvent ſe ſauver alors que lorſqu'un Livre y a eté proſcrit, parce que, par le moyen de la contrebande, ils ſont ſûrs d'un débit conſiderable. Mais ces ſortes d'Imprimeurs & de Libraires ſont mépriſés

des

des autres, qui trouvent une plus honnête manière de s'enrichir: c'eſt en ne ſe chargeant que de bons Livres, comme je vous l'ai déja dit ci-deſſus.

En comparaiſon de Paris, on imprime preſque pour rien en Hollande. Le Papier y eſt beaucoup meilleur & à meilleur compte: les Ouvriers ne ſont pas ſi chers: auſſi le prix des Livres y eſt très-médiocre: & une Tragédie, par exemple, qu'on vend à Paris 30. ſols, ſe vendra ici 8. ou 10. La Hollande ne produit gueres par elle-même d'Ecrivains: Ce n'eſt pas qu'il n'y ait des Gens qui en ſeroient très-capables: car ils ont pour le moins autant de bon ſens que les autres Peuples: ils ſont conſtans: les difficultés ne les rebutent point; leur phlegme leur laiſſe toujours une liberté de raiſonner. Ils ne parlent pas beaucoup, mais-ils penſent: ils formeroient d'excellens Ecrivains: je le croi aiſement. Un eſprit mûr & d'un ſens raſſis peut produire quelque choſe de plus ſolide qu'une cervelle étourdie & diſſipée. ,, Il faut, me diſoit dernie-,, rement un Hollandois ſenſé, que votre Nation ,, ſoit bien partagée du côté de l'Eſprit; elle eſt ,, étourdie, libertine même; elle a à peine le tems ,, de penſer, car elle parle toujours; cependant ,, elle produit de grands hommes. Que ſeroit-ce ,, donc s'ils pouvoient ſe modeler, ſe donner le ,, tems de réfléchir. On peut dire leurs Ouvrages ,, parfaits: mais s'ils avoient notre Phlegme, ils ,, porteroient la perfection infiniment plus loin ". Si cet Hollandois a raiſon, nous ſommes bien heureux que ſes compatriotes ne ſe mêlent pas d'ecrire: ils atteindroient bientôt le but, que notre diſſipation nous empêchera à jamais d'atteindre. Il ne faudra pas ſouvent des *Bayles* ou des *Hugo Grotius*; notre petite vanité ſeroit bientôt terriblement abaiſſée.

Ce qui, pour notre bonheur, empêche les Hollandois de faire leur occupation ſerieuſe des belles

Let-

Lettres, c'est que la plupart n'ont point de bien en fonds. Ils peuvent bien laisser de l'argent comptant à leurs héritiers, mais la crainte où ils sont, qu'après avoir dissipé cet argent, ils ne se trouvent dans une situation misérable, fait qu'ils leur font apprendre, ou le Commerce, ou quelque Métier chacun suivant leur condition. Ces Arts les occupent. Ils n'ont plus le tems de s'attacher aux belles Lettres: ils s'appliquent dans leur Profession, & contens sans ambition, ils jouissent d'une tranquillité dont les Gens de Lettres ne goûtent que très-rarement les charmes. On n'a point ici la fureur de faire étudier les Jeunes-gens. En France c'est tout le contraire: vous devez sentir la raison de cette différence.

En France, si, après avoir étudié, on suit le parti de l'Eglise, vous sçavez que les Bénéfices donnent lieu d'espérer de vivre honnêtement, & quelquefois splendidement, sans s'embarasser des soins du lendemain. L'avidité qu'on a pour tout ce qui s'appelle Bénéfice, porte les Peres à faire étudier leurs Enfans. Ils les destinent au petit Colet, sans s'inquiéter de leur donner une autre Education. Le Jeune-homme étudie donc: mais avancé en âge, il trompe l'espoir de son Pere: pour un Cotillon, il quitte le petit Colet. Le Pere meurt. S'il laisse du bien à son fils, celui-ci le dissipe assez vîte: il reste sans ressource; il ne veut point rentrer dans l'Eglise: il ne sçait que faire: cependant il faut bien qu'il vive. Il se fait bel-Esprit à la hâte, & s'initie dans les mistères de ces célèbres Auteurs dont nous avons tant parlé: & dont Aaron Monceca fait encore mention dans cette Cent & unième Lettre.

En Hollande on n'a gueres à prétendre du côté de l'Eglise. Si les charges de Ministres sont assez bonnes, & si elles donnent à vivre honnêtement, les Peres n'y destinent pas si aisément leurs Enfans

qu'en

qu'en France aux Bénéfices. La protection ne donne point ces charges. On ne les obtient point à la faveur de la Maîtresse ou du Cuisinier d'un Evêque. L'Etat qui en dispose, ne consulte que le mérite: ainsi la plupart des Jeunes-gens qui étudieroient, espéreroient vainement d'en tirer quelqu'avantage de ce côté; ils auroient perdu leur tems à une étude infructueuse, à moins d'être parvenus à un certain dégré de perfection, que vous convenez vous-même qu'il est très-difficile d'atteindre.

Vous devez conclure de-là, que la Hollande ne peut produire que de bons Ecrivains, mais rarement. Le petit nombre de ceux qui étudient, ne comptant sur aucune protection que sur leur mérite, s'appliquent tellement aux Sciences, qu'il faut que la nature ait été bien ingrate à leur égard, s'ils n'atteignent pas ce but si difficile. La plupart de ceux qui écrivent, ne le font alors qu'avec une grande connoissance de cause, qui les empêche de se produire en risée au public, comme font ces misérables Ecrivains, qui ne s'embarassent de rien, pourvû qu'ils tirent un Ducat ou deux du Libraire.

Par la même raison les Auteurs Hollandois ne s'amusent point au colifichet. Ou ils se sentent capables de quelque chose de plus grand, ou ils ne mettent point la plume à la main. Plût à Dieu que, pour l'honneur des belles Lettres, tous les hommes pussent les imiter, & devenant aussi phlegmatiques qu'eux, ne rien entreprendre qu'après un mûr examen!

Ordinairement tout ce qui paroît en Hollande de mal écrit, est un Ouvrage bâtard; c'est-à-dire, que ce sont des François, ou défroqués ou disgraciés avec leur famille, qui en sont les Auteurs. Le nom de l'Auteur est d'ordinaire si peu connu, qu'on peut dire que c'est-là le coin d'un mauvais Livre: au lieu que dès qu'on voit celui

d'un

d'un Hollandois à la tête, on eſt preſque ſûr que c'eſt du bon.

VOILA' le véritable état des belles Lettres en Hollande. Ceux qui les cultivent, ſont infiniment plus profonds que nos François les plus habiles. Il n'y a que les Hollandois capables de s'enterrer preſque tous vivans, pour ſe mieux appliquer à leur étude. La trop grande démangeaiſon de parler n'eſt pas leur vice: auſſi quand ils ſe donnent la peine de prononcer ſur une queſtion agitée, on peut de bonne-foi y acquieſcer comme à une ſentence. Les Profeſſeurs de l'Univerſité de Leyde ſont même trop ſçavans, s'il m'eſt permis de leur reprocher ce défaut. La trop grande abondance de Science les rend quelquefois obſcurs; & ſouvent-il faut être très-habile homme pour comprendre la beauté d'une explication qu'ils vous donnent.

LES Prédicateurs ne peuvent pas être non plus goûtés de tout le monde, quoiqu'ils affectent une aſſez charmante ſimplicité: Mais ils négligent ces airs Comédiens qui font tout le mérite des nôtres. Ils parlent plus en Apôtres que comme des Gens à la mode. Les Moines défroqués les décrient beaucoup. Ils voudroient qu'ils fuſſent Impoſteurs, comme ils l'étoient eux-mêmes, & qu'ils s'attachaſſent plutôt aux graces de l'Eloquence qu'au ſolide de la Vérité. Mais rien ne peut engager les Miniſtres à ſuivre une autre manière que la leur: & je ne les blâme point. Ils diſent pour raiſon, qu'il vaut mieux toucher le cœur, que ſéduire les yeux ou les oreilles, parce que ces deux ſens, occupés trop vivement, cauſent ſouvent une diſtraction à l'eſprit, qui ne peut plus faire ſon profit de la parole de Dieu, qu'on ne lui annonce pourtant que dans cette vûë légitime.

MAINTENANT, mon cher Liſandre, que vous êtes inſtruit de tous ces ſecrets, vous pouvez ſur ma parole, poſitivement ſur ma parole, prononcer

cer sur la situation des belles Lettres dans ces heureuses Provinces, & répondre que le grand nombre d'Ecrivains ne tourne pas toujours à la gloire
d'une Nation ; mais seulement la qualité de ces
mêmes Ecrivains. En un mot, la Hollande n'en
produit gueres : mais elle n'en produit que de bons.

SUIVEZ maintenant notre Juif dans le cours de
cette Lettre, & vous aurez une juste idée de ce
que vous vouliez sçavoir.

LA Lettre suivante nous va encore jetter sur les
Espagnols. Si, sans vous embarasser, comme Jacob Brito, de la manière dont les Maris & les
Femmes vivent ensemble, vous ne recherchez que
ce qui peut vous donner de nouvelles connoissances ; je vous avertis d'avance, que les Dissertations sur cette Nation ne peuvent rien fournir d'u-
tile, si ce n'est qu'en montrant tous ses défauts,
on peut en donner assez d'horreur pour empêcher
de les imiter.

SI de même vous êtes curieux de sçavoir la situation des belles Lettres : ne vous attendez pas qu'elles y soient aussi honorées qu'en Hollande. La
différence en est bien grande : il est presqu'aussi impossible à un Espagnol de faire du bon, qu'à un
Hollandois de donner du mauvais. Si cependant
l'ordinaire suivant vos occupations vous empêchent
de m'écrire, je tâcherai de satisfaire votre curiosité, pourvû que Mervillé ou St. Pol, ne me pré-
viennent pas. En ce cas faites-le moi sçavoir. Vous
ne perdriez rien au change. Ils sont sur les Lieux,
au lieu que moi, je ne puis me rappeller que des
idées de quarante ans. Depuis ce tems les choses
peuvent être bien changées. Jacob Brito dit qu'oui ;
& je ne sçai si je dois tout-à-fait l'en croire.

CE que vous m'avez annoncé dans votre dernière m'a fait un plaisir infini : & vous m'en ferez
encore plus, si vous me faites la grace de me faire
tenir toutes les feuilles secretes qui paroîtront. J'aime

me mieux les avoir de source, que contrefaites ici.
Vous ne me parlez plus de mes propres affaires,
ou pour mieux dire, vous ne vous souvenez plus
de votre parole. Quelque douceur qu'il y ait à
vivre en Hollande, & à y jouir de tous les droits
de la Liberté, rien n'est pourtant plus doux que
d'aller mourir dans sa patrie : procurez-moi ce bonheur.

PORTEZ-vous bien, mon cher Lisandre, &
continuez-moi toujours votre amitié.

De la Haye, ce . . .

AVERTISSEMENT.

LES LETTRES de cette CORRESPONDANCE
continuent à paroître régulierement deux fois par
Semaine, sçavoir le *Lundi* & le *Jeudi*, & se trouvent
à Amsterdam chez *H. Uitwerff*, & *J. Rykhoff le Fils*;
à Rotterdam chez la *Veuve T. Johnson & Fils*; à
Leide chez *J. & H. Verbeek*, à Utrecht chez *E.
Neaulme*, & dans les autres Villes chez les principaux Libraires. On trouve aussi le PREMIER
ET SECOND TOMES COMPLETS, avec les *Préfaces*
de l'Auteur, ainsi qu'une *Lettre* qui lui a été écrite
au sujet de cet Ouvrage, & sa *Réponse*.

A LA HAYE,
Chez ANTOINE VAN DOLE,
M. DCC. XXXVIII.

CORRESPONDANCE
HISTORIQUE, PHILOSOPHIQUE
& CRITIQUE,
ENTRE
ARISTE, LISANDRE
Et quelques autres Amis :
Pour servir de Réponse aux Lettres Juives.

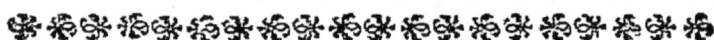

❋❋❋❋❋❋❋❋❋❋❋❋❋❋❋❋❋❋

QUATRE-VINGT-DEUXIEME LETTRE.

Merville à Ariste.

GRACES aux soins du Baron de St. Pol, notre Ami commun, je suis enfin sorti du gouffre affreux où gémissent encore nombre d'honnêtes gens, poursuivis, comme je l'ai été, par la fureur monacale. A ce portrait vous reconnoissez aisément l'Inquisition. A peine ai-je eu le tems d'arranger mes affaires, que chargeant St. Pol du reste, j'ai pris la poste jusqu'à Bayonne, d'où je vous écris à présent. Comme j'y ai quelques Parens, je m'y suis transporté pour y faire quelque séjour, & de-là me rendre à Paris auprès de notre Ami Lisandre. Je compte sur sa générosité, & qu'il voudra bien s'employer pour me rendre service, & me faire obtenir un honnête Emploi. Je ne crois pas avoir besoin de vous prier de me recommander auprès de lui : vous le ferez cependant si vous le croyez nécessaire.

Vous sçavez que dans tous les malheurs qui m'ont accablé, & dont il est inutile de vous retracer ici le détail, j'ai montré une intrépidité, digne du plus célèbre Philosophe Stoïcien : je croyois

que rien ne pouvoit l'émouvoir; mais ma dernière disgrace m'a porté un coup si sensible, que je
puis dire ici à ma honte, que le plus foible des
hommes n'en auroit pas paru plus frapé que moi.
Il faut que la terreur que les Moines inspirent soit
bien grande, pour avoir tout-à-coup changé, pour
ainsi dire, mon caractère. Vous auriez vous-même été surpris de me voir, la frayeur peinte sur le
visage, ne pouvoir songer à rien qu'à mon départ. S'il m'avoit été en fuyant défendu, comme
à la famille de Loth, de regarder derrière moi, je
ne croi pas que j'eusse pû obéir à cette défense.
Plus curieux que la Femme de Loth, je regardois
incessamment derrière moi : je me figurois être encore poursuivi par les Inquisiteurs : que ne peut la
frayeur sur les esprits ! Je ne me souviens que d'a-
voir tremblé comme le dernier des Poltrons. Je
ne vous ferai point un détail de ma route : je n'ai
vû ni senti; enfin je n'ai respiré qu'en entrant dans
les mûrs de Bayonne, semblable à un vaisseau bat-
tu par la tempête, qui ne se croit en sûreté qu'en
arrivant au port.

Je me serois bien gardé de vous écrire d'Espagne. J'aurois craint que mes Lettres n'eussent été
interceptées : & peut-être cela n'auroit-il pas manqué d'arriver. Car Messieurs de l'Inquisition soup-
çonnent avec raison ceux qu'ils rélâchent, & ont
toujours les yeux ouverts sur leur conduite. De
semblables Espions, ne sont ni trop aimables, ni
trop justes. Le moindre trait philosophique, lan-
cé innocemment dans une Lettre, est un crime
de lèze-Inquisition ; crime qu'on punit bien plus
sévèrement que celui de lèze-Majesté.

Maintenant que je ne crains plus rien, & que
je puis braver la haine de ces impitoyables Persécuteurs de la raison, permettez-moi, mon cher
Aritte, de vous faire un détail circonstancié de ma
dernière disgrace.

Vous

Vous ſçavez quel a toujours été mon genre de vie. Toujours attaché par des nœuds charmans à la Philoſophie, plus content au milieu des morts que des vivans, c'eſt-à-dire, trouvant plus à profiter dans la Lecture que dans les converſations, qui ne roulent ordinairement que ſur des bagatelles, je ne ſortois que pour rendre dans les Temples du Seigneur le culte dû à ſa divine Majeſté. Toujours matineux, je m'enfonçois dans le coin de quelqu'Egliſe, inconnu pour ainſi dire à tout le monde, de crainte de me diſſiper comme les autres, pendant le tems que je conſacrois à cette ſainte occupation. Trop jaloux d'entendre prononcer la Parole de Dieu avec grace, j'évitois les Prédicateurs Eſpagnols : ainſi je ne parus jamais à tout ce qu'on appelle Sermons ou Exhortations : & quel eſt le Philoſophe qui pourroit d'un Eſprit tranquille entendre eſtropier cette ſainte Parole, ou quelquefois dans un Panégyrique entendre élever un Saint, ſouvent imaginaire, au-deſſus de Marie, le vaſe de Prédilection, ou bien au-deſſus des Apôtres, choiſis par Dieu-même pour annoncer ſa parole, & la faire adorer aux deux bouts de l'univers. Je n'allois pas non plus préſenter à de froides Reliques, un encens qui n'eſt dû qu'à la Divinité : ainſi je ne brûlois aucune Bougie, ni je ne faiſois aucun préſent qui pût tourner au profit des Moines. Je n'allois pas non plus ſous un air hypocrite arracher d'un Prêtre une abſolution qui retombe ſur vous-même, dès que vous parjurez les ſermens ſacrés prononcés au grand Tribunal de la Pénitence.

Voila' mes crimes : crimes aux yeux des Bigots, qui paroiſſent tels dans la nuit de l'obſcurité, & qui ceſſent de l'être dès que le flambeau de la raiſon vient à briller.

La coûtume ordinaire de Meſſieurs les Inquiſiteurs eſt, de faire arrêter cavalierement celui ſur

qu

qui tombent leurs foupçons, & de le laiffer quelquefois un an ou deux pourir dans leurs prifons, avant que de lui dire la caufe de fa détention. J'aurois fans doute eu le malheur d'être compris dans cette coûtume inique & ordinaire, fi mes Protecteurs, que le Baron de St. Pol avoit mis en campagne, n'euffent abfolument demandé aux Inquifiteurs de s'expliquer, & de rapporter promptement ma caufe. Cela ne va pas fi vite que l'on veut : auffi mes Juges ne s'embaraffoient pas de répondre à cette jufte demande. Il a falu dreffer une autre baterie. Mes Amis ont découvert une Dévote fort jeune & fort aimable, aux confeils de laquelle Monfieur le Grand-Inquifiteur déferoit entierement, & avec laquelle il s'élevoit à la fpéculation de la vie myftique. Je veux bien croire cependant qu'il ne fe paffoit pas plus de mal entre le Grand-Inquifiteur & elle, qu'entre le Pere Girard & la Cadiere. Quoi qu'il en foit, St. Pol s'eft chargé de mettre cette Dévote à la raifon. Il y eft parvenu : je ne fçaurois vous dire par quelle voye : je ne fçai fi l'Amour n'y a point eu de part. A la Requête de mon aimable Patrone, au bout d'un mois de prifon, des Commiffaires ont été nommés pour m'examiner enfin.

Si je n'avois pas naturellement eu en partage le Phlegme que vous me connoiffez, malgré mes frayeurs, je n'aurois pû m'empêcher de rire, de voir la gravité de mes Commiffaires. Plus humilié que le dernier des fcélerats fur la fellete, il m'a falu répondre à tout ce grave interrogatoire. Quel crime ne m'a-t-on pas fait de n'être pas venu m'ennuyer à des froids Sermons ! Quel crime ne m'a-t-on pas imputé de n'être forti que le matin de ma chambre, & d'y avoir paffé le refte de la journée ! Ils fe font bien dédommagés des Sermons que je n'avois pas entendus : car à tour de rôle, ils m'ont prêché impitoyablement, en ne manquant pas de

faire

faire un détail de tous ceux qu'ils avoient fait
fouëtter, pendre ou brûler pour de moindres crimes que les miens. Je vous avoüe que je me
croyois perdu. Les soins que St. Pol se donnoit,
ne pouvoient transpirer jusques dans ma prison. Je
commençois à me résigner à la mort, plus au desespoir cependant d'être livré en spectacle à une vi-
le Nation, que de perdre une vie infortunée, qui
commençoit à m'être tant à charge, lorsque le
Grand-Inquisiteur vint lui-même dans ma Prison.
On recommença tout de nouveau mon Interrogatoire, après lequel.... ,, Rendez grace, me dit
,, ce Chef de l'Inquisition, à ma sainte Sœur, qui
,, daigne interceder pour vous; sans quoi vous au-
,, riez servi d'exemple à tous ces prétendus esprits
,, forts qui ne veulent point que la foi les éclaire,
,, & qui osent se servir de la raison". On agita
alors, si l'on ne devoit pas me punir par la Disci-
pline, avant que de me rendre la Liberté. C'étoit
l'avis des Conseillers : mais le Grand-Inquisiteur
remit au lendemain à examiner plus amplement
cette question. Il ne vouloit sans doute rien faire
à mon égard sans consulter sa sainte Sœur, qui ne
fut pas apparemment de l'avis du Conseil, puisque
le lendemain le Grand-Inquisiteur vint lui-même
m'annoncer ma Liberté. Il me fit une longue ex-
hortation, & pour me mieux montrer les périls que
j'avois évité, il me conduisit lui-même dans les
lieux les plus secrets de cette horrible prison. Je
puis bien, comme un Enée, ou comme un Hercule, dire que j'ai descendu aux Enfers. Je ne
suis point cependant descendu dans les lieux les
plus profonds du Tenare: mais je m'en suis aisément fait une juste idée par les cris de nombre de
miserables que je ne voyois pas, & sur lesquels
j'entendois que les Boureaux exerçoient leur furie.
Si Virgile en avoit vû ou entendu autant que moi,
il auroit encore ajoûté des couleurs au portrait

qu'il

qu'il a fait du Tartare. Les supplices des Sisyphes, des Tantales ou des Ixions, ne font qu'un foible crayon de ceux que l'on fait souffrir ici. Il n'y a de Champs Elisées que le quartier des Moines, qui se divertissent, & font bonne chére en recompense de toutes leurs bonnes actions. J'aurois voulu dans cet instant perdre l'usage des cinq sens, pour ne point voir un spectacle si barbare. Il n'y a que des Démons qui peuvent en savourer le plaisir. Enfin, mon cher Ariste, on m'a mis dehors, & je ne m'exposerai plus d'y rentrer.

VOILA' mon avanture, sur laquelle il y auroit bien des Réflexions à faire. J'avois traité de mensonges tout ce que l'on disoit de ce Tribunal: mais tout ce qu'on en a dit n'est qu'une légere ébauche de la vérité.

JE ne m'étonne plus, si des Provinces entieres ont sacrifié leur sang & leur vie pour en empêcher l'établissement. Que ces peuples ont été sages !

ON dit en Espagne, que l'Inquisition n'est pas à beaucoup près si sévère qu'elle l'étoit autrefois : eh ! qu'étoit-elle donc ? Je ne puis le concevoir. Il est vrai qu'elle ne s'attaque plus aux Princes & aux Rois, contre lesquels elle avoit le front de s'élever; voilà tout: mais elle se dédommage bien d'avoir perdu ce pouvoir sur ces malheureux qu'elle peut attraper. On n'oseroit pas aujourd'hui faire au Roi un crime de lèze-Inquisition, de plaindre un misérable condamné à la mort, comme on a osé le faire autrefois. Vous sçavez qu'un Roi d'Espagne fut obligé de se faire saigner, & de faire brûler son sang par la main du boureau, pour avoir osé regarder avec des yeux de compassion, & pour avoir osé plaindre à haute voix un miserable qu'on conduisoit à la mort. Aujourd'hui le Grand-Inquisiteur ne seroit pas bien venu à exiger d'un Roi une semblable réparation, & c'est bien assez

encore

encore que le Roi même ne puisse pas faire grace, non plus qu'autrefois.

A peine arrivé à Bayonne j'ai relu avec plaisir la Centième Lettre Juive. Je ne sçai si c'étoit par un mouvement de vengeance, ou par un effet de la Justice qu'on doit rendre à la vérité; mais cette Lettre m'a paru très-judicieuse. Vous, qui par vous-même n'avez aucun sujet de haïne contre l'Inquisition, vous me ferez plaisir de m'en dire votre sentiment dans votre Réponse. J'aurai encore le tems de l'attendre ici, car j'y resterai au moins une couple de mois. Ce n'est pas que les mœurs des habitans de cette Ville ayent beaucoup de quoi me plaire; elles ont encore trop de rapport avec celles des Espagnols. Elles ne sont pas si outrées; mais elles en approchent, & cette ressemblance n'est point du tout de mon goût.

S'il est vrai, comme Lisandre me l'a fait espérer, que vous vous disposiez bientôt à vous rendre à Paris, j'espere satisfaire votre curiosité sur l'article de Messieurs les Espagnols. N'ajoutez pas trop de foi à Jacob Brito: la plupart du tems il ne fait que compiler quelques Réflexions de différens Auteurs. Ces Réflexions tantôt sont bonnes, tantôt sont mauvaises. Jacob Brito n'en fait point de différence, & les donne toutes également pour incontestables. La Poste qui me presse, ne me permet pas de vous en donner des exemples: mais vous pourrez, quand vous voudrez, me sommer de ma parole.

Par le même ordinaire j'ai donné avis de mon bonheur à Lisandre. J'ai quité avec regret un Ami du mérite de St. Pol. Voilà tout ce que je regrette en Espagne: & j'en serois inconsolable s'il devoit encore y rester long-tems. Mais si ses affaires continuent d'avancer toujours de même, j'espere d'avoir le tems de l'attendre à Bayonne, pour jouïr avec lui du plaisir d'aller embrasser notre cher Lisandre.

ſandre. Si vous pouvez dans le même tems vous
réunir avec nous à Paris, nous prendrons un tems
pour nos Réflexions Philoſophiques , & nous en
tirerons pour le moins autant de profit que de notre Correſpondance. Je ne puis que vous y ex-
horter. On s'explique mieux de vive voix que
par écrit.

    PORTEZ-vous bien , mon cher Ariſte, & écri-
vez-moi.

                    De Bayonne, ce . . .

A LA HAYE,

Chez ANTOINE VAN DOLE,

M. DCC. XXXVIII.

CORRESPONDANCE
HISTORIQUE, PHILOSOPHIQUE
& CRITIQUE,
ENTRE
ARISTE, LISANDRE
Et quelques autres Amis :
Pour servir de Réponse aux Lettres Juives.

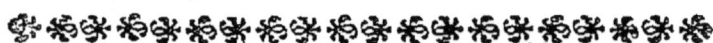

✿✿✿✿✿✿✿✿✿✿✿✿✿✿✿✿✿✿✿

QUATRE-VINGT-TROISIEME LETTRE.

Ariste à Merville.

QUEL plaisir ne m'a pas fait votre derniere, mon cher Merville! Je conçois qu'il est doux d'avoir tremblé pour un Ami, lorsqu'on le sçait entierement delivré du Péril. On a beau dire que l'Amitié tranquille n'inspire pas les mêmes sentimens, que celle qui tremble à tout moment pour l'objet de ses désirs. Je l'ai éprouvé par moi-même: & me sera-t-il permis de le dire, je suis presque charmé que vous ayez été en danger, pour avoir le plaisir d'apprendre que vous n'y êtes plus. Merville nouvel Enée ou nouvel Hercule, n'a pas été l'endroit qui m'a le moins réjoüi, & cette comparaison de l'Inquisition avec le Tartare m'a paru si vive, que je ne croi pas qu'on puisse rien ajoûter à un semblable Portrait. On peut regarder ce coup de Pinceau, comme un coup de maître: il part de vous; cela ne me surprend plus. Je pourrois trouver à critiquer sur votre frayeur, mais nous sommes Amis; il faut nous passer généreusement nos défauts. Je vous pardonne celui-là. Les circonstances où vous vous êtes trouvé vous ren-

dent fort excufable. Je ne crains plus de vous écrire, puifque vous êtes à Bayonne: car fi vous a-
viez refté en Efpagne, je me ferois tenu à vôtre
égard dans un fi grand filence, ou du moins fi je
vous avois écrit, les Réflexions Philofophiques ne
fe feroient point trouvées de la partie. Souvent
ces malheureufes Réflexions engagent plus avant
qu'on ne penfe; la vérité emporté l'efprit & la
plume; & c'eft-ce que ne peuvent fouffrir ceux qui
font de l'avis de celui qui dit:

J'aime mieux un menfonge honnéte,
Qu'une fâcheufe vérité.

C'ÉTOIT encore moins en Efpagne que par-tout
ailleurs qu'il faloit vous écrire: depuis quelque
tems Jacob Brito nous a jettés, malgré nous, fur
les Efpagnols; & femblables à tous les Auteurs é-
trangers, nous n'avons pas trouvé la matière favorable à leur honneur. La juftice que nous avons
été obligés de rendre aux Hollandois, nous a encore engagés à parler fincerement: & nous n'avons
pû dire du bien de ces derniers, fans parler affez
mal des premiers. Vous en fentez bien les raifons.
Les Ennemis du Cagotifme, comme nous faifons
gloire de l'être, ne peuvent point excenfer les Efpagnols: ce feroit ramener le cultre de l'Idolâtrie.
    LA CIIme Lettre Juive, à laquelle nous en
fommes, nous met fur l'Article des Femmes d'Efpagne. Que me ferviroit-il de vous en entretenir?
Les mœurs des Femmes ne vous embaraffent pas.
Votre mifantropie vous rend fi fort indifférent à
leur égard, que de quelque façon qu'elles penfent,
elles penfent toujours affez bien pour vous; puifque vous ne converfez que par accident avec elles.
Le galant Baron de St. Pol, qui met fa gloire à courir des Belles en Belles, aura de plus fûrs Mémoires
à nous donner là-deffus: c'eft pourquoi, remettons
                                                    cet

cet examen au tems heureux où nous ferons tous trois réünis chez Lifandre, au fein de notre chere Patrie.

J'aime mieux fuivre Aaron Monceca dans fa route, que Jacob Brito. Il nous conduit à Berlin: & cette Ville & la Cour de Sa Majefté Pruffienne ne font certainement pas des Articles indignes de notre attention. Berlin peut être comptée parmi les belles Villes de l'Europe: & il femble qu'elle s'eft élevée avec la même proportion que fes Souverains.

Les évenemens contribuent à l'embelliffement d'un Etat. Les Marquis de Brandebourg, devenus Electeurs, & d'Electeurs devenus Rois, ont à mefure enrichi la Ville capitale qu'ils s'étoient choifie. On ne croiroit pas les changemens confidérables qui fe font faits à la Cour & à la Ville depuis le Couronnement du premier Roi de Pruffe. La Politique & fon grand génie, qui l'ont amené au point d'obtenir un Sceptre, lui ont encore fervi à procurer de fi grands avantages à fes fujets, que les Etrangers ont recherché les occafions d'en profiter auffi. Le luftre des Pruffiens a augmenté de dégrés en dégrés, & eft enfin parvenu au point d'aller de pair avec celui des autres Nations. Les Loix du Païs y contribuent auffi: car le pouvoir du Monarque y eft fi étendu, que dès qu'il veille, comme il le fait, au bonheur de fes Peuples, il peut faire tels changemens qu'il juge à propos, & que le Peuple par la fuite reconnoît avoir été néceffaires. Tel eft le Peuple, mon cher Merville, que lorfqu'on lui laiffe une trop grande liberté, il s'oppofe fouvent à ce qui feroit fon bonheur par la fuite, parce qu'étant dépourvû de ces lumieres qui brillent dans les grands Politiques, il ne peut pénetrer dans un avenir qui lui paroît obfcur & incertain: ce qu'on exige de lui, l'épouvante: fi fon pouvoir eft trop grand, il fe roi-

dit,

dit, & ſes Souverains voyent avec douleur qu'on
leur lie les mains pour faire du bien. Les Peuples
qui ont trop de pouvoir , ſont comme les Enfans
gâtés. Un Pere qui aime ſon Fils, a beau lui re-
préſenter que tout ce qu'il fait eſt pour ſon bien
à venir; le Fils pleure, gémit; le Pere ſe laiſſe at-
tendrir, laiſſe faire à ſon Fils ce qu'il lui plaît, &
ce Fils parvenu à l'âge de raiſon, reconnoît, mais
trop tard, quel eût été ſon bonheur s'il n'eût pas
reſiſté à ſon Pere. Je trouve cette comparaiſon
très-juſte. Si les Peuples y faiſoient réflexion, ils
n'attendroient pas , comme ce Fils inſenſé, à reconnoître trop tard, que leurs Souverains prévoyo-
ient beaucoup mieux qu'eux ce qui pouvoit contribuer à l'utilité commune.

Ces inconveniens n'arrivent point en Pruſſe. Le
Peuple auroit beau ſe mutiner contre la Prudence
des Souverains; il auroit beau s'oppoſer à un nouvel établiſſement dont il n'enviſageroit pas la conſéquence : le Monarque prononce, & il doit obéïr.
Par exemple, il a paru dans les commencemens
en Pruſſe, que l'on regardoit comme une Loi trop
tirannique , celle qui déclare tous les Enfans, de
quelque rang & condition qu'ils ſoient, nés Soldats du Roi. Chaque Enfant ne venoit, diſoit-on,
au monde, que dans la condition de Serf ou d'Eſclave. ,, Ces Enfans n'apartiennent plus à leurs Pe-
,, res : ce n'eſt plus que du Roi que dépend leur
,, ſort". Cela paroiſſoit n'être pas juſte; & rien
cependant ne l'eſt davantage. Par ce moyen, le
Roi eſt le Maître de faire marcher les Troupes
qu'il juge à propos; tout eſt Soldat dans ſon Païs;
tout eſt capable de le défendre. Cela rend une Nation formidable à ſes Ennemis, & le reſpect, pour
ne pas dire la crainte, qu'elle inſpire, fait qu'on
n'oſe pas lui faire ce qu'on appelle des Querelles
d'Allemand; & que goûtant une paix durable, elle jouit d'un bonheur qu'on ne laiſſe pas goûter ſi

tran-

tranquillement à ceux qu'on ne craint pas tant d'attaquer.

UNE nouvelle Monarchie craint plus d'être attaquée, ou d'être même souvent renversée qu'une autre : ses droits ont beau être fondés ; ils ne sont pas consacrés par l'ancienneté : peuvent-ils à des yeux injustes paroître si légitimes ? La méfiance, dit un ancien Proverbe, est la mere de sûreté. Il faut donc se précautionner de longue main, & se mettre en posture de pouvoir se défendre en cas d'attaque. Telle a été la Politique de la Cour de Prusse. Cet État n'est pas d'une si vaste étenduë que beaucoup d'autres : mais il fourniroit peut-être plus de Soldats : il ne faut qu'un signal, & il en naît à chaque instant de nouveaux. Ce n'est pas tout que le grand nombre ; à quoi sert-il, si ceux qui le composent ne sont pas aguerris ? Des Armées entieres peuvent, au moindre choc, être mises en désordre ; & c'est-ce qui ne manque gueres d'arriver, si chaque Soldat n'est à proportion aussi-bien instruit dans l'art militaire que son Capitaine, ou que son Général même. Un Roi prudent doit donc remedier à tous ces inconveniens, qui rendroient indubitablement tous ses autres soins inutiles.

SI, comme on n'en sçauroit douter, la parfaite connoissance de l'art militaire contribuë à rendre une Armée plus ou moins formidable, on ne sçauroit que redouter celles que le Roi de Prusse peut mettre en campagne. L'exercice continuel que font ses Troupes, les tient pour ainsi dire toujours en haleine. Ses Soldats ont toujours sous leurs yeux une image vivante de la Guerre ; ils se font une habitude de ce pénible exercice ; dès qu'il faudra combattre, leur cœur n'y repugnera pas : il y est même porté d'inclination. Les soins que l'on se donne à la Cour de Prusse pour tenir toujours en ordre ce même art militaire, lui donne une espece d'air sauvage, que condamnent tous les Petits-maî-

Y 3   tres,

tres, & tous ceux qui ne voulant s'occuper que
de la Bagatelle, voyent avec regret qu'on employe
uniquement le tems à regler cê qui est nécessaire
pour porter cette science à sa perfection. L'occupation des Généraux, des Officiers & du Soldat,
fait encore un tort considérable aux Dames. A
Berlin ce n'est pas faire sa Cour au Roi, que de
passer jour & nuit à conter fleurette au beau Sexe.
On n'aime point ces occupations voluptueuses, qui
énervent le cœur du plus brave Guerrier. L'Amour
y est pour ainsi dire interdit, & l'on veut que l'on
trouve plus de plaisir à faire son devoir, qu'à savourer à longs traits un poison qui produit toujours
infailliblement la molesse. Ainsi la Cour n'y a pas
cet air galant; les Modes n'y font pas fortune, les
Spectacles n'y sont pas courus. On écarté avec soin
tout ce qui peut contribuër à la molesse. Comme
les Prussiens sont obligés de se contenir à cet égard,
les Etrangers à peine arrivent à Berlin, que l'a-
mour leur présente des bonnes fortunes; mais des
bonnes fortunes des plus brillantes. Les Dames y
sont polies, aimables, elles souhaiteroient que leurs
Compatriotes le sentissent plus vivement: à leur
défaut, les Etrangers sont très-courus. J'ai été pendant quelque tems à Berlin, & je n'ai eu que lieu
de me louër des mœurs de ses habitans. Les Allemans sont une Nation, qu'on ne connoît qu'avec
le tems: mais à qui il est aisé de rendre justice dès
qu'on a eu celui de l'approfondir. On cultive & on
aime les belles Lettres dans ce Païs-là. L'Académie de Berlin a toujours passé pour aller de pair
avec les autres de l'Europe. Elle n'est pas, quoi
qu'on en puisse dire, moins florissante qu'autrefois.
La protection que le Prince Royal accorde généreusement à tous les Sçavans, y a fait naître depuis quelque tems une émulation qui a déja produit,
& produit encore de très-grands hommes. Il ne
faut pas que nous croyïons, comme la plûpart des

autres

autres François, qu'il n'y a qu'à Paris qu'il y en peût avoir. C'eſt une idée de fatuité & de préſomption dont notre Nation peut bien être capable ; mais que banniſſent des Philoſophes qui ſe font gloire de rendre à un chacun la juſtice qui lui eſt dûë.

Voltaire a éprouvé que le mérite, dans quelque Nation qu'il ſoit, eſt toujours recommandable. L'honneur qu'il a eu d'être honoré de la protection du Prince Royal de Pruſſe, ne donnera pas un petit éclat à ſa gloire ; & cet honneur peut plutôt lui valoir l'immortalité que tous ſes Ouvrages.

De-là, mon cher Merville, vous pouvez tirer vos conſéquences. Le Roi de Pruſſe, formant des Soldats, forme en même tems des hommes qui ſe feront, en cas de beſoin, redouter dans les guerres.

Le Prince Royal, en cultivant les belles Lettres, s'inſtruit, aidé de plus de l'exemple du Roi ſon Pere ; s'inſtruit, dis-je, du grand art d'apprendre à faire uſage du pouvoir Souverain. Son exemple fomente l'amour pour les Sciences ; & forme en même tems des gens auſſi utiles par leurs conſeils à l'Etat, que le Soldat le peut être par ſa bravoure.

Je ſçai qu'il y aura bien des gens qui combattront mon ſentiment. Il y en a beaucoup, qui ſont d'avis qu'il faut qu'une Cour s'occupe de la bagatelle ; que les Seigneurs y ſoient galans, folâtres, Petits-Maîtres même ; que l'argent des coffres du Roi ſe diſſipe en Bals, Feſtins, Cadeaux, Courſes de Bague, &c. enfin qui exigent que le ſéjour d'un Roi ſoit celui de la molleſſe. En ce cas, la Cour de Berlin paroîtra plus reglée qu'un Couvent ; & ce n'eſt pas aſſez : on en blâmera la Politique, qui réſerve à de meilleurs uſages les richeſſes du Roi, qui ſont immenſes. Je vous laiſſe à juger, mon cher Merville, qui a tort, de ces Meſſieurs ou de moi.

Main-

MAINTENANT, pour répondre à ce que vous m'avez écrit particulierement, je puis vous affûrer, que je ferai mes efforts pour me rendre inceffamment à Paris. Je ne fçai pas même fi je ne vous y devancerai pas.

JE vais écrire au Baron de St. Pol, & le remercier de la façon galante dont il nous a obligés, Lifandre & moi, en vous rendant un fervice auffi effentiel que celui qu'il vous a rendu, & joindre ma priere à la vôtre, pour l'engager de chercher les moyens de nous réünir tous le quatre à Paris.

PORTEZ-vous bien en attendant, mon cher Merville. Si vous avez le tems, vous pouvez encore m'écrire ici. Je ne pars pas encore fi-tôt que je n'y puiffe recevoir votre Lettre.

De la Haye, ce . . .

A LA HAYE,

Chez ANTOINE VAN DOLE,

M. DCC. XXXVIII.

CORRESPONDANCE
HISTORIQUE, PHILOSOPHIQUE
& CRITIQUE,

ENTRE

ARISTE, LISANDRE

Et quelques autres Amis :

Pour servir de Réponse aux Lettres Juives.

❧❧❧❧❧❧❧❧❧❧❧❧❧❧❧

QUATRE-VINGT-QUATRIEME LETTRE.

Ariste au Baron de St. Pol.

VOUS êtes un homme charmant, mon cher S. Pol. Permettez-moi de me servir avec vous familierement de ce terme. Vous réüffiffez dans tout ce que vous entreprenez. Je ne fçai quels talens vous avez reçu du Ciel en partage; mais à chaque inftant lés effets prouvent, qu'il n'y a pas moyen de vous rien refufer. Vous pouvez vous vanter d'avoir réüffi dans la négociation du monde la plus difficile. Tirer de l'Inquifition un de fes Amis; eft un miracle dont on n'a que très-rarement des exemples. Les Juges féculiers ne relâchent pas ordinairement ce qu'ils tiennent; mais du moins on les fléchit quelquefois; on leur parle raifon, ils l'écoutent, ils fe rendent : mais des Juges *Moines* rendre la liberté à un accufé, s'abftenir en fa faveur d'être fi rigides, n'être plus à votre follicitation dévorés de la foif de fon fang; je le dis & je le répete, c'eft un prodige, c'eft une converfion miraculeufe : la grace efficace n'en feroit pas davantage : que vous dirai-je enfin? Je ne puis affez vous admirer, ni trouver des termes qui expriment affez fortement mon agréable furprife.

Avoüez-le, mon cher Baron, il n'y a que le premier mobile, que le premier reffort de tous les mouvemens qui arrivent dans le monde, à qui je puiffe en imputer la caufe. A ces termes vous reconnoiffez aifément que c'eft de l'amour dont je veux parler. Mais répondez-moi fans fard, mon cher Baron; les hommes peuvent-ils faire en faveur de cette paffion, ce que la vertu ou la juftice ne peuvent pas leur infpirer? Vous riez fans doute de ma demande : Mais faites grace à ma fimplicité. Des Miniftres du Seigneur, des organes de fa Parole, des dépofitaires de fon tonnerre, peuvent-ils faire pour une Femme, ce qu'ils ne font pas pour Dieu-même? Quoi! Si le Grand-Inquifiteur de Madrid n'avoit pas reffenti les aiguillons de la chair, Merville innocent languiroit encore dans des cachots affreux; que dis-je! il feroit expofé à être cruellement confondu avec des fcelerats, & comme eux livré à la fureur des Bourreaux. Faut-il, mon cher S. Pol, que je me perfuade cette affreufe vérité? Je commence à la croire : pourquoi ne puis-je pas en douter toujours? Si cela eft ainfi, ne nous recrions donc pas tant contre les vices, puifque quelquefois ils peuvent être utiles à la vertu. Je fçai donc bon gré à Mr. l'Inquifiteur de fa foibleffe, puifque notre cher Merville en a retiré un fi grand avantage, je veux dire la liberté. En mon particulier, je ne puis que vous en témoigner vivement ma

recon-

reconnoiffance. Mais cependant je tremble pour vous. Votre rang & votre condition vous mettront-ils à l'abri du peril que vous courez? En êtes-vous bien fûr? Vous vous etonnez à ce difcours: vous me demandez, quel peril? Et quoi! n'eft-ce donc rien que de chaffer fur les plaifirs d'un Grand-Inquifiteur? Car enfin la Dame en queftion a du goût pour vous: vous êtes aimable: ainfi cela eft inconteftable. Les hommes font implacables fur cêt article. Si malheureufement il venoit à découvrir que vous êtes fon Rival, vous pourriez bien payer pour Merville, que vous avez derobé à fa fureur. Prenez y garde, on pouffe en Efpagne la jaloufie au dernier dégré. jufqu'où ne la pouffera pas un Moine; & un Moine Efpagnol! Croyez-moi, cela merite de férieufes réflexions. Je veux croire que la paffion de rendre fervice à Merville vous a entraîné dans cette intrigue, plutôt que votre foibleffe. Maintenant que le fervice eft rendu, tirez adroitement votre épingle du jeu, & ne vous expofez pas à tomber fous la pate d'un Grand-Inquifiteur, & rival par-deffus le marché. La véritable amitié voit de loin: c'eft-elle qui vous donne ce confeil: pourriez-vous balancer de le fuivre?

Mais c'en eft affez, je me raffure fur votre prudence: ma crainte fe diffipe. Votre efprit eft préfent à tout: & malgré toutes vos occupations, je ne doute point qu'il ne fe livre aux reflexions fuivantes.

Comme les Mœurs des Allemans font infiniment plus pures que celles des Efpagnols, nous ne rifquons pas de nous avilir en les examinant avec attention. L'Allemand naturellement froid, ne tourne pas comme une girouette à tout vent: dès qu'une fois il a embraffé un fentiment, il faut un grand miracle pour l'en faire changer.

Com-

Comme il n'eſt point d'un naturel fanfaron, il
ne ſe fait pas une gloire de donner dans le travers du faux Bel-Eſprit, qui ſe croit obligé de
ſuivre la mode en matière de belles Lettres ou
de Religion, ni plus ni moins que s'il ne s'agiſ-
ſoit que du pli d'une manche, ou du panier d'un
habit. L'Allemagne n'a pas été un ſi grand théâtre de changemens où d'innovations, & il a falu
bien des machines pour les mettre en branle, a-
vant qu'ils ſe ſoient animés de cet eſprit de parti qui a formé les grandes révolutions. S'il n'y
avoit pas eu, comme nous l'avons déja remarqué
dans le cours de cette Correſpondance, de certaines occurrences, qui ont favoriſé & appuyé même les ſentimens de Luther: avec tout ſon eſprit
il ne ſeroit venu jamais à bout d'établir cette
nouvelle Religion, dont une partie de l'Allemagne fait profeſſion. Les Allemans ont généralement une horreur pour le libertinage outré; &
cette horreur augmente encore, quand les Miniſtres de la Religion en ſont accuſés ou convaincus. Ce n'eſt point, comme vous vous imaginez, pour prendre le parti des Luthériens, dont
je puis vous répondre, que leurs mœurs en général ont quelque choſe de doux, qui caracté-
riſe l'honnête-homme. Les Catholiques-Romains
ont beau être dans l'opinion, que dès qu'on ſe
ſepare du giron de l'Egliſe, on ceſſe d'être honnête-homme: je ne ſçaurois trop vous faire remarquer combien ce ſentiment eſt injuſte. Vous
dirai-je plus? Depuis que je ſuis en Hollande,
j'ai trouvé en un an plus de bonne Foi, de Candeur, & de Religion même, qu'en dix ans dans
les Païs Catholiques-Romains. Je dis *Religion même*; car c'eſt toujours en avoir, que de ſuivre
celle de ſes Peres; & ſe perſuader qu'elle eſt la
meilleure.

MAIN=

MAINTENANT, pour revenir à ce qui regarde l'établissement de la Religion Luthérienne
en Allemagne, je suis de l'avis de notre Juif,
lorsqu'il pense que ce n'est point l'effet d'un raisonnement persuasif ; c'est-à-dire, que du tems
de Luther, les Allemans n'étoient pas assez bons
Théologiens, pour examiner & juger solidement,
si les raisons sur lesquelles ce Réformateur s'appuyoit étoient bonnes ou mauvaises : ils ont été
entraînés par le torrent; ils sont devenus Luthériens par hazard, ils persistent aujourd'hui par habitude. N'entrez point avec eux en dispute, vous
y perdrez, comme on dit, votre Latin. Voilà,
mon cher Baron, comme pensent, non seulement
le Vulgaire, mais aussi le bon Bourgeois, le Ju-
risconsulte même, & le Seigneur qui ne sçait,
comme dit Regnard,

Que tirer en volant, boire & signer son nom *.

Il se trouve bien en Allemagne, comme autre
part, de ces génies heureux qui s'affranchissent de
cet esclavage où gémit l'esprit des habitans de ce
climat phlegmatique : mais comme ces mêmes
génies sont phlegmatiques eux-mêmes, ils n'ont
point, comme en France, cet esprit de parti qui
entraîne la Societé dans des malheurs sans bornes.
Si quelqu'un d'eux donnoit dans ce travers, ils
perdroient leurs peines & leurs soins, car ils ne
trouveroient que fort peu de personnes qui vou-
lussent, comme en France, les soutenir en dépit
de toute raison, & même en dépit de leur conscience. C'est-ce qui fait que la Religion ne produit point en Allemagne de ces haines, que je
puis

* Comédie des-Menechmes.

Z 3

puis nommer monacales, pour vous en exprimer la force en un seul terme. Mais, me demanderoit-on, pourquoi donc ont-ils pris si chaudement les intérêts de Luther ? Leur caractère phlegmatique a-t-il disparu dans cette occasion ? Comment Luther a-t-il pû operer ce miracle ? Ce n'est point vous qui me faites cette frivole demande : vous êtes assez versé dans l'Histoire, pour remonter sans peine à cette grande & celèbre Révolution. Vous sçavez assez les intérêts des différentes Couronnes de ce tems-là. Vous n'ignorez pas que, pour le moins en aussi grand Politique que grand Historien, Luther a profité de ces conjonctures qui le favorisoient si heureusement ; c'est encore le sentiment de notre Juif; & c'est encore une justice que je crois devoir lui rendre, que d'avoüer qu'il est juste & très-sensé. Voici ses propres termes *.

UNE partie de l'Allemagne se separa, il y a un peu plus de deux cens ans, de la Communion des Nazaréens Papistes. Ce fut un Moine habile homme (c'est Luther, dont il parle) qui avoit reçu quelque mécontentement de la Cour de Rome, qui lui porta ce coup fatal. La division qui regnoit alors entre plusieurs Princes de l'Empire le favorisa extrêmement. Sans cela, jamais il ne seroit venu à bout de ses desseins : & toute son éloquence n'eut servi qu'à lui faire avoir le même sort qu'avoit eu Savanarole † quelques années auparavant.

LA suite de cette Cent-troisième Lettre mérite des éloges aussi sinceres que ce passage. Aaron Monceca a été bien servi dans les mémoires qu'on lui

---

* Lettres Juives, Cent-troisième.

† Il fut pendu en 1498. à Florence avec deux autres Dominicains, ses confreres, pour avoir demasqué avec un peu de trop de franchise la Cour de Rome.

lui a fourni : car autrement, il n'auroit pas pû être l'Auteur d'une Diſſertation auſſi délicate. En effet, après en avoir donné d'auſſi pitoyables que celles que nous avons critiquées dans le cours de cette Correſpondance, je vous avoüe que je ne reconnois plus ce Philoſophe égaré, qui vouloit donner ſes rêveries pour des raiſonnemens démontrés métaphiſiquement.

Quoique nous ſoyons ſur l'article de Berlin, je n'ajouterai rien à ce que nous en avons déja dit. Il n'y a pas ſi long-tems que cette Cour commence à tenir un rang diſtingué dans le monde pour qu'on puiſſe aiſément ſçavoir l'origine de cette grandeur. Il ſuffit de ſçavoir que les belles Lettres commencent à y être cultivées avec plus de ſoin que jamais. L'Amour qu'on a pour elles n'eſt pas près de diminuer ſi-tôt: au contraire même il paroît qu'il ne peut aller qu'en augmentant, puiſque l'Héritier préſomptif de la Couronne non ſeulement les aime, mais les cultive même, & qu'il ſe fait une gloire de les récompenſer. Inſenſiblement les beaux Arts vont être pouſſés en Pruſſe à leur derniere perfection. Sous le préſent Regne l'Art militaire eſt pouſſé à ſon dernier dégré : on doit eſperer que ſous le ſuivant les belles Lettres jouiront du même avantage, du moins ſi les Pruſſiens veulent éviter de tomber dans le défaut du reſte des Allemans; c'eſt-à-dire, ſi leur génie trop profond ne répand point dans leurs Ecrits cette Littérature trop diffuſe qui entraîne toujours l'ennui avec elle.

J'attens avec impatience des nouvelles de Merville. Je ne doute point qu'il n'écrive dès qu'il ſera arrivé à Paris. Si vous recevez de ſes Lettres avant moi, faites-moi la grace de me les communiquer, comme je ferai de mon côté ſi j'ai ce bonheur le premier. Je ſuis curieux de

ſça-

sçavoir le détail de son entrevûë avec Lisandre.

PORTEZ-vous bien, mon cher Baron, puissiez-vous déja être sur le point de partir pour Paris.

De la Haye, ce . . .

A LA HAYE,

Chez ANTOINE VAN DOLE,

M. DCC. XXXVIII.

CORRESPONDANCE

HISTORIQUE, PHILOSOPHIQUE & CRITIQUE,

ENTRE

ARISTE, LISANDRE

Et quelques autres Amis :

Pour servir de Réponse aux Lettres Juives.

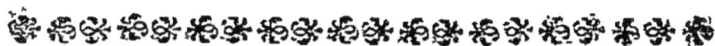

❦✳❦✳❦✳❦✳❦✳❦✳❦✳❦✳❦✳❦✳❦✳❦✳❦✳❦✳❦✳

QUATRE-VINGT-CINQUIEME LETTRE.

Merville à Ariste:

ENFIN, mon cher Ariste, je suis arrivé à Paris. Vous vous doutez sans peine que mon premier foin a été d'aller embraffer notre Ami Lisandre, qui m'a reçu avec des témoignages d'une Amitié vive & fincere, telle que la Vertu la fait naître dans un cœur si bien placé que le sien, & formé par un auffi grand maître que vous. Ce n'eft point une flaterie baffe & fervile qui me dicte ce langage : c'eft un tribut que je rens à la vérité. Je vous prie de me faire la grace de le croire ainfi. Je n'avois vû Lisandre pour ainfi dire qu'Enfant. Vous fçavez que je m'éclipfai de Paris qu'il n'avoit encore que quatorze ans : j'attendois déja beaucoup dès-lors d'un génie auffi heureux, & que vous cultiviez avec tant de foin : je m'étois formé dans la suite sur ses Lettres, l'idée la plus avantageuse de son esprit, que je me persuadois devoir être des plus solides, puisque vous en conveniez vous-même, mais il faut vous avoüer, que j'ai trouvé dans Lisandre encore plus que je n'espérois : j'y ai reconnu le véritable honnête-Homme, parfait du côté des Mœurs, illustre par sa Naiffance, & plus encore par son Esprit & par la dignité avec laquelle il soutient les grands Emplois qu'il occupe à la Cour & à la ville. J'ai profité pendant quelque tems de son agréable converfation. Non seulement nous vous avons mis sur le tapis : mais nous vous avons défiré plus d'une fois. Oui, mon cher Arifte, Lisandre & moi nous nous flatons que vous vous rendrez à nos vœux, & que, quelque content que vous puiffiez être du féjour de la Hollande, vous vous determinerez à venir goûter parmi nous cette tranquille félicité, dont je croi qu'on ne peut jouïr véritablement que dans le fein de sa patrie.

LISANDRE devoit vous écrire cet ordinaire; mais il a changé de deffein, quand je lui ai témoigné l'impatience où j'étois de vous donner moi-même de mes nouvelles & des siennes. Vous pouvez compter sur une Lettre de lui l'ordinaire prochain.

MAIS je ne pense pas que les Lettres trop longues deviennent stériles pour vous, dès qu'on n'y joint pas des réflexions utiles. Je dois tacher de vous satisfaire à cet égard, pour diminuer l'ennui qui accompagneroit la lecture de celle-ci. A vous dire vrai, cela ne m'est pas aisé : des réflexions utiles, c'est-à-dire fenfées, ne font pas, vous le fçavez, trop de mon reffort. Au défaut je vous communiquerai celles que je puis faire, comme des conjectures, que vous pouvez fronder fi elles

ne

ne vous paroiſſent pas raiſonnables, ſans craindre
que je faſſe comme ces beaux génies en dépit du
ſens commun, qui veulent abſolument qu'on a-
dopte leurs rêveries pour des vérités conſtan-
tes.

Pour me dédommager de la contrainte où j'ai
été pendant mon triſte ſéjour dans les priſons de
l'Inquiſition à Madrid, je m'amuſe à relire les
Lettres Juives, en attendant que je puiſſe me
procurer la facilité de m'attacher à quelque choſe
de plus ſolide & de plus inſtructif. Je me ſuis
ſur-tout arrêté à celles qui definiſſent les Eſpagnols, dont, par parentheſe, je n'ai pas trop lieu
de me louër. Je ne ſçai ſi c'eſt par un eſprit de
vengeance, & en tout cas cela ne ſeroit pas trop
digne d'un Philoſophe; je ne ſçai, dis-je, ſi c'eſt
par cette raiſon que j'ai trouve un certain plaiſir
à cette Lecture. J'ai pourtant fait mes efforts,
pour me detacher de cet Eſprit de parti qui pourroit m'empêcher de voir les objets dans la per-
ſpective de la ſaine Philoſophie. Mais à rappeller de ſang-froid ce que l'on a vû par ſoi-même
en Eſpagne, on ne ſçauroit diſconvenir que Jacob Brito, dans la Cent & ſixième Lettre à Aaron
Monceca, ne faſſe des portraits copiés avec beaucoup d'exactitude & de fidélité d'après les Originaux; cependant il n'eſt pas toujours également
véridique, & je me croi obligé de vous faire remarquer les endroits dans leſquels il ſe trompe,
ou ceux qui lui fourniſſent des mémoires. C'eſt
dans le détail qu'il fait des Auteurs Eſpagnols.
Antoine de Solis, dit-il, *Auteur de l'*HISTOI-
RE DE LA CONQUÈTE DU MEXI-
QUE *eſt des Principaux; ſon ouvrage ſeroit digne
d'être égalé à ceux des Tacites, des Saluſtes & des
Tite-Lives*, &c. Il eſt aiſé de remarquer, que
lorſque nos Philoſophes Juifs ſont dans le Goût

de loüer, les Éloges outrés ne leur coûtent pas
plus, que la Critique la plus injuste & la plus en-
venimée quand ils veulent décharger leur humeur caustique. A lire ce passage & à le croire de bonne-foi, il n'y a pas de François, véritablement partisan des belles Lettres, qui ne se
donnât la peine d'apprendre l'Espagnol, quand
ce ne seroit que pour avoir le plaisir de goûter
& d'approfondir un Auteur, digne d'être mis en
parallele avec Saluste; Tite-Live & Tacite.
Mais quel seroit le fruit de ses peines? Il seroit
la dupe de sa bonne-foi: non qu'il ne dût être
content du stile de cet Historien; mais parce
qu'il se seroit attendu à plus qu'il ne trouveroit
sûrement. Qu'on dise qu'Antoine Solis est le Tacite ou le Tite-Live des Espagnols, j'en conviendrai volontiers: mais que dans sa langue il
ait atteint le même dégré de beauté & de perfection que ces Historiens dans la leur; c'est,
en matière de belles Lettres, une Hérésie, qui
ne pouvoit être avancée que par un Philosophe
Rabinique.

Vous reconnoîtrez le même défaut dans l'E-
loge qu'il fait des Eglogues de Dom Lopez de
Maldonnat, comparées à celles de Virgile. Quant
à Dom Lopez de Véga il mérite à plus juste titre que les autres les loüanges qu'on lui donne.
On ne sçauroit disconvenir que dans ses Comédies il n'ait peint parfaitement des caractères bien
soutenus jusqu'à la fin. Nous le trouverions parfait, si nous n'étions pas François: & je ne sçai
si par cette raison nous sommes en droit de lui
reprocher les défauts. Je m'explique. Nous ne
lui en trouvons, que parce que nous nous sommes formés toute une autre idée de la Comédie que lui. Il s'agit de sçavoir, avant que de
prononcer sur son mérite, laquelle des deux Nations

tións est la mieux fondée. Mais je vous demande, qui pourra nous juger? Personne. Que dis-je? Nous-mêmes peut-être ferions obligés de donner, après un mûr examen, la Palme au goût Espagnol, puisqu'insensiblement nos Auteurs modernes, & ceux même qui sont le plus à la mode, s'y conforment aujourd'hui: non pas encore tout-à-fait, il est vrai; mais suivant toutes les apparences, cela sera bientôt. Quel triomphe pour Dom Lopez de Véga! On fait revivre son goût, dans le tems qu'on ensevelit celui du grand Corneille.

Si l'on ne peut trop loüer, comme le remarque notre Juif en parlant de Dom Barthélemy de las Casas; si, dis-je, on ne peut trop louer ceux qui, détachés de tout intérêt personnel, demasquent les vices que la nécessité sembloit devoir nous forcer à encenser, il y en a beaucoup parmi nos Auteurs qui méritent les éloges les plus magnifiques. Nous ne ressemblons point aux Espagnols de ce côté-là, qui n'en peuvent compter chez eux qu'un très-petit nombre: preuve incontestable que la Flaterie devient fille de la nécessité, & que par-tout où l'Inquisition étendra son injuste puissance, les Esprits seront effectivement, ou du moins devront paroître, ensevelis dans un abîme de préjugés, ennemis mortels de la saine raison. Il en est de même en Italie. En effet, quelle différence pourroit-il y avoir, puisque la même cause subsiste. Un Fra-Paolo, un Palingene, & fort peu d'autres ne se rencontrent point communement en Italie. Tous les génies illustres n'ont pas la force de s'affranchir de la crainte servile qui les tient rampans, & les empêche de prendre un noble essor. En effet, quand on considere la contrainte où sont les belles Lettres dans tous les Païs de l'Inquisition, on y doit

trem-

trembler de mettre la main à la plume. On craint de s'attirer le fort de l'Infortuné Savanarole, ou, fi l'on a le bonheur d'échaper pendant fa vie aux perfécutions des fes Ennemis, on craint que leur fureur n'aille vous pourfuivre jufques dans le tombeau, ou cependant les Manes les plus vils femolent devoir refter fi tranquilles, que les Payens même n'ofoient troubler leur repos ; plus humains en cela que les Juges de cet inique Tribunal, qui ne hézitent point d'exercer leur fureur fur des cadavres hors d'état d'en reffentir les effets. *

Vous me direz, mon cher Arifte, que c'eft une affez douce confolation que d'être vengé par tous ceux qui fe laiffent éclairer par le flambeau de la Raifon. J'en conviens: mais pour une feule perfonne à qui votre nom eft recommandable dans la pofterité, ou même de votre tems, il en eft mille qui l'ont en horreur. Cette derniere crainte, qui n'eft fouvent que trop légitime, vous arrête: que dis-je? Vous redoutez alors qu'on n'anéantiffe votre Ouvrage, & que i'efpoir d'être vengé par les premiers, ne foit enfeveli avec l'Ouvrage même. Il fembloit que Palingene étoit de mon avis, puifqu'à la fin

de

* Si l'on en croit Melchior Adam, cette fureur a été exercée contre l'Illuftre Palingene. *Il fut exhumé par l'ordre de l'Inquifition, enfuite brûlé, & fes cendres jettées au vent:* & pourquoi? Pour avoir trop fincerement parlé des Prêtres (quoiqu'il le fût lui-même) & des Moines dont l'Inquifition eft compofée.

de son Chef d'œuvre (c'est ainsi que j'appelle le *Zodiaque de la Vie humaine*) il s'explique
dans ces termes: * *Pour vous, mon Livre,
parcourez l'Univers ; allez-vous livrer à la plus
noire envie. Vous allez trouver d'aboyans critiques, dont la dent vénimeuse va vous déchirer:
vous trouverez bien des gens, qui étant incapables de rien produire de louable, font leurs efforts
pour détruire les productions des autres, & qui
ne s'attirent de la réputation, que fur les ruines de
celle d'autrui. Fuyez de pareils envieux, leur
bouche est empoisonnée. Ne vous livrez qu'aux
Gens fçavans & bons ; ils font en petit nombre,
& vous ne ferez bien reçu que de cette petite
quantité. Souvenez-vous, que Dieu-même n'a
donné à la nature qu'un petit nombre de chofes excellentes. Et plus bas pour conclusion il a-*
joute : *Allez donc, Livre heureux, fubfifter
dans l'avenir le plus reculé, & après que mes
membres auront été depofés dans un trifte tombeau* (il ne prévoyoit pas à quelle infamie &
à quel affront ils devoient être livrés par la
fuite) *foyez mon furvivant. Parcourez les Peuples & les Royaumes entiers, & répandez mon
nom aux deux bouts de l'Univers.* †

Je ne fçaurois finir cette Lettre par un
plus beau trait; trop content d'en avoir fait
cette application, fi cela pouvoit engager les
Génies heureux à imiter Palingene, ou fi des
raifons fi folides faifoient ouvrir les yeux à des
in-

* Préface du *Zodiaque de la Vie humaine.* Traduction de Monfieur de la Monnerie. Edition de
Londres 1733.

† Palingene, Livre XII. *les Poiffons.*

infortunés, qui adorent & fervent en efclaves
un Tribunal fi fanguinaire.

P O R T E Z-vous bien, mon cher Arifte, &
venez-nous réjoindre au plutôt.

De Paris ci . . o

À L A H A Y E,
Chez ANTOINE van DOLÉ,
M. DCC. XXXVIII.

CORRESPONDANCE

HISTORIQUE, PHILOSOPHIQUE & CRITIQUE,

ENTRE

ARISTE, LISANDRE

Et quelques autres Amis :

Pour servir de Réponse aux Lettres Juives.

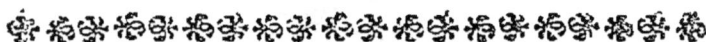

❖❖❖❖❖❖❖❖❖❖❖❖❖❖❖❖

QUATRE-VINGT-SIXIEME LETTRE.

Lisandre à Ariste.

JE me figure, mon cher Ariste, que notre Correspondance deviendra bien plus agréable, & bien & plus utile même, lorsque, réünis ensemble, nous pourrons de vive voix nous communiquer nos idées. Cette raison, qui devient plus forte dès qu'elle est jointe au plaisir que j'aurai de vous voir, me détermine à vous prier, de ne me point refuser cette douce consolation. Un autre refuseroit absolument de répondre à vos Lettres, jusqu'à ce que vous ayez acquiescé à sa priere; mais je n'en use point ainsi avec mes Amis. L'Amitié ne veut point de dépendance. Je ne vous gênerai donc point: vous êtes libre de rester en Hollande, s'il est vrai que vous y ayez d'autres Amis, qui vous attachent davantage que ceux que vous avez ici. Entrons maintenant en matière.

APRÈS les différens fyftêmes, que je puis dire fous, qu'on a donnés de la Différence des Langues & de leur Origine, ce feroit à moi une nouvelle folie, de me joindre à Ifaac Onis, dans la CVIIme Lettre Juive, pour ne rapporter que des conjectures qui n'aboutiffent à rien, & que même on peut trouver mieux digérées dans les Livres qui ont entrepris de traiter à fonds cette matière. Je voudrois demander à tous ceux qui font de fi longues Differtations fur cet Article, de quelle utilité elles peuvent être pour la République des Lettres? Car enfin, voilà le feul but que fe doive propofer un Ecrivain. Que m'importe de fçavoir quelle eft la Langue la plus ancienne, pourvû que, par l'étude de cette Langue, j'en puiffe fentir & exprimer les beautés? Qu'importe, comme le veut prouver un Auteur *, qu'Adam ait parlé Grec? Quand je vois la futilité des preuves de cet Auteur, il me femble voir le Maître de Langues de *Monfieur Jourdain* dans le *Bourgeois Gentilhomme* de Moliere. La façon dont on lui apprend à prononcer les Voyelles, vaut bien celle dont on prétend prouver la dérivation de ces mêmes Voyelles. L'O eft un effet d'admiration ; l'U de douleur; l'E d'un cri, &c. on a fait trop d'honneur à ces Syftêmes, de s'amufer à vouloir les réfuter. Je trouve

---

* *Joan. Petr. Eticus.* Voyez fur cet Article la IXme Lettre Juive, ou, pour être mieux au fait de ce fyftême, lifez l'*Art de parler* du Pere *Lamy.*

trouve, mon cher Ariste, que ce n'est qu'un
effet de la vanité des hommes, qui disputent
à leurs Langues la gloire de l'ancienneté, pour
n'être point obligés de convenir de la primiti-
ve, à qui ils sont redevables des autres. Permettez-moi donc de ne me point arrêter autrement à cette CVIIᵐᵉ Lettre Juive, non plus
qu'à la suivante, qui ne traitant, que des
Mœurs des Portugais, & du rapport qu'elles
peuvent avoir avec celles des Espagnols, ne
nous apprend rien qui ne soit dans tous les
Historiens, & à la connoissance de ceux qui
ont fréquenté & fréquentent tous les jours les
mêmes Païs.

La CIXᵐᵉ me semble plus digne de notre
attention. Il paroît non seulement qu'on y
veut develeper les grans secrets de la Cabale;
mais, par les Eloges qu'on lui donne, qu'on
veut multiplier le nombre des fous qui la cultivent. En effet, si un grand Philosophe, comme Aaron Monceca, cesse d'être prévenu contre les Cabalistes si fortement qu'il l'étoit, un
si grand exemple va faire revenir de leur prévention nombre de Philosophes, qui ne rougi-
ront plus de s'étudier à faire des Maîtresses
dans les airs, qui, pour plus grande commodité, puissent se revêtir de corps charmans, &
faciliter leur familiarité avec les hommes *.
Celui-ci, avide des biens de ce monde, cher-
chera l'objet de son amour dans le centre de
la terre, sans s'arrêter à la figure ou à la beauté

* Voyez *la Silphide*, Comédie de Mr. *Romagnesy*.
C'est une ingénieuse Satyre du ridicule qu'il y a d'admettre ces Esprits Elémentaires.

té de sa maîtresse, semblable à nos Petits-Maîtres, qui n'y regardent pas de si près, pourvû que leur intérêt soit satisfait. *Depuis que j'ai eu, dit-il, une conversation avec un Sectateur des Sciences secretes, je comence à croire, que bien des choses que je regardois comme ridicules, ne sont ni impossibles, ni contraires à la bonne Philosophie, &c.* Je vous prie, mon cher Ariste, de suivre avec moi Aaron Monceca. Il prétend prouver que l'existence des Gnomes, des Sylphes, des Salamandres, & des Ondins, n'est pas impossible ; & il s'appuye pour cet effet sur un raisonnement qu'il ne me paroît pas difficile de détruire. *Avant l'invention des Microscopes, on ignoroit que le Vinaigre contenoit une quantité étonnante de vers. On nioit hardiment, qu'il y eût des petits Poissons dans l'eau que nous bûvons, &c.* . . . . *Or, s'il est un nombre de Créatures animées dans l'eau, que nos yeux ne peuvent appercevoir, pourquoi ne pourra-t-il pas s'en trouver dans l'Air & dans les autres Elemens?* Sans m'arrêter à l'objection qu'il se fait ensuite à lui-même, &, par parenthese, à laquelle il ne répond pas solidement, je lui demande, ce qu'il prétend conclure de l'existence de ces corps dans les Elemens? Je veux bien, pour un moment, & pour le mieux combattre, les admettre de la taille des hommes, ou plus grands même. Je conviendrai avec lui, que leur grandeur *n'est pas une raison pour qu'ils doivent être visibles, pourvû qu'ils soient composés de parties extrèmement déliées:* mais cette existence admise, autorisera-t-elle, Messieurs les Cabalistes dans les Contes ridicules qu'ils débitent à ce sujet? Suivant notre hypothèse, ils

sont

font invifibles de feur nature : quel miracle
la Cabale peut-elle faire pour les rendre vifi-
bles? Changera-t-elle l'effence des chofes? Elle fera donc plus que Dieu même. Quelle
abfurdité! Pour ne pas dire quelle impieté!
De plus, Meffieurs les Cabaliftes converfent
avec ces Individus Elémentaires; ces mêmes
Individus les entendent & leur répondent; ils
ont donc la Raifon en partage? Pour l'avoir,
ils ont donc une Ame? Quel eft le Cabalifte
affez hardi pour le prouver?

A QUOI fert donc la longue Differtation de
notre Juif? A prouver la poffibilité de cette exiftence? Perfonne ne la nie : mais on nie que
l'on puiffe fe convaincre de cette même exiftence; on nie que les hommes puiffent con-
verfer avec des Gnomes ou des Sylphes. La
Mer a des Poiffons ; l'Air peut avoir des Sylphes, la Terre des Gnomes, &c. mais un Cabalifte entreprendra-t-il de difcourir avec un
Poiffon? Les fecrets de la Cabale rendront-ils
un poiffon affez docile pour obéir aux com-
mandemens des Cabaliftes, comme les fots
prétendent que leur obéiffent les Sylphes &
les Gnomes? Je ne croi pas que jamais on
voye ce prodige. Il n'y a pas d'homme même, quelque groffier qu'il foit, qui convienne
de cette poffibilité: pourquoi veut-on en convenir à l'égard des Sylphes & des Gnomes?
Quelle en eft la raifon? Je penfe, mon cher
Arifte, que comme les Cabaliftes fçavent, que
plus une chofe paroît extraordinaire, & plus,
quoiqu'abfolument impoffible, elle frape les
Efprits vulgaires. Ils croyent ne pouvoir
mieux fe rendre recommandables, qu'en pro-

poſant des Syſtêmes qu'on admire, d'autant
plus qu'on n'y comprend rien. Il me paroît
donc comme inutile, & même pernicieux à
tout homme qui veut ſe mêler de penſer, de ſe
laiſſer ſéduire aux grands diſcours de Meſſieurs
les Cabaliſtes, & de chercher à decouvrir des
vérités, dans un Cahos qui n'en ſçauroit ren-
fermer. C'eſt un Conſeil que je croi devoir
donner, d'autant plus qu'il ſeroit à ſouhaiter
que tout le monde le pût ſuivre. Je puis même avancer, que les Cabaliſtes de cette eſpece
n'ont ſervi qu'à brouiller la cervelle de nombre de perſonnes, aſſez inſenſées pour les imiter, ſans avoir encore procuré la moindre utilité à la Société. Ils ſont donc encore bien
plus mépriſables que ceux qui, ne s'attachant
qu'au GRAND ŒUVRE, quoique chimérique, ont fait, il eſt vrai, par hazard des découvertes, dont du moins on a tiré un très-
grand avantage.

EN cherchant, par exemple, à volatiliſer la
Terre Philoſophique par l'Eſprit du Mercure
(afin que le Sel des Métaux, qui eſt la PIER-
RE même, ſoit engendré *) ou bien en
s'étudiant à la diſſolution de la matière crüe,
pour en tirer le Feu des Philoſophes, après le
Feu ſecret extrait; en s'appliquant à faire paroître le *Feu Vitriolin* & enſuite à le faire paſſer,
par la putréfaction, au Cahos des Philoſophes,
&c. ils ſe ſont conduits eux-mêmes, & pour
ainſi dire malgré eux, à cette grande connoiſſance des Sels, des Minéraux & des Simples;
ils ont pouſſé les Fermentations au dernier dégré

* Termes de l'art. Liſez Raymond Lulle, Para-
celſe, le Morien, &c,

gré de perfection ; ils ont même fait des decouvertes heureufes & néceffaires à la Médecine,
à la Peinture, à la variation des Couleurs, &c.
De fous qu'ils étoient dans leurs recherches,
ils font devenus fages par leurs decouvertes.
Aujourd'hui nous leur fommes redevables, &
peut-être fans eux la Chimie, cette Science fi
utile & cultivée par tant de grands Hommes,
feroit encore confonduë avec ces Sciences oc-
cultes, que l'on paffe toute fa vie à étudier,
trop heureux encore, lorfqu'après une fi grande application on apprend à en connoître les
Chimères.

    Mais me dira notre Juif ,, & qui répondra,
,, que par la fuite on ne tirera pas autant d'u-
,, tilité de la Science de ces Cabaliftes, qui
,, veulent abfolument trouver le moyen de fe
,, familiarifer avec les Gnomes, les Sylphes,
,, &c. qu'ils prétendent avoir été autrefois
,, unis intimement avec les hommes, du Com-
,, merce defquels ils ne fe font feparés que de-
,, puis qu'ils s'en font rendus indignes ? Quel-
,, le commodité cela ne procureroit-il pas à la
,, vie ? Les Sylphes, maîtres des Influences de
,, l'air, ne feroient plus naître que des jours
,, ferains, ils écarteroient les Tempêtes, ils
,, diffiperoient les Nuages incommodes, & les
,, Vents, qui fouvent font naître des jours
,, d'hyver dans la plus belle faifon de l'année.
,, Ils purifieroient ce même air de toutes ces
,, parties fulphureufes qui produifent tant de
,, Maladies, & fourniffent aux Médecins les
,, moyens de tuer impunement tant de monde.
,, Les Gnomes de leur côté, prepareroient
,, dans le fein de la Terre les fémences de toutes

„ tes les chofes utiles à la vie, étoufferoient
„ celles qui ne peuvent rien produire que de
„ pernicieux à l'homme, & ils fourniroient abon-
„ damment ces précieux Métaux, recherchés
„ avec tant d'avidité, & pour l'acquifition def-
„ quels les plus grands crimes ne coûtent rien
„ &c. Les Salamandres, les Ondins de leur
„ côté, &c.

Si nous n'interrompons point ces Cabaliftes
babillards, ils ne cefferont, mon cher Arifte,
de nous faire une defcription pompeufe de cette volupté chimérique. Mais vous fentez que
leur fyftême eft auffi creux que leurs efpéran-
ces font fauffes; & qu'il faut qu'Aaron Monceca ait bien du tems à perdre pour ennuyer fes
Lecteurs d'une matière auffi féche & auffi ftérile.

Mais je ne m'apperçois pas qu'à fon exemple je fais fucceder l'ennui à la lecture de cette Lettre. Cette réflexion, faite peut-être un
peu trop tard, m'avertit de la finir. J'attens
de vos nouvelles. Je travaille actuellement à
procurer à Merville les avantages, dont il a été
trop long-tems privé. Je compte d'y réüffir.

Portez-vous bien, mon cher Arifte, &
faites-moi la grace de me mettre dans la néceffité de m'employer auffi pour vous.

De Paris ce . . .

A LA HAYE,
Chez ANTOINE VAN DOLE,
M. DCC. XXXVIII.

CORRESPONDANCE

HISTORIQUE, PHILOSOPHIQUE
& CRITIQUE,

ENTRE

ARISTE, LISANDRE

Et quelques autres Amis :

Pour servir de Réponse aux Lettres Juives.

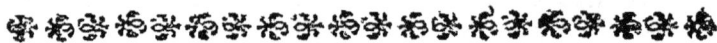

❋❋❋❋❋❋❋❋❋❋❋❋❋❋❋❋❋❋

QUATRE-VINGT-SEPTIEME LETTRE.

Le Baron de St. Pol à Ariste.

J'AI fait des réflexions férieufes fur votre derniere Lettre, mon cher Arifte ; vous écrivez d'une maniere fi perfuafive, qu'il n'y a pas moyen de refifter à vos raifons. Votre Sageffe captive les efprits, votre Prudence les étourdit, vos Réflexions les charment ; que vous dirai-je enfin ? L'Amour commençoit à me rendre le féjour de Madrid agréable ; mais je conçois que celui où l'on peut profiter de vos fages confeils de vive voix, doit l'être infiniment plus. Oui, mon cher Arifte ; fur l'efpoir que Merville & Lifandre m'ont fait concevoir, qu'ils comptoient que vous ne tarderiez pas à vous rendre à Paris. Je me fuis déterminé à vous y aller joindre, ou du moins de vous y attendre, fi je n'ai pas le bonheur de vous y trouver à mon arrivée. J'ai déja pour cet effet arrangé mes affaires de façon, que je compte que c'eft ici la derniere Lettre que je vous écrirai de cette Ville. Mais ne me faites pas faire un pas de clerc : je vous dis, & je vous le répete; que je vous trouve à Paris, ou du moins que je ne fois pas long-tems à vous y voir arriver; & que votre Amitié me dédommage fans délai de la perte que je vais faire du côté de l'Amour. Elle eft très-grande, je puis le dire; ce que j'en dis n'eft pas par vanité; mais c'eft que je me doute bien que j'ai ici befoin de vous piquer d'honneur.

A PROPOS, je ne fçai fi, fur le point de votre départ, vous fuivez encore le cours de notre Correfpondance fur les Lettres Juives? Je m'imagine que vous ne vous en faites plus une Loi fi exacte. En tout cas, vous avez raifon : nous aurons tout le tems à Paris de nous communiquer de bouche nos Réflexions : nous pourrons même y donner une derniere main, plus aifément que lorfque nous étions preffés par un Courier, & bornés à l'efpace étroit d'une fimple Lettre. Ce n'eft donc plus à préfent que par amufement, que je vous écris ce que le hazard vient de m'offrir : comme l'Avanture eft particuliere, je compte de vous réjouïr en vous la communiquant. La voici.

UN homme d'environ 38. à 40. ans paffoit depuis long-tems à Madrid pour François, quand malheureufement il fut decouvert pour être Juif, & enfin, pour abréger, condamné au fupplice que l'on décerne ici à tous ceux de fa Nation. Je ne vous ferai point ici le détail de cette exécution. Vous fçavez avec
quelle

quelle ridicule cérémonie cela se fait; & je ne
vous apprendrois rien de nouveau. La curiosité me porta de l'aller voir : mais je ne pus
pas soutenir long-tems ce barbare spectacle.
Les sentimens d'humanité, imprimés dans mon
cœur dès ma plus tendre Enfance, se reveille-
rent aussi-tôt. Je ne pus m'empêcher de ver-
ser au fond de mon cœur des larmes, dont la
Superstition m'auroit fait un crime si elle les
avoit vû couler. Dans cette crainte je me fis
violence pour les retenir. Cet état de contrainte me fit faire de si cruelles réflexions, que je
ne pus resister à ma douleur. Je me trouvai
si mal, que l'on fut obligé de me transporter
dans la maison qui se trouva la plus proche.
On m'y rendit tous les devoirs de l'hospitalité;
& par qui m'étoient-ils rendus avec plus de
soin? Par une des plus aimables Personnes du
monde, qui fondoit en larmes. Revenu de
ma foiblesse, je fus frapé, comme vous vous
imaginez, à la vûë d'un spectacle si peu attendu, auquel mon cœur cependant étoit plus
accoûtumé qu'au premier. Si j'avois été du
naturel de nos François Petits-Maîtres, j'aurois imputé les larmes de cette Belle à ma situation; je les aurois regardées comme un effet de l'Amour que je faisois naître dans son
cœur : mais je ne conçus pas cet espoir ridicule, & j'eus raison; il auroit été très-mal
fondé.

 APRÈS les premiers complimens de remer-
cîment, je demandai à cette belle Personne la
cause de ses larmes. Avant que de répondre
à ma question, elle m'en fit une autre. Après
avoir fait écarter tous ceux qui étoient autour
de nous. ,, Nous sommes seuls, Monsieur,

Cc 2   ,, me

„ me dit-elle: ne vous étonnez point de la de-
„ mande que je vais vous faire. Je croi me
„ connoître en fentimens; je n'impute point
„ votre mal à un fimple évanouiffement: je
„ vous fais plus d'honneur. N'eft-ce pas un
„ fentiment d'humanité qui en a été caufe?
„ Cela ne peut que vous faire honneur; fi ce-
„ la eft, ne rougiffez pas de me l'avoüer".
Et pourquoi en rougirois-je, lui répondis-je.
J'avoüe que le fupplice barbare dont j'ai été le
fpectateur a attendri mon cœur; voilà la caufe de mon mal; elle fait trop d'honneur à l'humanité pour que je me faffe honte de l'avoüer.
Cette Demoifelle parut furprife d'un aveu auffi
fincere. Effectivement il la flattoit: la raifon
en eft facile à concevoir: c'étoit à la plus aimable de toutes les Juives que je parlois. Ma
fincerité, ou, pour mieux dire, ma franchi-
fe détermina la fienne. Elle ne balança plus
de m'avoüer, que la caufe de fes larmes étoit
la même que celle du mal qui m'avoit pris fi
fubitement. Ce rapport nous rapprocha l'un &
l'autre, & nous conduifit infenfiblement à une
converfation qui devint par la fuite fi intéreffante, que je ne rougis point d'en faire part à
un homme qui eft auffi bien en état d'en juger
que vous.

Vous comprenez aifément, mon cher A-
rifte, que nous tombames naturellement fur la
même matière qui eft traitée dans la CXme
Lettre Juive. Je ne m'attendois pas d'avoir
affaire à fi forte partie: mais je trouvai en elle
une perfonne infiniment plus verfée dans la
connoiffance de l'Ecriture Sainte, & même de
nos Peres de l'Eglife, que la plupart de nos
Curés de la campagne. C'eft un effet de l'éducation

cation que tout Juif, dès qu'il le peut, donne
à ses enfans; semblables en cela aux Protes-
tans, & très-éloignés de la façon des Catholiques-Romains, qui veulent qu'on n'instruise pas
trop les enfans.

,, AARON Monceca, me dit-elle, ne sçait
,, *à quoi attribuer cette violente haine que tous les*
,, *Peuples ont en général contre notre Nation.* Il
,, n'est pas le seul de cette race infortunée qui
,, cherche à démêler la cause de cette haine si
,, générale. En effet, n'ayant aucun dessein de
,, nous faire haïr, au contraire nous étudiant à
,, gagner l'estime des Peuples parmi lesquels
,, nous sommes obligés d'habiter, il nous se-
,, roit d'une grande consolation de sçavoir cet-
,, te cause, pour tacher de la détruire. Ne
,, l'imputez point à la mort de votre Législa-
,, teur. Selon vous-mêmes cette mort vous
,, a procuré des biens, qui sans elle vous é-
,, toient interdits pour toujours. Nous som-
,, mes donc, sans le vouloir, il est vrai, deve-
,, nus les instrumens de votre félicité: est-ce
,, ainsi que vous vous acquittez envers nous
,, des Droits sacrés de la reconnoissance? Vous
,, nous êtes redevables de cette mort, sans que
,, nous en soyons coupables. Je me sers,
,, pour vous prouver cette proposition, qui
,, vous paroît hardie, de vos mêmes principes.
,, Qu'un Juge parmi vous condamne malheu-
,, reusement un Innocent à la mort: en est-il
,, coupable s'il l'a condamné suivant les loix,
,, & s'il n'a eu aucune preuve de son Inno-
,, cence? Non, sans doute; supposez nous
,, dans le même cas, où est donc ce grand
,, crime que vous nous imputez, & dont vous
,, nous punissez si impitoyablement? Mais
,, vous,

„ vous, qui nous accufez, qui taxez ſi injuſ-
„ tement notre cœur de perverſité en cette
„ occaſion, ſi ce même Légiſlateur fût venu
„ prêcher parmi vous, qui n'étiéz alors que
„ des Sauvages, auriez-vous decouvert plu-
„ tôt que nous la vérité? Oſez-vous vous en
„ flater? Concevez-vous cet orgueil? Com-
„ ment auriez-vous traité ce même Légiſla-
„ teur, vous qui avez maſſacré, ſans aucune
„ forme de juſtice, ceux qui vous ſont venus
„ annoncer cette Loi que vous ſuivez aujour-
„ d'hui? Peut-être vous, qui avez été aſſez
„ heureux pour n'être point à portée de com-
„ mettre un ſi grand crime, peut-être, dis-je,
„ l'auriez-vous porté à un plus grand excès
„ que nous-mêmes. Pour être en droit de
„ punir le coupable, il faut avoir été auſſi ex-
„ poſé que lui; ſans quoi vous ne pouvez pas
„ répondre que dans pareille occaſion vous n'en
„ ferez pas autant ou davantage. Mais je veux
„ que nous ſoyons coupables de tout, que no-
„ tre cœur pervers ait connu la vérité pour
„ l'étouffer : qui vous a établis nos Juges?
„ Dans quel endroit votre Légiſlateur recom-
„ mande-t-il de faire fumer notre ſang ſur vos
„ autels? Je lis ſa Loi; je n'y reconnois rien
„ qui puiſſe autoriſer cette fureur que vous
„ oſez traiter de ſainte. On nous hait par-tout:
„ pourquoi nous laiſſe-t-on vivre par-tout, ex-
„ cepté dans les Païs de l'Inquiſition? Cette
„ Loi qui paroît juſte aux Eſpagnols, aux
„ Portugais, aux Italiens, paroît barbare aux
„ François, aux Hollandois, &c. aux Maho-
„ metans même, qui, d'accord pour la haine,
„ craindroient que notre ſang retombât ſur
„ eux, s'ils le répandoient auſſi injuſtement que
„ „ vous.

,, vous. Si vous voulez que nous trouvions
,, dans cette Loi cette paix confolante qui
,, nous doit offrir tant de charmes, laiffez-nous
,, donc le tems de la connoître, faites-nous
,, admirer vos vertus, forcez-nous par votre
,, clémence, & penfez comme le fage Alva-
,, rez lorfqu'il parle à fon fils : gravez-vous
,, ce paffage au fond de votre cœur :

. . . .
Mais les cœurs opprimés ne font jamais foûmis :
J'en ai gagné plus d'un, je n'ai forcé perfonne,
Et le vrai Dieu, mon Fils, eft le Dieu qui par-
    donne.

   Je ne pus qu'avoüer à cette charmante perfonne, que j'étois bien éloigné de penfer comme les Perfécuteurs de fa Nation, & qu'ainfi
il ne m'étoit pas aifé de répondre à fes quef-
tions : que j'étois trop ennemi de ce Tribunal
fanguinaire, pour rechercher les raifons fur
lefquelles il appuyoit fa cruauté : qu'elle ne
devoit pas croire que tous les Efpagnols même penfaffent de même ; qu'il y en avoit
beaucoup qui les plaignoient, mais qui ne pouvoient pas faire davantage : que cependant je
demandois du tems pour répondre à fes quef-
tions, fans vouloir entreprendre de juftifier les
Juges de l'Inquifition. ,, Le fpectacle que je
,, viens de voir, dit-elle, m'a fait une trop
,, forte impreffion, pour que je demeure plus
,, long-tems dans ce Païs barbare. Je n'at-
,, tendrai pas réponfe : demain, fans faute, je
,, pars pour la Hollande. Là j'aurai le plaifir
,, d'y voir mes Freres joüir d'une liberté char-
,, mante, y adorer en paix le Dieu de nos Pe-
,, res, y negocier fuivant leurs intérêts, fans
            ,, craindre

,, craindre que des Prêtres avares leur faſſent
,, des crimes imaginaires pour ſe revêtir impu-
,, nement de leurs richeſſes. Enfin, s'il y a
,, des Chrétiens reſpectables, j'eſpére les trou-
,, ver dans ce Païs, & vivre avec eux, com-
,, me ſi la Religion n'y mettoit aucune diffé-
,, rence''.

J'AI donné à cette Belle votre addreſſe. Je
ne doute point qu'à ſon arrivée elle ne vous
envoye chercher. Vous pourrez mieux que
moi lui répondre. Je vous prie de lui rendre
tous les ſervices qui dépendront de vous. Vous
ferez charmé de ſon Eſprit (je ne dis pas de
ſa Beauté ; car vous ne me reſſemblez pas :
vous y êtes peu ſenſible.) Vous ferez, dis-je,
charmé de ſon Eſprit, vous qui le reſpectez
chez quelque Peuple & dans quelque Religion
qu'il ſe trouve.

JE ne vous dirai point ici l'Hiſtoire de cette
Perſonne : vous l'apprendrez plus particulierement d'elle-même.

PORTEZ-vous bien, mon cher Ariſte, ne
m'écrivez plus à Madrid ; mais à Paris, à
l'addreſſe de Liſandre. Que je vous trouve
en cet agréable ſéjour, ou du moins une de
vos Lettres. Merville y doit être arrivé : je
n'ai point encore reçû de ſes nouvelles. Je ne
ſçai s'il vous a écrit. Si cela eſt, je lui ſçai
bon gré de vous avoir donné la préférence.

De Madrid ce . . .

À L A H A T E,

Chez ANTOINE VAN DOLE,

M. DCC. XXXVIII.

CORRESPONDANCE
HISTORIQUE, PHILOSOPHIQUE & CRITIQUE,
ENTRE
ARISTE, LISANDRE
Et quelques autres Amis :

Pour servir de Réponse aux Lettres Juives.

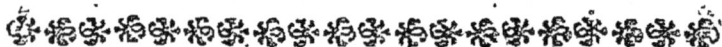

❦❦❦❦❦❦❦❦❦❦❦❦❦❦❦❦❦❦

QUATRE-VINGT-HUITIEME LETTRE.

Ariste à Lisandre.

J'AI reçu votre derniere, mon cher Lisandre, & je suis si sensible aux marques que vous me donnez de votre estime & de votre amitié, que je vais travailler à me mettre dans la nécessité d'en recevoir encore de plus positives. Il ne faloit pas moins que l'espoir de joüir d'une societé aussi charmante que la vôtre, à laquelle celle de St. Pol & de Merville vont encore donner un nouveau relief, pour me faire quitter un séjour aussi agréable que la Hollande : séjour heureux où l'homme est libre sans libertinage, pieux sans contrainte, & vertueux par tempérament. Aussi je vous avertis, que si malheureusement notre

so-

focieté venoit à fe rompre, je quitterois bien-
tôt cette ville tumultueuſe, où, par ſurcroît
de malheur, les Gens d'Egliſe commencent
à captiver les eſprits, qu'ils reduiront bien-tôt,
ſi l'on n'y prend garde, à cet eſclavage honteux, où nous avons remarqué qu'ils gé-
miſſent en Eſpagne, en Portugal, en Italie,
& en un mot, par-tout où l'Inquiſition a établi ſon terrible empire.　Suivant la derniere
Lettre que j'ai reçuë du Baron de St. Pol, &
à laquelle je n'ai point encore eu le tems de
faire réponſe, je préſume qu'à la fin de ce
mois au plus tard, nous nous trouverons enfin
tous les quatre réünis à Paris.

CE n'eſt donc plus, mon cher Liſandre, que
pour nous entretenir ſimplement que je ſuis
encore le cours de notre Correſpondance, &
non pas pour l'utilité que nous en pouvons retirer.　En effet nous aurons le tems de donner
la derniere main aux réflexions que nous avons
pû faire, & de répondre ſur le champ aux Critiques que nous pourrons nous faire les uns
aux autres.　Voilà le véritable moyen de retirer quelque utilité d'une Société littéraire.

A L'EXEMPLE d'Iſaac Onis, nous pourrons
*de plus en plus examiner les différens Syſtémes des
Philoſophes, ſans donner néanmoins à aucun une
entiere croyance* *.　Véritablement c'eſt le plus
ſûr parti que puiſſe prendre un Philoſophe: car
comme tous les Syſtêmes ne ſont que des conjectures, c'eſt une folie de vouloir s'acharner
à ſoutenir avec opiniâtreté celui-ci plutôt que
l'autre: non qu'il n'y en ait de plus probables,
& par le moyen deſquelles on explique plus
aiſé-

---

* Voyez la Cent-onzième Lettre.

aifément tous les différens effets de la nature;
mais cette même probabilité ne conclut rien
pour la vérité, parce que tout ce qui est probable n'est pas vrai pour cela.

MALGRE' cela je ne ferai point du fentiment de notre Juif, qui méprifera un Syftême
pour n'être point conforme à celui de la Ge-
nefe. Cette façon d'attaquer un Syftême ne
me paroît pas convenable à la bonne Philofophie : aufli je me flatte qu'Ifaac Onis voudra
bien me faire la grace de m'excufer, fi je ne
fuis pas tout-à-fait de fon avis fur cet article.
Je trouve de plus que c'eft un très-grand défaut d'envifager un Syftême de ce côté-là;
parce qu'il en arrive, que très-fouvent on regarde un Syftême comme contraire à l'exiftence de la Divinité, dans le tems qu'il prouve avec force cette même exiftence, bien loin
de la détruire. Pour grande preuve de ce que
j'avance, vous voyez aifément, mon cher
Lifandre, qu'Ifaac Onis donne dans ce travers. A l'égard du Syftême dont il parle dans
la fuite de fa Lettre, voici mot-à-mot ce qu'il
en dit. *Le premier défaut de ce Syftême eft,
d'être directement contraire à l'exiftence de la Divinité. Et comme je méprife infiniment les Philofophes affez aveuglés pour n'être point frapés de
cette première de toutes les vérités, il a falu que
ce Syftême fût auffi réjouiffant & auffi comique
qu'il eft, pour que je le luffe avec quelque plaifir.* Je n'ajoûte rien, comme vous voyez,
aux termes obligeans dont il parle de ce Syftême, que je me croi obligé de défendre: non
que j'en fois partifan en aucune façon; mais
parce qu'il eft très-dur à un Philofophe, d'ê-

tre confondu par le vulgaire avec les Athées.
Nous pouvons être menacés du même malheur ; ainsi, soit pour la justice qu'on doit à la vérité, soit pour notre propre intérêt, nous devons-nous faire un plaisir d'apprendre à Isaac Onis à se servir d'expressions plus justes & plus mesurées, en voulant combattre un Système philosophiquement, ainsi que cela se doit.

Le Système dont il veut parler, est tiré d'un Manuscrit, qui a pour titre ENTRETIENS DE TELIAMED, *Philosophe Indien, avec un Missionaire François, au passage que fit au Caire ce Philosophe aux années* 1715 & 1716. *Ecrits par le Missionaire en* 1724 *à un de ses Amis.* Il est bien vrai, comme le remarque Isaac Onis, que l'Auteur de ce Système prétend, que tout provient de la Mer, & que l'Homme même est naturellement un Animal aquatique, qui s'est insensiblement accoûtumé à la Terre, & qui s'est fait une si grande habitude de l'air, que maintenant il ne sçauroit vivre dans un autre Element. Ce Système est entierement opposé à celui de la Genese : j'en conviens ; mais je demande à Isaac Onis, en quoi il est contraire à l'existence de la Divinité ? Ne faudra-t-il pas toujours remonter à un premier Principe ? Car supposé même que la Mer ait été dans les commencemens du monde l'element universel qui ait donné la vie aux différens animaux ; ne faut-il pas toujours remonter à l'Auteur ou Créateur de cette Mer, que *Teliamed* ne dit pas avoir été éternelle ? En quoi ce Système détruit-il donc la Divinité ? Dieu a créé médiatement les autres

tres créatures : cela ne conftitue-t-il pas également fon exiftençe, que fi l'on fuppofoit qu'il
les eût créé toutes immédiatement? Tout le
monde tire naturellement cette conféquence;
mais Ifaac Onis, ravi de fronder tout ce qui
peut avoir rapport à l'efprit, faifit avec avidité
cette occafion favorable de fe donner carriere,
dans un champ où il paroît qu'il aime tant à
courir. J'ai lû moi-même avec attention le
Syftéme de ce Philofophe Arabe, & j'avoüe
à ma honte, ou bien à celle d'Ifaac Onis,
vous jugerez lequel c'eft des deux, que je n'y
ai rien trouvé *de réjouiffant ni de comique.*
Cette petite façon de critiquer en faifant l'a-
gréable, me paroît un peu familiere, & je ne
fçache rien de plus infultant pour l'Auteur
d'un Syftéme, que de lui dire qu'il eft *réjouiffant*
& comique. Je ne fçai fi l'on peut donner ces
épithetes flateufes à un Syftéme dont les conféquences font très-juftes & tirées naturellement de leurs principes : principes faux peut-
être, & c'eft-ce qu'Ifaac Onis auroit dû examiner avec des yeux de philofophe. S'il en avoit
été capable, il auroit, par exemple, examiné
fcrupuleufement cette feule façon de s'exprimer de *Téliamed* au Miffionaire avec qui il
s'entretient : *je ne vous parlerois pas même de*
mes fentimens, dit-il, *fur la compofition de ce*
Globe que nous habitons, & dont l'étude fait l'ob-
jet de mes voyages, fi je n'avois reconnu en vous
un efprit capable de triompher des préjugés de la
naiffance, & de ne fe point effaroucher des cho-
fes que j'ai à vous dire, oppofées en apparence à
ce qui eft contenu dans les Livres de votre Reli-
gion, quoiqu'elles y foient conformes dans le fonds.

D d 3 *Les*

Les Philosophes (permettez-moi de me mettre de ce nombre sans l'avoir beaucoup mérité) trouvent rarement ces heureuses dispositions parmi ceux de votre Secte. Ils ne les ont pas même rencontré dans les siécles & les Païs de liberté, où il a été dangereux pour quelques-uns d'avoir parlé contre le sentiment du vulgaire. Vous avez d'ailleurs, ajoute-t-il, beaucoup voyagé, & vû les païs-maritimes. Vous avez de la curiosité pour les merveilles de la nature, vous aimez enfin à douter. Un homme qui ose le faire, à un grand avantage sur celui qui croit aveuglément. Le premier, s'il est dans l'erreur, est en état d'en sortir au moyen de ses doutes: & l'aveugle crédule n'en sera jamais tiré.

QUOIQUE ce passage soit assez long, j'ai cru devoir le rapporter tout entier, pour opposer un si beau raisonnement à Isaac Onis, & lui demander, si un homme qui est capable d'écrire dans ces termes, & de penser avec autant de précision & de justesse, ne mérite pas qu'on lui fasse l'honneur de lui répondre sérieusement? Il devoit, par exemple, réflechir sur cette proposition, & examiner, comment les choses que *Teliamed* a à dire, *opposées en apparence à ce qui est contenu dans les Livres de notre Religion*, peuvent y être *conformes dans le fonds*. *Teliamed* n'a point avancé cela sans principe, c'étoit sur cet article même qu'il faloit insister: car remarquez, mon cher Lisandre, qu'il ne paroît jamais un Systême noûveau, que l'on n'intéresse la Religion contre lui. Les Systêmes de Descartes, de Gassendi, de Galilée, de Newton, de *Teliamed*, &c. ont tous été attaqués de la même manière. Mais ces

ces Syſtêmes en ont-ils été moins ſuivis? Iſaac Onis n'aime pas à douter, & il ne ſe mettra jamais en état de ſortir de l'erreur où il eſt, au moyen de ſes doutes : auſſi n'auroit-il pas mérité que *Teliamed* lui fît le même honneur qu'il a fait à ce Miſſionaire en lui communiquant ce Syſtême. Pour moi, qui l'ai lû avec un eſprit plus juſte qu'Iſaac Onis, je trouve qu'on pourroit accommoder à notre Phyſique beaucoup de propoſitions de ce Syſtême, qui nous conduiroient à une explication naturelle de bien de choſes, dont nous ne pouvons rendre de raiſons qui puiſſent paroître ſeulement probables.

JE ne veux qu'un exemple pour vous convaincre de ce que j'avance. N'eſt-il pas vrai que l'article des Pétrifications eſt un de ceux qui embaraſſent le plus les Phyſiciens? On admire, comme *Teliamed, vingt ſortes de Pétrifications différentes: de profondes & de ſuperficielles ; les unes d'une ſubſtance uniforme, les autres d'une matière variée; des carrieres de pierre de taille, dures & tendres, de pluſieurs couleurs & de différens grains ; des compoſitions de cailloux ; d'autres de piéces rapportées blanches, noires, griſâtres, d'un aſſemblage ſouvent bizarre; des carrieres de marbre blanc, noir, de couleur d'Agathe, rayé & ſans rayure,* &c.

TOUT cela dans le Syſtême de *Teliamed* eſt de la derniere facilité à expliquer. C'eſt tout le contraire dans tous les Syſtêmes que nous ſuivons plus communément. Si vous n'êtiez pas capable de ſentir par vous-même cette différence, je vous dévoilerois par quels principes ce Syſtême explique ſi aiſément cette

te Pétrification, qui nous jette dans de fi
grands embarras : mais comme ce feroit faire
affront à votre pénétration, je me contente
de vous avoir mis fur cette matière, affez intéreffante pour que vous y faffiez de mûres
réflexions.

J'AURAI encore le tems de recevoir de vos
nouvelles en cette ville. Je les attendrai : mais
que ce foit de grace au premier ordinaire, fans
quoi je pourrois bien les manquer. Je ne
partirai point cependant que je ne vous donne
avis pofitivement de mon départ. Remerciez,
je vous prie, Merville de ma part.

De la Haye, et

Fin du Tome Troifième.

A LA HAYE,
Chez ANTOINE VAN DOLE,
M. DCC. XXXVIII.